Ideenmanagement für intelligente Unternehmen

Swetlana Franken
David Brand

Ideenmanagement für intelligente Unternehmen

PETER LANG
Frankfurt am Main · Berlin · Bern · Bruxelles · New York · Oxford · Wien

Bibliografische Information der Deutschen Nationalbibliothek
Die Deutsche Nationalbibliothek verzeichnet diese Publikation
in der Deutschen Nationalbibliografie; detaillierte bibliografische
Daten sind im Internet über <http://www.d-nb.de> abrufbar.

Gedruckt auf alterungsbeständigem,
säurefreiem Papier.

ISBN 978-3-631-57603-8
© Peter Lang GmbH
Internationaler Verlag der Wissenschaften
Frankfurt am Main 2008
Alle Rechte vorbehalten.

Das Werk einschließlich aller seiner Teile ist urheberrechtlich
geschützt. Jede Verwertung außerhalb der engen Grenzen des
Urheberrechtsgesetzes ist ohne Zustimmung des Verlages
unzulässig und strafbar. Das gilt insbesondere für
Vervielfältigungen, Übersetzungen, Mikroverfilmungen und die
Einspeicherung und Verarbeitung in elektronischen Systemen.

Printed in Germany 1 2 3 4 5   7

www.peterlang.de

Inhaltsverzeichnis

Einleitung 1

1. Intelligentes Unternehmen 3

    1.1   Konzept des intelligenten Unternehmens 4
        1.1.1. Unternehmen als Handlungseinheit 4
        1.1.2. Zur Anwendbarkeit von Intelligenztheorien auf ein Unternehmen 6
        1.1.3. Komponenten der Unternehmensintelligenz 10
        1.1.4. Der Weg zum intelligenten Unternehmen 14

    1.2. Individuelle Intelligenzen als Basis für intelligentes Unternehmen 16
        1.2.1. Wissen und Kreativität interner Akteure 16
            1.2.1.1. Individuelles Wissen und seine Merkmale 17
            1.2.1.2. Beschreibendes, prozessuales und emotionales Wissen 18
            1.2.1.3. Explizites und implizites Wissen 19
            1.2.3.4. Kreativität der Belegschaft 21
        1.2.2. Externe Intelligenz relevanter Stakeholder 23
            1.2.2.1. Überblick über die Stakeholder 23
            1.2.2.2. Kunde als Mitentwickler neuer Produkte 24
            1.2.2.3. Intelligenz der Lieferanten, Abnehmer und Wettbewerber 25
            1.2.2.4. Weitere externe Ideenquellen 25

    1.3. Von individuellen Intelligenzen zu einem intelligenten Unternehmen ... 26
        1.3.1. Wissensarbeit in Unternehmen 27
            1.3.1.1. Kollektives Wissen 27
            1.3.1.2. Ansätze über die Wissensarbeit 29
            1.3.1.3. Praktische Gestaltung der Wissensarbeit 31
        1.3.2. Ideenmanagement als Gestaltungsinstrument eines
               intelligenten Unternehmens 32
            1.3.2.1. Wie entsteht ein neues Wissen? 33
            1.3.2.2. Erschließung der individuellen Ideenpotenziale ... 35
            1.3.2.3. Rahmenbedingungen für kollektive Intelligenz 36

2. Genese des Ideenmanagements 41

    2.1. Der Begriff „Ideenmanagement" 41

    2.2. Das betriebliche Vorschlagswesen 42

2.2.1. Der Verbesserungsvorschlag 45
2.2.2. Ziele des Vorschlagswesens 47
2.2.3. Aufbau des BVW 49
    2.2.3.1. Gutachter 49
    2.2.3.2. Bewertungskommission 50
    2.2.3.3. BVW-Beauftragter 51
2.2.4. Der Ablauf des BVW 51
2.2.5. Varianten des betrieblichen Vorschlagswesens 52
    2.2.5.1 Vorgesetztenmodell 53
    2.2.5.2. Patenmodell 54

2.3. Der Kontinuierliche Verbesserungsprozess 55
  2.3.1. Kaizen als Ursprung des KVP 55
    2.3.1.1. Total Quality Management und KVP 57
    2.3.1.2. Lean Production 59
  2.3.2. Merkmale und Ziele des KVP 59
    2.3.2.1. Problemorientierung 59
    2.3.2.2. Kundenorientierung 60
    2.3.2.3. Prozessorientierung 60
    2.3.2.4. Mitarbeiterorientierung 60
    2.3.2.5. Managementorientierter Ansatz 61
    2.3.2.6. Personenorientierter Ansatz 62
    2.3.2.7. Gruppenorientierter Ansatz 62
  2.3.3. PTCA-Zyklus 64
  2.3.4. Gruppenkonzepte 65
    2.3.4.1. Qualitätszirkel 65
    2.3.4.2. Teilautonome Arbeitsgruppen 67
  2.3.5. Innovation in Verbindung mit KVP 68

2.4. Ideenmanagement vs. Innovationsmanagement 70
  2.4.1. Der Begriff „Innovation" 71
  2.4.2. Der Begriff „Innovationsmanagement" 73
  2.4.3. Innovationsprozess 74
  2.4.4. Zusammenspiel zwischen Ideen- und Innovationsmanagement 78
    2.4.4.1. Ideenwettbewerb 80
    2.4.4.2. Communities of Practice 81

2.5. Die modernen Ideenmanagementkonzepte 82
  2.5.1. Ansätze über Ideenmanagement 82
  2.5.2. Das Konzept eines ganzheitlichen Ideenmanagements 85

2.5.3. Auswirkungen des ganzheitlichen Ideenmanagements auf die Unternehmensintelligenz 87
3. Praktische Gestaltung des ganzheitlichen Ideenmanagements 89

3.1. Erschließung der Ideenpotenziale der eigenen Belegschaft.................... 90
   3.1.1. Zielsetzung 91
      3.1.1.1. Die Bedeutung der Unternehmensvision für Ideenmanagement 92
      3.1.1.2. Strategien und Ziele des Ideenmanagements............................ 94
   3.1.2. Ermächtigung 97
      3.1.2.1. Übertragung von Verantwortung und Macht............................ 97
      3.1.2.2. Erschaffen von Zeit- und Freiräumen für Ideenarbeit 100
   3.1.3. Befähigung 102
      3.1.3.1. Kreativitäts- und Kommunikationskompetenzen 102
      3.1.3.2. Kreativitätsfördernde Arbeitsbedingungen und Kultur 108
   3.1.4. Motivation 111
      3.1.4.1. Intrinsische Motivation zur Ideenarbeit 112
      3.1.4.2. Extrinsische Motivation zur Ideenarbeit 113

3.2. Erschließung externer Ideenquellen 115
   3.2.1. Mit Kunden zu Innovation 117
   3.2.2. Unternehmenskooperationen in der Ideenarbeit 126
      3.2.2.1. Vertikale Kooperationen 129
      3.2.2.2. Horizontale Kooperationen 129
      3.2.2.3. Diagonale Kooperationen 131
      3.2.2.4. Lösung aus dem Internet 132

3.3. Praktische Organisation des Ideenmanagements 132
   3.3.1. Die Rolle der Manager in der Ideenarbeit 133
   3.3.2. Organisatorische Eingliederung des Ideenmanagements......... 137
   3.3.3. Zukunfts- und Trendforschung 140
   3.3.4. Einbindung der Ideenarbeit in die Zielvereinbarungen (MbO und BSC) 151
   3.3.5. Aktive Kommunikationspolitik in Bezug auf die Ideenarbeit 154
   3.3.6. Gewinnung, Verdichtung, Umsetzung und Bewahrung von Ideen 156
   3.3.7. Gruppenkonzepte im Ideenmanagement................................. 161
      3.3.7.1. Die traditionellen Gruppenkonzepte 161
      3.3.7.2. Ideenworkshop 163
      3.3.7.3. Communities in der Ideenarbeit 167
      3.3.7.4. Foren und Blogs in der Ideenarbeit.. 168

4. Best Practices des Ideenmanagements 171

   4.1. Ideenmanagement in deutschen Unternehmen 172

   4.2. Ideenmanagement bei der Deutschen Post World Net 177
      4.2.1. Geschichte des Ideenmanagements bei der Post 179
      4.2.2. Integration von BVW und KVP 182
      4.2.3. Technische Unterstützung der Einreichung 184
      4.2.4. Ideenmanagement mit messbaren Resultaten 185

   4.3. Ideenmanagementmodelle in der deutschen Automobilindustrie 186
      4.3.1. Ideenprogramm der Audi AG 187
      4.3.2. Ideenmanagement bei der Volkswagen AG 192
      4.3.3. Ideenmanagementkonzept bei der BMW Group 196
      4.3.4. Gemeinsamkeiten und Unterschiede der
            Ideenmanagementmodelle 201

   4.4. Ideenmanagement bei der Evonik Degussa GmbH 203
      4.4.1. Ein kurzes Unternehmensportrait 203
      4.4.2. Unternehmensstrategie 204
      4.4.3. Innovationsfördernde Unternehmenskultur 205
      4.4.4. Ideenmanagement als Instrument zur Unternehmens-
            Zielerreichung 207
      4.4.5. Ideenmanagement als Kombination aus BVW, KVP und
            Gruppenarbeit am Beispiel eines Pilotbetriebes am Standort
            Wesseling 208
      4.4.6. Effektives Anreizsystem 212
      4.4.7. Wirksames Marketing für Ideenarbeit (Degussa
            Ideenwettbewerb) 214
      4.4.8. Initiative Linking Knowledge zum Wissensaustausch 216
      4.4.9. Mit Ideen in die Zukunft 219

5. Handlungsempfehlungen für Praktiker 221

   5.1. Wodurch wird die Intelligenz Ihres Unternehmens bestimmt? 221

   5.2. Komponenten des ganzheitlichen Ideenmanagements 223
      5.2.1. Ideenpotenzial der Belegschaft nutzen 223
      5.2.2. Externe Intelligenz erschließen 225

5.3. Praktische Maßnahmen für die Einführung bzw.
Umgestaltung des Ideenmanagements 227
  5.3.1. Richtungweisende Rolle des Top Managements 228
  5.3.2. Optimale organisatorische Eingliederung des Ideenmanagements 228
  5.3.3. Systematische Zukunftsforschung 229
  5.3.3. Integration von Ideenmanagement in das Zielsystem des
  Unternehmens.. 230
  5.3.4. Kommunikation von Ideenmanagement 231
  5.3.5. Praktische Organisation der Einreichung, Verdichtung,
  Umsetzung und Bewahrung von Ideen 231
  5.3.6. Gruppenkonzepte und Wissensaustausch fördern 232

6. Fazit und Ausblick: mit Ideenmanagement in die Zukunft 235

Literaturverzeichnis.. 237

Stichwortverzeichnis 247

Einleitung

Aktuelle Veränderungen in der Wirtschaftswelt, die mit wachsender Komplexität, zunehmendem Wettbewerbsdruck, fortschreitender Globalisierung und Internationalisierung zusammenhängen, stellen neue Anforderungen an moderne Unternehmen, ihr Management und ihre Belegschaften. Die Problematiken der Wissensarbeit, Innovationstätigkeit und Lernfähigkeit gewinnen unter diesen Bedingungen an Bedeutung. Deswegen erscheint es logisch, den Begriff der Intelligenz, als einer komplexen Fähigkeit zum zukunfts- und erfolgsorientierten Handeln in Interaktion mit der Umwelt auf der Grundlage vorhandenen Wissens und der Lernprozesse, auf die Handlungseinheit Unternehmen anzuwenden.

Eine solche Fragestellung macht es möglich, die zahlreichen, sich überlappenden und teils widersprüchlichen Konzepte wie Wissens- und Innovationsmanagement, Organisationsentwicklung, Lernendes Unternehmen und Betriebliches Vorschlagswesen zu versöhnen und im pragmatischen Sinn der Unternehmenspraxis näher zu bringen.

Aus diesem Grund stehen im Mittelpunkt dieses Buches zwei zentrale Begriffe: Unternehmensintelligenz und Ideenmanagement, die in diesem Kontext einen gewünschten Zustand und den Prozess seiner Erreichung darstellen.

Das Ideenmanagement wird dabei als ein ganzheitliches Konzept verstanden, das sowohl die traditionellen Bereiche des Betrieblichen Vorschlagswesens und der Kontinuierlichen Verbesserungsprozesse, als auch die ersten Phasen des Innovationsprozesses umfasst und dabei auf die Entwicklung von Ideen für die neuen und für die bestehenden Produkte und Prozesse abzielt. Eine weitere Besonderheit unseres Ideenmanagementkonzeptes besteht in seiner überwiegenden Ausrichtung auf Menschen in und außerhalb des Unternehmens, wobei die Humanisierung der Arbeit und der Wertewandel in der Gesellschaft eine wichtige Rolle spielen. Das Wissens- und Kreativitätspotenzial der Mitarbeiter ist zur primären Ressource des Unternehmens geworden. Die Kunst, dieses Potenzial in den Dienst des Unternehmens zu stellen, auszuschöpfen und weiter zu entwickeln, ist ein entscheidender Wettbewerbsvorteil und der Erfolgsfaktor eines intelligenten Unternehmens. Eine weitgehende Folge des globalen Humanisierungsprozesses ist der Trend zu Open Innovation, der eine zunehmende Verflechtung des Arbeits- und Privatlebens sowie der Produktion und Konsumation kennzeichnet. Es reicht nicht mehr, die internen Ideenquellen der Organisation auszuschöpfen. Ein intelligentes Unternehmen muss imstande sein, die relevanten externen Ideenträger in die Entwicklungsprozesse einzubinden und langfristig zu vernetzen.

Alle diese Prozesse werden in diesem Buch ausführlich erläutert, wobei die theoretischen Ausführungen durch die Best Practice Erfahrungen führender Unternehmen und konkrete Handlungsempfehlungen ergänzt werden. Das Ziel des Buches ist, die heutigen und künftigen Entscheidungsträger (vor allem Top Manager, Innovations- und Ideenmanager) bei der Gestaltung intelligenter Unternehmen zu unterstützen.

Im ersten Kapitel wird das Modell eines intelligenten Unternehmens diskutiert und die Wege zu seiner Gestaltung aufgezeigt, wobei auf die Potenziale interner und externer Akteure und deren Erschließung durch ganzheitliches Ideenmanagement und praktische Wissensarbeit eingegangen wird.

Im zweiten Kapitel wird die Genese des Ideenmanagements beschrieben, um seine Komponenten aufzuzeigen und die Kernprozesse zu begründen.

Das dritte Kapitel ist der praktischen Umsetzung des Modells gewidmet und beinhaltet die praktischen Aspekte der Erschließung interner und externer Ideenpotenziale und die konkreten Maßnahmen für die Einführung oder Umgestaltung des Ideenmanagements in Unternehmen.

Im vierten Kapitel folgen die Best Practice Beispiele ausgewählter erfolgreicher Ideenmanagementmodelle deutscher Unternehmen: ein Gesamtüberblick, Praxiserfahrungen der Deutschen Post World Net, Konzepte innovativer Autohersteller sowie das Fallbeispiel der Degussa AG.

Ein spezielles, fünftes Kapitel ist bewusst auf die Bedürfnisse der Praktiker des Ideenmanagements abgestimmt, die keine Zeit (oder keine Lust) haben, die theoretischen Ausführungen zu lesen. Hier finden Sie eine kurze Zusammenstellung von Handlungsempfehlungen, die als ein Leitfaden (bzw. als Checklisten) zur Gestaltung des Ideenmanagements dienen kann.

In diesem Sinn wünschen wir allen (sowohl den theoretisch Veranlagten, als auch den pragmatischen Praktikern) viel Spaß beim Lesen und viel Erfolg auf dem Weg zum intelligenten Unternehmen.

Bielefeld und Köln, im Sommer 2008

Swetlana Franken (swetlana.franken@fh-bielefeld.de)

David Brand (david_brand@gmx.de)

1. Intelligentes Unternehmen

Langfristiger Erfolg eines Unternehmens ist in der modernen, von einer zunehmenden Komplexität geprägten Wissensgesellschaft von seiner Intelligenz abhängig. Globalisierung, Virtualisierung, steigender Konkurrenzdruck und zunehmende Innovationsgeschwindigkeit erfordern eine ganzheitliche Wahrnehmung von und effizientes Agieren in der dynamischen Umwelt. Allerdings ist die Intelligenz eines Unternehmens wegen ihres kollektiven Charakters schwer zu erfassen, zu nutzen und zu fördern. Um die notwendigen Prozesse und Maßnahmen für die praktische Arbeit an der Unternehmensintelligenz zu beschreiben, braucht man ein verständliches, relativ einfaches Modell des intelligenten Unternehmens. Ein solches Modell kann aufgrund einer vergleichenden Analyse gängiger Intelligenztheorien und Ansätze über Unternehmensintelligenz entwickelt werden. Als ein sozio-technisches System, das in einer Interaktion mit seiner Umwelt steht, braucht ein Unternehmen neben einer kognitiven (bzw. „klassischer") Intelligenz, die seine Fähigkeiten bei der Informationsverarbeitung beschreibt, auch soziale (adäquate Beziehungen zu den relevanten internen und externen Stakeholdern) und technologische Intelligenz (optimale räumliche und technische Beschaffenheit des Unternehmens). Diese Teilintelligenzen können in jedem Unternehmen – je nach seiner Branchenzugehörigkeit, Größe und Kultur – auf verschiedene Art und Weise realisiert werden. Als Basis für die kollektive Intelligenz dienen Wissen und Kreativität einzelner interner und externer Akteure, die eine notwendige, aber nicht hinreichende Bedingung eines intelligenten Unternehmenshandelns darstellen. Nicht nur die individuelle Intelligenz der Unternehmensakteure, sondern auch Qualität und Quantität des Wissensaustauschs sowie eine optimale Nutzung von Wissen und Kreativität, bestimmen die Intelligenz des Unternehmens als Ganzes. Als praktisches Instrument für die kontinuierliche Arbeit an der Unternehmensintelligenz eignet sich ein internes und externes Ideenmanagement, welches im Gegensatz zu traditionellen Konzepten ganzheitlich verstanden werden sollte. Internes Ideenmanagement in Unternehmen übernimmt die Funktion der Identifikation, Nutzung und Förderung von Wissen und Kreativität der Belegschaft. Externes Ideenmanagement verfolgt das Ziel, externe Intelligenz relevanter Akteure zu integrieren.

Dieses Kapitel, in dem die Möglichkeiten der Analyse und Gestaltung von Unternehmensintelligenz aufgezeigt und ein Modell des intelligenten Unternehmens erläutert werden, stellt eine konzeptionelle Grundlage für die weiteren Ausführungen des Buches dar.

1.1 Konzept des intelligenten Unternehmens

Als Subjekt wirtschaftlichen Handelns ist ein Unternehmen erfolgsorientiert und stets bemüht bzw. gezwungen, unter verschiedenen Alternativen die aussichtsreichste zu erkennen und letztendlich umzusetzen. Die Fähigkeit, diese Erfolgschancen wahrzunehmen und sich mit der komplexen, dynamischen Umwelt und den neuen Problemen effizient auseinanderzusetzen, basiert auf seiner Intelligenz. In dieser Fragestellung kommt die Analogie zwischen einem Individuum und einem Unternehmen zum Tragen, da beide als Subjekte eines zielgerichteten, aktiven und eigenverantwortlichen Handelns fungieren können. Das Ziel dieses Kapitels ist es, die Anwendbarkeit von individuellen Intelligenztheorien auf ein Unternehmen zu überprüfen und ein Modell des intelligenten Unternehmens zu entwickeln, das die Besonderheiten einer kollektiven Intelligenz berücksichtigt und für eine praktische Arbeit an der Unternehmensintelligenz geeignet ist.

1.1.1 Unternehmen als Handlungseinheit

Die klassische Betriebswirtschaftslehre definiert ein Unternehmen als „eine planmäßig organisierte Betriebswirtschaft, in der Güter bzw. Dienstleistungen beschafft, verwertet, verwaltet und abgesetzt werden"[1] und erweckt damit den Eindruck Unternehmen wären starre, von einer „höheren Macht" geschaffene Konstruktionen. Solche Definitionen lassen den sozialen Aspekt eines Unternehmens sowie die Reziprozität von Individuum und Institution außer Acht. Dennoch wird jedes Unternehmen von Menschen geschaffen und getragen, die als der Ausgangspunkt betriebswirtschaftlicher Realität und wichtigstes Medium ihrer praktischen Umsetzung dienen.

Warum und wie entstehen Unternehmen? Bereits die Theorie von Chester I. Barnard erklärte das Zustandekommen eines Unternehmens aus der Bereitschaft der Individuen zur Kooperation.[2] Um ihre gemeinsamen Ziele erfolgreich und effizient erreichen zu können, schließen sich Menschen bzw. Wirtschaftsakteure zusammen. Diese Zusammenarbeit bedarf einer koordinierenden Organisation, vernünftiger Planung und Kontrolle sowie einer motivierenden Führung. Die Entscheidungen über die einzelnen Funktionen – Organisation, Planung/Kontrolle und Führung – werden im Zusammenwirken der Wirtschaftsakteure subjektiv und exemplarisch getroffen. Durch diese Entscheidungen wird ein Unternehmen gestaltet und an die Anforderungen der gemeinsamen Arbeit

---

[1] Rahn, H.-J.: Unternehmensführung, 2002, S. 23.
[2] Barnard, Ch. I.: The functions of the executive, 1938, S. 73.

angepasst. Dabei werden die Entscheidungen von subjektiven Präferenzen, Kenntnissen und Erfahrungen der Akteure bestimmt. Somit ist die Existenz eines Unternehmens einerseits von der Konstituierung durch menschliche Individuen, andererseits von deren personaler Realisierung abhängig.

Aufgrund seiner spezifischen organisationalen Zielsetzung bzw. gemeinsamer Intentionalität kann ein Unternehmen als eine sich selbst organisierende soziale Handlungseinheit bezeichnet werden. Nach Außen wirkt ein Unternehmen (relativ) stabil und geschlossen. In seinem Inneren stellt es ein komplexes, dynamisches System dar, dessen Teile relativ selbstständig sind und ihre Handlungen aufeinander abstimmen, und das permanent durch Interaktionen von Wirtschaftakteuren neu geschaffen wird.

Aus diesen Überlegungen ergeben sich die wichtigsten Eigenschaften der Handlungseinheit Unternehmen:
- Einmaligkeit, die in den Begriffen der Unternehmensidentität und Unternehmenskultur zum Ausdruck kommt;
- Offenheit gegenüber der Umwelt, die eine ständige Anpassung an neue Bedingungen und Flexibilität erlaubt;
- eine aktive Rolle im Umgang mit der Umwelt, wobei ein Unternehmen seine Umwelt verändert und mitgestaltet;
- Verantwortung für das eigene Handeln, die aus der aktiven Rolle in der Interaktion mit der Umwelt resultiert;
- Komplexität, die im Aufbau sowie in den verschiedenen Prozessen des Unternehmens zum Ausdruck kommt sowie
- Intelligenz als Fähigkeit zum optimalen und erfolgreichen Handeln sowie zum Lernen und zur Veränderung.

Ein Unternehmen steht in einem komplexen Zusammenspiel mit seiner Umwelt: Es nimmt sie wahr und verändert/gestaltet sie durch sein zielgerichtetes Handeln, wobei diese beiden Prozesse auf seinem Wissen über sich selbst und die Außenwelt basieren. Während die externen Handlungsprozesse eines Unternehmens durch die Wahrnehmung und Entscheidung/Handeln charakterisiert werden können, finden unternehmensintern kontinuierliche Lernprozesse statt, die sein Wissen überprüfen und erweitern (s. folgende Abbildung).

Sowohl die externen Prozesse wie, Wahrnehmung der Umwelt (Beobachtung von Kundenbedürfnissen, Handlungen der Wettbewerber, allgemeinen gesellschaftlichen Trends usw.), der Entscheidung und des Handelns (Absatz von Produkten, Eroberung neuer Märkte, Innovationstätigkeit, Internationalisierung, Weiterbildung der Mitarbeiter u.a.), als auch die internen Lernprozesse, welche die Veränderungs-, Innovationsfähigkeit und Flexibilität des Unternehmen bestimmen, sind für den langfristigen Unternehmenserfolg relevant. Alle diese

6 1. Intelligentes Unternehmen

Prozesse basieren auf der Intelligenz des Unternehmens als allgemeiner Fähigkeit, erfolgreich zu handeln, neue Situationen zu bewältigen und dazuzulernen.

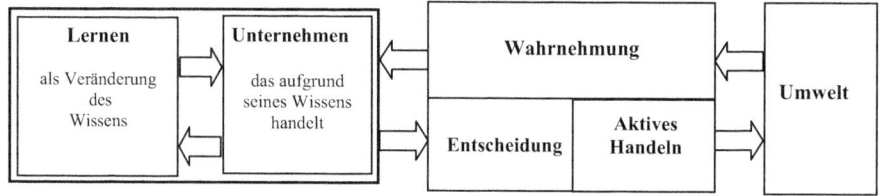

Abbildung 1: Modell unternehmerischen Handelns

Während die Intelligenz eines Individuums schon lange im Mittelpunkt wissenschaftlichen Interesses steht, ist der Begriff „Unternehmensintelligenz" kaum systematisch beschrieben und nicht einheitlich belegt[3]. Im Weiteren werden einige bekannte Intelligenztheorien in Bezug auf ihre Anwendbarkeit auf die Handlungseinheit Unternehmen untersucht.

1.1.2. Zur Anwendbarkeit von Intelligenztheorien auf ein Unternehmen

In der Intelligenzforschung gibt es verschiedene Definitionen und Ansätze, die sich mit Intelligenz beschäftigen. Neben der klassischen Intelligenz, die ursprünglich auf W. Stern[4] zurückgeht und von zahlreichen Forschern untersucht worden ist, sind emotionale Intelligenz von D. Goleman[5] und multiple Intelligenzen von H. Gardner[6] zu nennen. Theoretisch können diese Konzepte auf die Handlungseinheit Unternehmen übertragen und entsprechend angewendet werden.

Die Theorien der klassischen Intelligenz betrachten den Handlungserfolg als Maß für Intelligenz und verbinden sie mit kognitiven Verarbeitungsprozessen. Nach W. Stern (1916) ist "Intelligenz (...) die allgemeine Fähigkeit eines Individuums, sein Denken bewusst auf neue Forderungen einzustellen", eine "allgemeine geistige Anpassungsfähigkeit an neue Aufgaben und Bedingungen des

---

[3] Zu den bekanntesten Theorien zählen Ansätze von Matsuda (1993), Quinn (1992) und Oberschulte (1994), wobei der Begriff und die Inhalte der Unternehmens- bzw. organisatorischen Intelligenz in Japan, Amerika und Europa unterschiedlich verstanden werden.
[4] Stern, W.: Psychologische Begabung und Begabungsdiagnose. In: P. Petersen (Hrsg.): Der Aufstieg der Begabten 1916. W. Stern gilt als Vater des IQ-Begriffs.
[5] Goleman, D.: Emotionale Führung, 2002.
[6] Gardner, H.: Abschied von IQ: Die Rahmentheorie der vielfachen Intelligenzen, 1998.

Lebens."[7] Bei Wechsler (1964) findet man folgende Definition: "Intelligenz ist die zusammengesetzte oder globale Fähigkeit des Individuums, zweckvoll zu handeln, vernünftig zu denken und sich mit seiner Umgebung wirkungsvoll auseinander zu setzen."[8] Wenzl (1957) versteht unter Intelligenz "die Fähigkeit zur Erfassung und Herstellung von Bedeutungen, Beziehungen und Sinnzusammenhängen."[9] Nach R. Sternberg (1999) ist Intelligenz als ein Prozess der Bewältigung neuer bzw. neuartiger Aufgaben auf der Grundlage vorhandenen Wissens und Könnens bzw. als Automatisieren bereits erworbener Fähigkeiten zu verstehen.[10] Sehr ausführlich werden die einzelnen kognitiven Fähigkeiten in der Definition von Gottfredson (1997), die als Ergebnis der Einigung einer Gruppe von Intelligenzforschern zustande gekommen ist, aufgelistet: „Intelligenz ist eine sehr allgemeine geistige Fähigkeit, die unter anderem die Fähigkeiten zum schlussfolgernden Denken, zum Planen, zum Problemlösen, zum abstrakten Denken, zum Verstehen komplexer Ideen, zum raschen Auffassen und zum Lernen aus Erfahrung einschließt."[11]

Auf der Grundlage zitierter Definitionen und Theorien wird eine Spezifikation primärer kognitiver Teilprozesse erstellt, die ein Unternehmen zum intelligenten Handeln befähigen. Das sind Fähigkeiten:
- zur Informationsaufnahme,
- zur Bewertung von Informationen,
- zum schlussfolgernden Denken,
- zur Lösungs- und Strategieauswahl,
- zum Planen,
- zum abstrakten Denken,
- zum Lernen aus Erfahrung,
- zur Bewältigung neuer Situationen,
- zur optimalen Gestaltung der Umwelt.

Diese Spezifikation ist wesentlich detaillierter, als die Unterteilung der organisatorischen Intelligenz in organisatorisches Wissen, organisatorisches Gedächtnis und organisatorische Lernfähigkeit nach Oberschulte,[12] und beinhaltet wichtige

---

[7] Stern, W.: Psychologische Begabung und Begabungsdiagnose, 1916, S. 105-120.
[8] Wechsler, D.: Die Messung der Intelligenz Erwachsener. Bern, 1964, S. 13.
[9] Wenzl, A.: Theorie der Begabung. Entwurf einer Intelligenzkunde, 1957, S. 14.
[10] Sternberg, R. J.: Successful intelligence: finding a balance. Trends in Cognitive Sciences 3/1999: 436 – 442, zitiert nach Roth, G.: Fühlen, Denken, Handeln, 2001, S. 180.
[11] Gottfredson, L.S.: Mainstream science in intelligence: An editorial with 52 signatories, history, and bibliography. Intelligence, P.13.
[12] Vgl. Oberschulte, H.: Organisatorische Intelligenz – Ein Vorschlag zur Konzeptdifferenzierung. In: Schreyögg, G,; Conrad, P.: Managementforschung, 1996, S. 41-81.

kognitiven Prozesse der Wahrnehmung der Umwelt, des schlussfolgernden Denkens und Entscheidens sowie des konstruktiven Handelns.

Die soziale, relationale Dimension des unternehmerischen Handelns macht die Betrachtung der sozialen Intelligenz eines Unternehmens notwendig. Die Theorie der Emotionalen Intelligenz von D. Goleman kann dabei als Grundlage dienen. Emotionale Intelligenz wird danach in persönliche und soziale Kompetenzen gegliedert. Zu den persönlichen Kompetenzen zählen Selbstwahrnehmung (Selbstkenntnis, Selbsteinschätzung, Selbstvertrauen) und Selbstmanagement (emotionale Selbstkontrolle, Anpassungsfähigkeit, Aufrichtigkeit, Leistungsbereitschaft, Optimismus). Soziale Kompetenzen setzen sich aus dem sozialen Bewusstsein (Empathie, Kommunikationsfähigkeit, Gruppen- und Organisationsbewusstsein) und Beziehungsmanagement (Überzeugungskraft, Einfluss, Feedback, Konfliktmanagement, Teamwork und Kooperation) zusammen.[13] Ein Unternehmen als Handlungseinheit braucht soziale Intelligenz sowohl im Innen- (in Bezug auf eigene Mitarbeiter) als auch im Außenverhältnis (gegenüber seinen Stakeholdern). Dabei können die einzelnen Teilkompetenzen von Goleman als Vorlage für die Analyse unternehmerischer sozialer Intelligenz dienen.

Zur Ergänzung von Teilintelligenzen eines Unternehmens kann die Theorie der multiplen Intelligenzen von Gardner herangezogen werden, die zwischen acht spezifischen Arten von Intelligenz bei Menschen unterscheidet: sprachliche, musikalische/künstlerische, logisch-mathematische, räumliche, naturalistische, körperlich-kinästhetische, intra- und interpersonale Intelligenz. Dieser Ansatz betont die Vielfalt von geistigen und körperlichen Intelligenzen, die für ein erfolgreiches Handeln eines Individuums notwendig sind. Unter den genannten acht multiplen Intelligenzen kann man einzelne Teilkomponenten der klassischen und emotionalen Intelligenz wieder erkennen, die allerdings durch weitere Intelligenzen ergänzt werden. Eine Anwendung dieser Theorie auf die Handlungseinheit Unternehmen eröffnet neue Betrachtungsperspektiven: neben der kognitiven und sozialen Intelligenz ist für ein Unternehmen seine räumlich-technische Beschaffenheit von Bedeutung, die im Weiteren als technologische Intelligenz bezeichnet wird.

Einige wesentliche Merkmale individueller Intelligenz können auf die Handlungseinheit Unternehmen übertragen werden, dabei sollen die traditionellen Intelligenztheorien durch die Besonderheiten der Handlungseinheit Unternehmen ergänzt werden. Als ein soziales System weist ein Unternehmen Zielorientierung und Selbstreferentialität (d.h. Selbstorganisation und -bezogenheit) auf. Darüber hinaus besitzt das unternehmerische Wissen einen verteilten Charakter. Es gibt eine Vielzahl von Wissensträgern: neben Menschen auch Dokumente,

---

[13] Vgl. Goleman, D.: Emotionale Führung, 2002, S. 61.

Datenbanken, Prozesse und Technik. F. Lehner beschreibt das bildhaft: in Organisationen weiß die linke Hand oft nicht, was die rechte tut, folglich besteht das Ziel „darin, Organisationen zu unterstützen, die Erfahrungen ihrer Mitglieder zu speichern und das akkumulierte Wissen zu verteilen, damit alle einen Nutzen davon haben."[14]

Aus zwei Gründen stimmt das gesamte unternehmerische Wissen mit dem Wissen aller Mitarbeiter des Unternehmens nicht überein (s. folgende Abbildung).

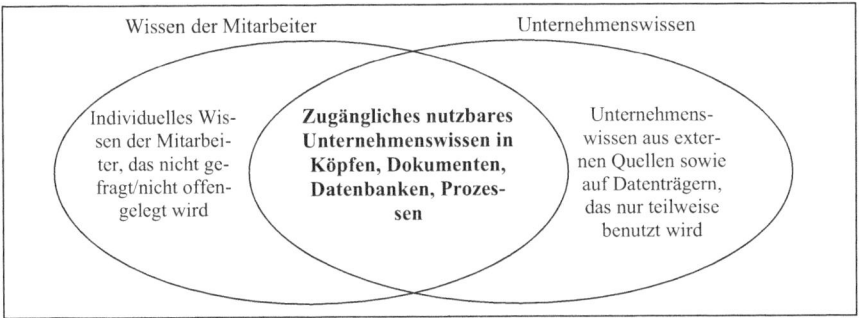

Abbildung 2: Abweichung des Unternehmenswissens von dem individuellen Wissen der Mitarbeiter

Auf der einen Seite wird nicht das ganze Wissen in den Köpfen der Mitarbeiter in den Dienst des Unternehmens gestellt, z.B. das Unternehmen weiß nicht, was für Wissen einzelne Mitarbeiter besitzen, individuelles Wissen wird nicht preisgegeben, man hält Wissen für irrelevant usw. Auf der anderen Seite ist unternehmerisches Wissen nicht nur in den Köpfen, sondern auch in anderen Formen abgespeichert – Dokumente, Prozessbeschreibungen usw., und die Mitarbeiter haben nicht unbedingt Zugang zu diesem Wissen. Darüber hinaus entsteht das Unternehmenswissen nicht nur intern, sondern auch extern – aus Ideen und Anregungen der Kunden, Lieferanten, Konkurrenten, Berater usw. Diese besondere Wissensverteilung muss im Modell der Unternehmensintelligenz berücksichtigt werden.

Eine weitere Besonderheit eines Unternehmens als Handlungssubjekt besteht darin, dass sein Wissens- und Handlungssystem nicht kongruent sind. D.h. Unternehmen verfügen häufig über ein für ihr Handeln relevantes Wissen, wenden es aber nicht an, da die handelnde Einheit von der Existenz des Wissens keine

---

[14] Lehner, F.: Wissensmanagement, 2006, S. IX.

Kenntnis hat. Die Intelligenz eines Unternehmens wird also in besonderem Maße durch die Wissenslogistik und im Vorfeld durch die Organisation der Wissensverteilung bestimmt. Das Unternehmenswissen kann Widersprüche enthalten, die einer Harmonisierung bedürfen, um ein konsistentes Handeln des Unternehmens zu erreichen. Interessenkonflikte, widersprüchliche Vorstellungen von den eigenen Möglichkeiten und den Bedingungen der Umwelt (des Marktes, der Konkurrenten usw.) verhindern nicht wie bei einem Individuum die Entscheidungsfindung und führen damit zur Handlungsunfähigkeit, sie zerstören jedoch die Identität des Unternehmens und wirken sich negativ auf die Erreichung gemeinsamer Ziele aus. Große Unternehmen mit mehreren relativ selbständigen Teilbereichen zahlen häufig demselben Lieferanten ganz unterschiedliche Preise für dessen Produkte. Zur Unternehmensintelligenz gehört also auch die Harmonisierung des Wissens im Unternehmen bis hin zur Schaffung einer gemeinsamen Wahrheit für das geteilte Basiswissen aller.

1.1.3. Komponenten der Unternehmensintelligenz

Genauso wie die Intelligenz eines Menschen maßgeblich über seinen beruflichen Werdegang entscheidet, ist die Unternehmensintelligenz ausschlaggebend für den unternehmerischen Erfolg. Aufgrund verschiedener Intelligenztheorien kann die Intelligenz der Handlungseinheit Unternehmen zusammenfassend als seine **komplexe/globale Fähigkeit zum zukunfts- und erfolgsorientierten Handeln in Interaktion mit seiner Umwelt auf der Grundlage vorhandenen Wissens und der Lernprozesse** definiert werden.

Die Anwendung gängiger Intelligenzmodelle auf ein Unternehmen unter Berücksichtigung von Besonderheiten der Wissensverteilung in Unternehmen ergibt folgende relevante Teilintelligenzen, die in ihrer Gesamtheit Unternehmensintelligenz beschreiben:
- kognitive Intelligenz (effiziente Wahrnehmung, Evaluationsfähigkeit, Gedächtnis, Wissensaustausch und -harmonisierung, Innovations- und Lernfähigkeit);
- soziale Intelligenz (interne, in Bezug auf eigene Belegschaft, und externe, in Bezug auf Stakeholder und Umwelt) sowie
- technologische Intelligenz (optimale räumlich-technische Beschaffenheit des Unternehmens).

Die weiter folgende Tabelle spezifiziert die Teilkomponenten der Unternehmensintelligenz und ihre mögliche Umsetzung in einem Unternehmen. Theoretisch wäre es möglich, aufgrund dieser Tabelle eine Messung des Unternehmens-Intelligenzquotienten vorzunehmen, allerdings kann man dabei kaum von

1. Intelligentes Unternehmen   11

einem Benchmarking sprechen, da die Intelligenz jedes Unternehmens sehr spezifisch ist.

Tabelle 1: Komponenten der Unternehmensintelligenz und beispielhafte Umsetzungsmöglichkeiten

Teilintelligenz	Fähigkeiten	Umsetzung in Unternehmen
kognitive Intelligenz	effiziente Wahrnehmung von Umwelt, Akteuren und neuen Entwicklungen;	offene Netzwerke, Kundenintegration, Beschwerdemanagement, Markt-, Trend- und Zukunftsforschung;
	Evaluationsfähigkeit (Bewertung und Vergleich von Informationen);	Methoden der strategischen Analyse, effizientes Wissensmanagement;
	Gedächtnis (systematische und optimale Speicherung von relevanten Informationen);	interne Datenbanken und Wissensnetzwerke, breiter Wissensaustausch durch Weblogs, Communities, Workshops u.a.
	Wissensaustausch, -harmonisierung (Versorgung relevanter Akteure mit Wissen, Abstimmung der Wissensinhalte); Wissensnutzung;	Wissensnetzwerke, Communities, Workshops, Ideenwerkstätte, Weblogs u.a.
	Innovations- und Lernfähigkeit	permanente Weiterbildung und Entwicklung, systematisches Ideen- und Innovationsmanagement; Innovationsfördernde Kultur; Motivation zur Ideenfindung und zum Lernen
soziale Intelligenz	intern: Selbstverständnis des Unternehmens, Identifikation;	Visionen, Leitlinien, strategische Ziele und derer breite Kommunikation; Unternehmenskultur
	extern: effizientes Beziehungsmanagement mit Stakeholdern und Umwelt	gesellschaftliche Verantwortung, Beziehungen zu einzelnen Stakeholdern und der Öffentlichkeit, Umweltleitlinien und -standards
technologische Intelligenz	intelligente Nutzung des Raums, technischer und finanzieller Mittel, Kommunikationsstruktur	Prozessmanagement, Prozessinnovationen, BVW, KVP, interne Vernetzung, verfügbare DV-Programme

Der interne Prozess der Intelligenzförderung besitzt für ein intelligentes Unternehmen die wichtigste Priorität. Eine Beschäftigung mit der eigenen Intelligenz und die Kenntnis ihrer Wirkungen befähigt ein Unternehmen, Wissen über seine Umwelt und über sich selbst zu schaffen und zu nutzen. In diesem Sinn könnte man Ausprägungsgrade einzelner Teilintelligenzen und ihre unternehmensspezifische Gewichtung von Experten (Führungskräften oder Beratern) schätzen lassen, um den Ist-Zustand der Unternehmensintelligenz zu bewerten und die notwendigen internen Lernprozesse einzuleiten.

In der Praxis können die Teilintelligenzen je nach Unternehmen in verschiedenen Formen realisiert werden und sind von der Branche und der konkreten Unternehmensstrategie abhängig. Die Arbeit an der Unternehmensintelligenz sollte deswegen in die Unternehmensstrategie eingebaut sein.

Die Unternehmensintelligenz hat unabhängig von der Branchenzugehörigkeit und der Strategie des Unternehmens eine wichtige Besonderheit: sie ist auf verschiedene Akteure im und außerhalb des Unternehmens verteilt, deren individuelle Intelligenzen (Wissen und Kreativität) für die kollektive Intelligenz des Unternehmens ausschlaggebend sind. Zugleich kommt es darauf an, inwieweit es einem Unternehmen gelingt, eine kollektive Intelligenz zu schaffen. Betrachten wir nun ausführlicher einzelne Teilintelligenzen und die Problematik ihrer praktischen Umsetzung in Unternehmen.

Am Wahrnehmungsprozess eines Unternehmens sind verschiedene Akteure beteiligt. Auf der einen Seite sind es Mitarbeiter im Kundendienst, Einkauf, PR-Abteilung usw., die unmittelbar mit Kunden, Lieferanten oder mit der Öffentlichkeit in Kontakt treten und die Meinungen, Stimmungen bzw. Beschwerden dieser Klientel mitbekommen. Auf der anderen Seite sind es spezielle Marktforschungs- oder Zukunftstrendteams, die sich gezielt mit den Entwicklungen und Tendenzen in der Gesellschaft und auf dem Markt beschäftigen. Die Informationen, die im Prozess der Wahrnehmung gewonnen werden, sollen verarbeitet und für relevante Entscheidungen genutzt werden.

Deswegen reicht es nicht aus, den Wahrnehmungsprozess einzelner Akteure zu gewährleisten, vielmehr sollte das relevante Wissen einzelner Wahrnehmungssubjekte mit Hilfe von speziellen Methoden bewertet und für die Strategieentwicklung und Zielsetzung benutzt werden (Teilfähigkeit Evaluation). Darüber hinaus soll das relevante Wissen gespeichert werden, sodass ein schneller Zugriff auf die Informationen für alle relevanten Akteure möglich ist (Teilfähigkeit Gedächtnis).

Da das Wissen nur begrenzt formalisiert werden kann, ist ein großer Teil des Wissens nur in den Köpfen von Unternehmensakteuren vorhanden. Das macht Wissensverteilung und -logistik besonders problematisch. Interne Datenbanken und Netzwerke können nur mit dem expliziten Wissen arbeiten, wogegen das implizite Wissen nur in Interaktionen ausgetauscht und vermittelt werden kann.

Hierzu werden informelle Communities, Weblogs, Workshops oder andere Kommunikationswege benötigt. Diese formellen und informellen Kanäle können zugleich zur Harmonisierung des Wissens beitragen, indem Begriffe, Definitionen und Lösungen kommuniziert und abgestimmt werden.

Letzte Teilfähigkeit der kognitiven Intelligenz ist die Innovations- und Lernfähigkeit eines Unternehmens. Sie bildet eine notwendige Grundlage für die langfristige Erhaltung und Entwicklung der Unternehmensintelligenz. Auch hier bilden Wissen und Kreativität einzelner interner und externer Akteure eine notwendige, aber nicht hinreichende Bedingung für die Innovations- und Lernfähigkeit des Unternehmens als Ganzes. Neben der Förderung von individuellem Lernen und der Kreativität der Mitarbeiter (z.B. Weiterbildung, Kreativitätsworkshops) braucht ein Unternehmen spezielle Methoden und Programme, um Ideen aus der Umwelt zu gewinnen und eine kollektive Kreativität zu erzeugen. Hier kann ein systematisches, offenes Ideen- und Innovationsmanagement als Instrument eingesetzt werden.

Die soziale Intelligenz ist für ein Unternehmen ebenso wichtig, wie für ein Individuum. Eine Belegschaft, die sich als eine Einheit mit gemeinsamen Visionen und Zielen empfindet, weist eine hohe Leistungsmotivation, Identifikation und Arbeitszufriedenheit auf. Als Erfolgsfaktoren sind Visionen, Leitlinien und eine entwickelte Unternehmenskultur zu nennen. Soziale Intelligenz im Außenverhältnis bedeutet ein gezieltes und konsequentes Beziehungsmanagement in Bezug auf alle relevante Stakeholder des Unternehmens: das Customer Relationship Management (CRM) für eine langfristige Kundenbindung, Marketing um Kunden zu gewinnen, PR-Arbeit für das Image des Unternehmens in der Öffentlichkeit, Corporate Social Responsibility (CSR) als gesellschaftliche Verantwortung des Unternehmens u.a. Dazu gehört auch ein schonender und nachhaltiger Umgang mit der Umwelt, Ressourcen und Lebewesen, der in den Leitlinien des Unternehmens, aber vor allem auch in seinen strategischen und operativen Zielen verankert und im praktischen Verhalten umgesetzt werden soll.

Als letzte Komponente der Unternehmensintelligenz wurde die technologische Intelligenz beschrieben. Darunter können eine optimale Nutzung des Raumes, der Ressourcen und technologisches Know how verstanden werden. Die Prozesse in Unternehmen unterliegen einer ständigen Optimierung und Verbesserung, was normalerweise unter Begriffen Prozessmanagement, Prozessinnovationen, Kaizen usw. läuft. Dabei hat eine optimale Kommunikations- und Informationsstruktur in Bezug auf Wissensaustausch und -generierung eine besondere Bedeutung.

1.1.4. Der Weg zum intelligenten Unternehmen

Für die Gestaltung eines intelligenten Unternehmens, das seine Umwelt adäquat wahrnehmen, optimal handeln und permanent lernen kann, sind folgende Aufgaben zu lösen:
- Identifikation, Nutzung und Förderung von individuellen Intelligenzen der internen und externen Unternehmensakteure;
- Systematische Arbeit an der Ideengenerierung und -beschaffung sowie Ideenverdichtung, -bewertung und -umsetzung;
- unternehmensinterne Wissensarbeit: Wissensaustausch, -harmonisierung, -generierung, -bewahrung und -nutzung;
- Schaffung günstiger Rahmenbedingungen für die genannten Prozesse.

Als Basis für ein intelligentes Unternehmen dienen individuelle Intelligenzen interner und externer Akteure. Dazu gehören alle Mitarbeiter mit ihren Kompetenzen (Wissen und Kreativität) sowie die relevanten externen Akteure, deren Wissen und Kreativität von dem Unternehmen genutzt werden kann. Um eine kollektive Intelligenz zu erreichen, werden die individuellen Intelligenzen einem Transformationsprozess unterworfen. Das Konstrukt „Intelligentes Unternehmen" wird von drei Säulen getragen und bedarf bestimmter Rahmenbedingungen (vgl. Abbildung).

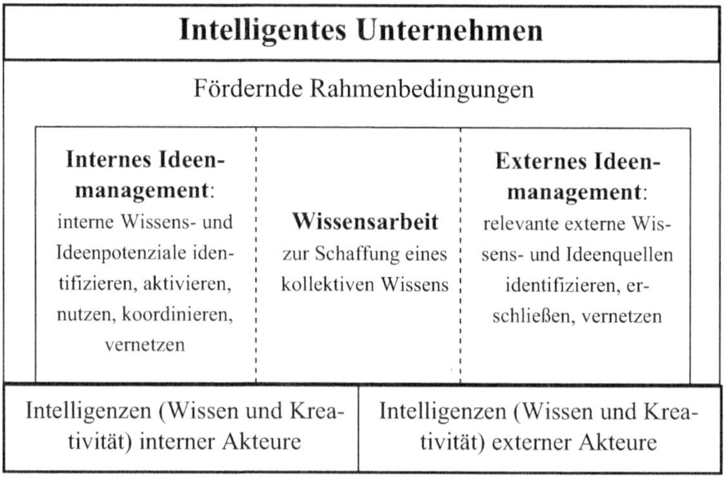

Intelligentes Unternehmen		
Fördernde Rahmenbedingungen		
Internes Ideenmanagement: interne Wissens- und Ideenpotenziale identifizieren, aktivieren, nutzen, koordinieren, vernetzen	**Wissensarbeit** zur Schaffung eines kollektiven Wissens	**Externes Ideenmanagement**: relevante externe Wissens- und Ideenquellen identifizieren, erschließen, vernetzen
Intelligenzen (Wissen und Kreativität) interner Akteure		Intelligenzen (Wissen und Kreativität) externer Akteure

Abbildung 3: Modell eines intelligenten Unternehmens

Die individuellen Potenziale interner und externer Akteure sollen zu einem Ganzen, zur Unternehmensintelligenz, zusammengefügt werden. Dafür sind drei Prozesse notwendig.

Zum Einen, geht es um das interne Ideenmanagement, das sich mit dem Schaffen von neuem Wissen im Unternehmen beschäftigt und auf die Identifikation, Aktivierung, Nutzung, Entwicklung, Koordination und Vernetzung individueller Wissens- und Ideenpotenziale der Belegschaft ausgerichtet ist. Eigene Mitarbeiter sind für ein Unternehmen die wichtigsten Wissens- und Ideenträger. Die Ideen für Entwicklung von neuen und Verbesserung von bestehenden Produkten und Prozessen sollen erschlossen, verdichtet und umgesetzt werden.

Zum Zweiten, muss externe Intelligenz relevanter Stakeholder identifiziert, erschlossen und vernetzt werden – das ist die Aufgabe des externen Ideenmanagement. Externe Akteure sind eine wichtige Ideenquelle, die erfasst, genutzt und gepflegt werden soll. Zu den wichtigsten Wissensträgern außerhalb des Unternehmens zählen Kunden, Lieferanten, Zwischenhändler, Kooperationspartner, wissenschaftliche Institutionen usw. Ihre Integration in die Produktentwicklung und Prozessverbesserung im Sinne von Open Innovation verbessert die Erfolgschancen neuer Produkte, führt zur Verkürzung der Entwicklungszeit und zur Kostensenkung.

Zum Dritten, braucht ein intelligentes Unternehmen einen systematischen Umgang mit Wissen, der als Wissensarbeit bezeichnet wird. In diesem Prozess muss kollektives Wissen des Unternehmens geschaffen werden. Die Wissensarbeit beinhaltet mehrere Kernprozesse, die auf eine systematische Arbeit mit dem formalisierten Wissen in Unternehmen, Organisation eines Wissensaustausches (in Form von Wissensnetzen, Online-Portalen, Weblogs, Communities) sowie eine systematische Bewertung und Nutzung von Wissen ausgerichtet sind.

Einige Teilprozesse der Wissensarbeit überschneiden sich mit denen des Ideenmanagement. Die Grenzen zwischen den beiden sind fließend, wobei sich das Ideenmanagement primär mit den neuen Ideen und dem Schaffen vom neuen Wissen beschäftigt, während der Schwerpunkt der Wissensarbeit auf dem standardisierten Wissen und der formellen Organisation der Wissensverarbeitung liegt.

Darüber hinaus bedarf ein intelligentes Unternehmen fördernder Bedingungen für Lernen, Kreativität und Wissensarbeit. Dazu gehören offene Kommunikation, kooperative bis teilautonome Führung, Freiräume für Initiative und Kreativität, innovationsfördernde Unternehmenskultur, Vertrauen und Fehlertoleranz.

Einzelne Prozesse und praktische Umsetzungsmöglichkeiten des Konzeptes des intelligenten Unternehmens werden in weiteren Kapiteln genauer erläutert.

1.2. Individuelle Intelligenzen als Basis für intelligentes Unternehmen

Wie es im vorigen Kapitel verdeutlicht wurde, basiert Intelligenz eines Unternehmens grundsätzlich auf der individuellen Intelligenz der Unternehmensakteure, die als eine notwendige, aber nicht hinreichende Bedingung für die Unternehmensintelligenz bezeichnet wurde. Es reicht nicht aus, in einem Unternehmen intelligente Köpfe zu versammeln. Nur durch ein koordiniertes Zusammenwirken verschiedener Kompetenzen und Ideen aller Akteure ist es möglich, einen komplexen intelligenten Wertschöpfungsprozess zu realisieren. Um ein intelligentes Unternehmen zu gestalten, sollten auf der einen Seite relevantes Wissen und Kreativität interner und externer Unternehmensakteure identifiziert und auf der anderen Seite Methoden und Mechanismen für ihre effiziente Nutzung und Entfaltung geschaffen werden. Es geht darum, den internen und externen Akteuren eine Möglichkeit zu geben, die neue Unternehmensrealität mitzugestalten, aus den von Ideenmanagement Betroffenen engagierte Ideenarbeiter zu machen.

1.2.1. Wissen und Kreativität interner Akteure

Wissen und Kreativität der Belegschaft bilden ein wichtiges Potenzial jedes Unternehmens, insbesondere in einer Wissensgesellschaft. Mitarbeiter eines Unternehmens bilden einen entscheidenden Teil seines intellektuellen Kapitals, „indem sie als Aktiva des vierten Produktionsfaktors Wissen ein Gespür für Dinge und deren Zusammenhänge, ein fundiertes Beurteilungsvermögen, eine hohe Kreativität, eine gewisse Selbständigkeit und die Fähigkeit, gewinnbringende Beziehungen aufzubauen, im Sinne der wissensbasierten Organisation entwickeln müssen."[15] Einige Soziologen sprechen in diesem Zusammenhang von dem so genannten „Kognitariat" (analog zu Proletariat des industriellen Zeitalters): "Die Wissensarbeiter der modernen Gesellschaft, das Kognitariat, verfügen selbst über ihre Produktionsmittel: Wissen, Information, Einschätzung. Das Kognitariat bildet bei uns bereits die Mehrheit der beschäftigten Bevölkerung."[16]

Die Mitarbeiter eines Unternehmens, die in seine Struktur und Prozesse integriert sind, besitzen alle zusammen ein umfassendes theoretisches und praktisches Wissen über die gesamte Wertschöpfung im Unternehmen. Dieses Wissen ist allerdings auf mehrere Akteure verteilt und bei jedem Individuum subjektiv und nur zum Teil bewusst und formalisierbar. Um die Wege zur Nutzung des Wis-

---

[15] Vgl. Haun, M.: Handbuch Wissensmanagement, 2002, S. 19.
[16] Toffler, A.: Das Ende der Romantik, Spiegel special 3/1995, S. 59-63.

senspotenzials der Belegschaft aufzuzeigen, sollen zunächst die theoretischen Grundlagen der Wissensrepräsentation und die Besonderheiten des individuellen Wissens erläutert werden.

1.2.1.1. Individuelles Wissen und seine Merkmale

Nach Erkenntnissen moderner Neuropsychologie entwickelt sich das Wissen eines Menschen durch seine Erfahrungen und Lernprozesse und wird in Form von mentalen Mustern (komplexen Verbildungen zwischen Neuronen im Gehirn) repräsentiert. Die Gesamtheit dieser Muster bildet ein individuelles mentales Modell der Welt, das im Laufe des Lebens kontinuierlich überprüft und weiter ausgebaut wird.

Das individuelle Wissen, das sich im Laufe des Lebens bei jedem Individuum aufgrund von individuellen Lebenserfahrungen herausbildet, kann durch folgende Merkmale gekennzeichnet werden:

- Subjektivität – das Wissen entsteht in der spezifischen Umwelt eines Individuums und ist subjektbezogen,
- relative Stabilität – die Menschen gewöhnen sich daran, für Problemlösungen bestimmte Methoden und Verfahren zu benutzen, die sich als wirksam erwiesen haben;
- sozialer und kultureller Bezug – die Struktur und Bedeutung des Wissens hängen von der sozialen und kulturellen Umwelt ab, in der es erlernt wurde;
- Handlungsbezug – das Wissen entsteht durch die Auseinandersetzungen eines Individuums mit seiner Umwelt und prägt zugleich alle Handlungen.

Diese Besonderheiten des individuellen Wissens haben für ein Unternehmen weitgehende Folgen. Auf der einen Seite werden durch die Subjektivität sowie den sozialen und kulturellen Bezug des individuellen Wissens die Kommunikation und Verständigung erschwert, da Begriffe und Bedeutungen einzelner Akteure auf individuellen Erfahrungen basieren und von einander abweichen. Auf der anderen Seite kommen durch diese Unterschiedlichkeit Synergieeffekte zustande, die eine wesentliche Steigerung der Leistung durch Arbeitsteilung und Spezialisierung sowie unter Umständen kreative Problemlösungen ermöglichen. Darüber hinaus ist für die unternehmerische Praxis der Handlungsbezug des individuellen Wissens wichtig, da die geordneten Erfahrungen aus den früheren Handlungen die Basis für das zukünftige Handeln bilden. Dabei geht es um die verschiedenen Wissensinhalte, die für das Handeln bedeutend sind, – beschreibendes, prozessuales und emotionales Wissen.

1.2.1.2. Beschreibendes, prozessuales und emotionales Wissen

Die individuellen Wissensinhalte beinhalten verschiedene Formen des Wissens: beschreibendes, prozessuales und emotionales Wissen, die in einem engen Zusammenhang zueinander stehen.

Wir haben bestimmte Vorstellungen von Objekten und ihren Zusammenhängen – dieses Wissen nennt man **beschreibendes Wissen**. Es kann mit der Formel „Wissen, dass..." beschrieben werden. Alle Begriffe und Definitionen, die wir formulieren können, gehören dazu. Abertausende von Definitionen und Beschreibungen werden im Laufe des Lebens in unserem Gehirn abgelegt und sortiert. Eine wichtige Organisationsform beschreibenden Wissens ist die Abstraktion, d.h. die Bildung von Klassen von Objekten mit gemeinsamen Eigenschaften. Die dabei entstehenden Taxonomien ermöglichen eine effiziente Speicherung des beschreibenden Wissens.

Die zweite Form vom Wissen ist so genanntes **prozessuales** Wissen, das menschliche Können bei der Veränderung der Welt bestimmt. Es ist das „Wissen, wie..." man etwas tut. Dieses Wissen umfasst verschiedene Fertigkeiten, die meistens psychomotorischer natur sind, von einfachen Bewegungsgriffen beim Essen bis komplizierten Tätigkeiten wie Autofahren, Klavierspielen oder auch die strategische Planung in Unternehmen. Diese Tätigkeiten werden als komplexe Prozesse im Gehirn gespeichert und können bei genügender Übung automatisch ablaufen. Bei solchen Fertigkeiten wissen wir normalerweise, dass wir über sie verfügen, können aber schlecht mit Worten beschreiben, wie sie funktionieren. Prozesswissen ist zum großen Teil schwer symbolisierbar und kommunizierbar. Für die Aneignung dieses Wissen sind Informationsquellen nicht ausreichend, man braucht zusätzlich einen Lehrer (Vorbild), der die Prozesse vorführen kann.

Die dritte Form des Wissens ist das **emotionale** Wissen. Emotionen spielen eine außergewöhnlich wichtige Rolle bei Denken und Handeln. Auf der einen Seite, sind alle Erinnerungen eines Individuums emotional gefärbt: sowohl beschreibendes als auch Prozesswissen existieren nur im einem emotionalen Kontext. Auf der anderen Seite, haben alle menschliche Entscheidungen und Handlungen eine Gefühlskomponente: sie werden von Emotionen ausgelöst und nachträglich emotional bewertet. G. Roth beschreibt verschiedene Module des Gehirns nach Funktionen[17]: sensorische, motorische, kognitiv-assoziative, exekutive und limbische Areale. Limbische Areale sind für die Emotionen und Bewertung verantwortlich. Emotionen schreibt Roth eine besondere Bedeutung zu: „Emotionen greifen in die bewusste Verhaltensplanung und -steuerung ein, indem sie bei der Handlungsauswahl mitwirken und bestimmte Verhaltensweisen

---

[17] Vgl. Roth, G.: Fühlen, Denken, Handeln, 2001.

befördern. Hierbei spricht man von Motivation. Als Wille ‚energetisieren' sie die einen Handlungen bei ihrer Ausführung und unterdrücken als Furcht oder Abneigung andere. Sie steuern unsere Gedanken, Vorstellungen und insbesondere unsere Erinnerungen."[18]

1.2.1.3. Explizites und implizites Wissen

Moderne Psychologie unterscheidet zwischen bewussten und unbewussten (bzw. expliziten und impliziten) Verarbeitungsprozessen im menschlichen Gehirn.[19]

Bewusste, oder kontrollierte bzw. explizite Prozesse hängen stark von der Bereitstellung kognitiver Ressourcen (Arbeitsgedächtnis) ab, benötigen Aufmerksamkeit und Bewusstsein, laufen langsam (Sekunden bis Minuten) und mühevoll ab, benötigen intensiven Zugriff auf das Langzeitgedächtnis, sind störanfällig, zeigen wenig Übungseffekte und sind schnell veränderbar und sprachlich berichtbar.[20]

Unbewusste, oder automatisierte bzw. implizite Prozesse sind unabhängig von der Begrenzung kognitiver Ressourcen, der willentlichen Kontrolle weitgehend entzogen, benötigen keine Aufmerksamkeit und kein Bewusstsein, laufen schnell und mühelos ab, haben geringe Fehleranfälligkeit, verbessern sich durch Übung, sind schwer veränderbar, wenn sie einmal eingeübt sind, und in ihren Details sprachlich nicht berichtbar.[21]

Die meisten mentalen Tätigkeiten verlaufen unbewusst, automatisiert. Bewusstsein wird nur dann eingesetzt, wenn an ein Individuum „höhere Anforderungen" gestellt werden wie eine neue Aufgabe oder unerwartete Information. In den übrigen Situationen „spart" unser Gehirn seine Energie und arbeitet automatisch, routinemäßig. „Bewusstsein ist für das Gehirn ein Zustand, der tunlichst zu vermeiden und nur im Notfall einzusetzen ist. Wir Menschen leben jedoch in einer Umwelt, besonders einer sozialen Umwelt, die uns ständig vor neue, wichtige und komplizierte Probleme stellt, so dass es ratsam ist, das Bewusstsein mehr oder weniger durchgehend ‚eingeschaltet' zu lassen."[22] Bewusstsein als aktiver Zustand ist nötig, wenn das Gehirn mit Sachverhalten konfrontiert wird, die hinreichend neu (keine Standardlösung vorhanden), hinreichend komplex oder hinreichend wichtig sind.

Im Einklang mit diesen zwei Verarbeitungsprozessen im Gehirn wird das Wissen in explizites (bewusstes, aktives) und implizites (passives, unbewusstes) unterteilt.

---

[18] Roth, G.: Fühlen, Denken, Handeln, 2001, S. 291.
[19] Zimbardo, P.; Gerrig, R.: Psychologie, 2004, S. 294 ff.
[20] Roth, G.: Fühlen, Denken, Handeln, 2001, S. 238.
[21] Ebd., S. 237.
[22] Ebd., S. 240.

Explizites (bewusstes, aktives) Wissen ist relativ leicht symbolisch darstellbar, verfügbar und kommunizierbar. Es ist aktiv vorhanden und kann jeder Zeit benutzt werden. Explizites Wissen kann in Form von Symbolen dargestellt werden, was es zugänglich und kommunizierbar macht. Es kann auf verschiedenen Medien gespeichert und verfügbar gemacht werden – als Texte, Bilder, Tabellen, elektronische Dateien und Datenbanken.

Implizites (unbewusstes, passives) Wissen ist umgekehrt schwer symbolisch darstellbar, teilweise nicht zugänglich, schwer kommunizierbar. Teilweise kann das implizite Wissen aktiv gemacht– reflektiert, erinnert oder niedergeschrieben werden. Ein Teil des Wissens bleibt aber unbewusst und damit aus der impliziten Form in die explizite nicht verformbar. Dazu gehören bei Menschen zum Beispiel Intuition und Instinkte sowie automatisiertes Prozesswissen und Gewohnheiten. Die Formulierung „Ich weiß mehr, als ich zu sagen weiß" macht den Charakter des impliziten Wissens deutlich. Unser aktives, bewusst vorhandenes Wissen ist nur ein Bruchteil unseres Gesamtwissens – wie die Spitze eines Eisbergs. Das implizite Wissen hängt eng mit den subjektiven Wahrnehmungen und Werten zusammen und existiert nur im Kontext einzelner Persönlichkeiten.

Mit der Existenz dieser zwei Formen des Wissens sind die Probleme der Wissensnutzung und des Wissensaustauschs in Unternehmen verbunden (s. Tabelle).

Tabelle 2: Unterscheidung zwischen explizitem und impliziten Wissen

Explizites Wissen	Implizites Wissen
- problemlose Weitergabe	- schwer artikulierbar
- formalisierbar in grammatikalischen Sätzen, mathematischen Formeln oder Bildern	- kaum formalisierbar
	- erfahrungs- und personengebunden
- kontextunabhängig	- kontextabhängig

Nur das explizite Wissen kann unproblematisch beschafft, entwickelt, geteilt, benutzt und weitergegeben werden. Das implizite Wissen dagegen ist in den Köpfen von einzelnen Menschen gespeichert, es kann nur teilweise formalisiert oder aktiviert werden. Wie kann ein Unternehmen dieses Wissen trotzdem aufrechterhalten und für andere Mitarbeiter zugänglich machen? Den Teil, der in eine explizite Form umwandelbar ist, kann man durch Kommunikation erschließen und durch bewusstes Dokumentieren verfügbar machen. Den anderen Teil kann man nur durch unmittelbares Lernen (durch Nachahmung bzw. Sozialisation im Sprachgebrauch von Nonaka und Takeuchi) von erfahrenen Personen übernehmen und für Unternehmen nutzbar machen.[23]

---

[23] Ausführlicher s. Kapitel 1.3.1.

Zugleich besitzt ein Individuum, als Träger eines impliziten Wissens, besondere Kompetenzen beim Problemlösen. Im Gegensatz zu einem expliziten Wissen in Schriftform, ist das menschliche Wissen sofort einsetzbar und kann situativ angepasst werden. Ein mit dem impliziten Wissen gerüstetes Individuum ist „in der Lage, nicht nur eine höhere Anzahl immaterieller Produkte zu vernetzen, sondern quasi intuitiv auch im richtigen Augenblick das Richtige zu tun. Selbst wenn sich der Kontext zeitlich ändert. Er bewältigt daher eine höhere Komplexität, vor allem auch in Stresssituationen." – heben Kurtzke und Popp die Bedeutung des impliziten Wissens hervor.[24] Darüber hinaus verbinden diese Autoren das implizite Wissen mit der Fähigkeit zur Kreativität: ein Mensch ist in der Lage, über das flexible Anwenden bestehenden Wissens hinaus, Neues in die Welt zu bringen, wobei das Bewusstmachen des impliziten Wissens für die Schöpfung neuen Wissens entscheidend ist. Eine schlummernde Idee kann so zu einem realen Produkt werden.

1.2.3.4. Kreativität der Belegschaft

Mitarbeiter, die einen unmittelbaren Kontakt zu den Kunden, Lieferanten oder anderen Stakeholdern haben bzw. in die internen Unternehmensprozesse involviert sind, besitzen ein enormes Wissens- und Verbesserungspotenzial, welches identifiziert und erschlossen werden soll. Die besten Ideen für Kosteneinsparungen, optimale Prozesse, neue Produkte und Dienstleistungen kommen oft von den eigenen Mitarbeitern. Es geht darum, die vorhandenen Kreativitätspotenziale zu nutzen und Ideen zu mobilisieren. Gelingt es einem Unternehmen, die kreativen Ideen seiner Mitarbeiter aufzugreifen und umzusetzen, so bekommt es enorme Vorteile gegenüber den Wettbewerbern und wird langfristig erfolgreich sein.

Unter Kreativität versteht man die Fähigkeit einer Person, Ideen oder Lösungen hervorzubringen, die neu und situationsangemessen sind.[25] Die Kreativität wird oft mit dem Querdenken und der Originalität gleichgesetzt. Diese Fähigkeit ist nicht nur Genies und Künstlern vorbehalten, sondern bei jedem Menschen vorhanden. Kreative Potenziale sollen nur entdeckt und entfaltet werden. Neurowissenschafter unterscheiden zwischen dem konvergenten Denken, bei dem man problemorientiert Schritt für Schritt nach einer logischen Lösung sucht, und dem divergenten Denken, bei dem durch Assoziationen sprunghaft und unerwartet neue Lösungen entstehen. Die Kreativität wird von den meisten Wissenschaftlern auf das divergente Denken zurückgeführt, das als die Fähigkeit definiert ist, eine Vielzahl ungewöhnlicher, aber angemessener Lösungen für Prob-

---

[24] Kurtzke, C.; Popp, P.: Das wissensbasierte Unternehmen, 1999, S.188.
[25] Zimbardo, P.; Gerrig, R.: Psychologie, 2004, S. 429.

leme zu finden.[26] Die meisten kreativen Ideen kombinieren das bereits Bekannte auf innovative und ungewöhnliche Weise. Jedes (intelligente) Gehirn beherrscht beide dieser Denkweisen und ist in diesem Sinne zur Kreativität fähig.

Als Voraussetzungen für einen kreativen Prozess werden in der Literatur Begabung, Persönlichkeitseigenschaften und intrinsische Motivation genannt.[27] Kreative Menschen widmen sich ihrer Arbeit wegen der Freude und Befriedigung, die sie aus den von Ihnen geschaffenen Produkten ziehen. Andere Forscher nennen Risikofreude, Vorbereitung (Expertenwissen) und Motivation als entscheidende Faktoren.[28]

Das Erkennen und Fördern besonders kreativer Mitarbeiter ist ein wichtiger Aspekt bei der Nutzung von Ideenpotenzialen. Stern und Jaberg definieren folgende Persönlichkeitsmerkmale kreativer Menschen:[29]

- Problemsensibilität – die Fähigkeit zum Erkennen und Analysieren von Problemen;
- Vielseitiges Wissen;
- Neugier, denkt gerne und originell;
- Flexibilität;
- Spontaneität und Initiative;
- Hohe Frustrationstoleranz – die Fähigkeit, mit Rückschlägen und hohen Belastungen umgehen zu können;
- Risikobereitschaft;
- Teamfähigkeit – die Bereitschaft, Hilfe anzunehmen und Hilfe zu geben.

Die Maßnahmen zur Förderung der Kreativität sind vielfältig. Neben speziellen Workshops über Kreativitätstechniken werden in der Praxis oft gezielte Anreizsysteme, Motivationsprogramme und Ideenwettbewerbe veranstaltet. Allgemeiner spielt in diesem Prozess die Kultur des Unternehmens eine wichtige Rolle. Kreativität und Lernprozesse können nur gefördert werden, wenn Offenheit und Vertrauen vorherrschen. Die Führungskräfte aller Ebenen müssen ein offenes Ohr für neue Ideen haben. Eine Denkweise nach dem Prinzip „not-invented-here" ist für die Kreativität absolut tödlich. In den Brainstormingsitzungen darf keine Kritik geäußert werden. Die Mitarbeiter müssen keine Angst davor haben, kritisch zu sein und den Status Quo in Frage zu stellen. Das Bestreben über Grenzen hinweg zu denken, sollte unterstützt werden.

Die unmittelbar in die Produktentwicklung, den Produktionsprozess oder Verkauf involvierten Mitarbeiter verstehen am besten, was an dem Produkt oder

---

[26] Zimbardo, P.; Gerrig, R.: Psychologie, 2004, S. 429.
[27] Holm-Hadulla, R. M.: Kreativität - Konzept und Lebensstil, 2005.
[28] Vgl. Zimbardo, P.; Gerrig, R.: Psychologie, 2004, S. 431.
[29] Stern, T.; Jaberg, H.: Erfolgreiches Innovationsmanagement, 2005, S. 104.

Prozess verbesserungsfähig ist. Von ihnen sind in erster Linie kreative Ideen in Bezug auf Verbesserung zu erwarten, vorausgesetzt, dass sie den Willen und die Handlungsräume zur Verbesserung besitzen. Gelingt es einem Unternehmen, motivierende Rahmenbedingungen für eine gedankliche Auseinandersetzung der Mitarbeiter mit ihrem Aufgabenbereich und für neue Ideen zu schaffen, so wird sich das enorme kreative Potenzial der Belegschaft entfalten.

1.2.2. Externe Intelligenz relevanter Stakeholder

Als ein offenes System, das mit der Umwelt interagiert, steht ein Unternehmen in einem Wechselspiel mit verschiedenen externen Akteuren, die in die Wertschöpfungskette des Unternehmens eingebunden sind. Diese Stakeholder sind zugleich Experten, deren Wissen und Kreativität die Unternehmensintelligenz bereichern kann. Immer mehr Unternehmen öffnen ihre Innovationstätigkeit nach außen und kooperieren bei der Entwicklung von neuen Produkten und Dienstleistungen mit verschiedenen Partnern (Open Innovation). Ein intelligentes Unternehmen sollte das Wissen und die Kreativität seiner Stakeholder systematisch nutzen. Als erster Schritt dabei gilt, die relevanten Zielgruppen zu identifizieren, um einen Wissens- und Ideenaustausch mit ihnen zu praktizieren. Hier werden die wichtigsten Quellen externer Intelligenz charakterisiert, um in weiteren Kapiteln ihre praktische Einbindung zu erläutern.

1.2.2.1. Überblick über die Stakeholder

Ein intelligentes Unternehmen ist bemüht, alle verfügbaren Ideenquellen aus der Umwelt systematisch zu erschließen. Diese Fragestellung hat vielfältige positive Auswirkungen: Anregungen und Ideen externer Akteure führen zu neuen Lösungen und Produkten und sind zugleich eine Absicherung für die richtig verstandenen Bedürfnisse und Anforderungen.

Zu den relevanten Stakeholdern eines Unternehmens zählen: Kunden, Lieferanten, Berater, Vertriebspartner, Kooperationspartner, Wissenschaftler, Verbandsführer u.a. (s. folgende Abbildung).

In einer dynamischen Wissensgesellschaft kann kein Unternehmen auf Innovationspartnerschaften verzichten, die der Erschließung externer Ideenquellen der Kunden, Lieferanten und anderer Partner dienen. Umgang und Intensität der Innovationskooperationen reichen dabei von der Vergabe klar definierter Forschungsaufträge an Forschungseinrichtungen über Lizenznahmen, Kooperationen in der Entwicklung neuer Produkte, Erwerb neuer Verfahren bis zu Akquisition innovativer Unternehmen.[30]

---

[30] Vgl. Bullinger, H.-J.; Engel, K.: Best Innovator, 2006, S. 124

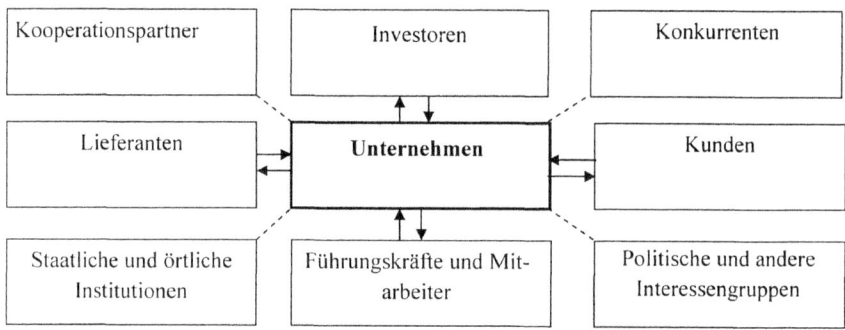

Abbildung 4: Stakeholder eines Unternehmens

Eine ständige Suche nach Innovationspartnern und Integrationsmöglichkeiten von externer Intelligenz sollte zu einer systematischen Aufgabe eines Unternehmens werden. Als praktische Umsetzung sind Kooperationen mit Lieferanten und Wettbewerbern, Zusammenarbeit mit Hochschulen und Verbänden sowie offene dynamische Netzwerke denkbar.

1.2.2.2. Kunde als Mitentwickler neuer Produkte

Unter anderen Stakeholdern sind für ein Unternehmen die Ideen der Kunden von besonderem Interesse, da die exakt getroffenen Kundenbedürfnisse und der erkennbare Kundennutzen für den langfristigen Erfolg des Unternehmens ausschlaggebend sind. Bei der Entwicklung einer Innovationsstrategie orientieren sich Unternehmen auf den Kundennutzen, indem sie folgende Fragen beantworten sollen:[31]

- Haben wir die wesentlichen Kundenbedürfnisse verstanden?
- Sind genug Ideen für die Verbesserung des Produktangebotes vorhanden?
- Schaffen die Lösungen kommunizierbaren Kundennutzen?

Es ist allerdings wichtig, den Kunden nicht nur als einen Produktabnehmer, sondern auch als einen Wertschöpfer und Mitentwickler von neuen Produkten und Dienstleistungen zu betrachten.[32] Ein Kunde kann sofort die Problembereiche und Schwachstellen eines Produktes erkennen, häufig hat er Wünsche und Ideen in Bezug auf Verbesserungen und Erneuerungen. Das Wissen und die Kreativität des Kunden sollen in jedem Unternehmen thematisiert und nach Möglichkeit erschlossen werden.

---

[31] Vgl. Bullinger, H.-J.; Engel, K.: Best Innovator, 2006, S. 79.
[32] Ausführlicher s. Kapitel 3.2.1.

In Bezug auf Kunden können drei Ideenquellen benutzt werden: bestehende Kunden, „Noch-nicht-Kunden" sowie Reklamations-, Service- und Vertriebsstatistiken. Eine systematische Analyse der Zufriedenheit und Verbesserungswünsche bestehender Kunden, der Ablehnungsgründe und Unzufriedenheit der „Nicht-Kunden" sowie der Reklamationen und Beschwerden kann zur Entstehung von neuen Ideen und Produkten führen.

Intelligente Unternehmen nutzen Großveranstaltungen mit Kunden, Kundenworkshops oder Weblogs, um Meinungen und Ideen der Kunden ausfindig zu machen, lassen neue Produkte von ausgewählten Kunden (Lead User) testen, um diese zu verbessern. Dadurch können schneller Lösungen für innovativen Kundennutzen entwickelt und Kundenzufriedenheit erzielt werden.

1.2.2.3. Intelligenz der Lieferanten, Abnehmer und Wettbewerber

Eine weitere relevante Größe ist die Intelligenz der Lieferanten, die sich mit neuen Materialien, Produkten und Lösungen beschäftigen und dadurch ihr spezifisches Wissen entwickeln. Dieses Wissen sowie die Ideen in Bezug auf die Erneuerung und Verbesserung sollen ebenfalls als Teil der Intelligenz betrachtet und integriert werden. Lieferanten besitzen Marktkenntnisse und haben ein Eigeninteresse an erfolgreichen Innovationen ihrer Kunden. Als praktische Instrumente eignen sich Innovationskooperationen, Ideennetzwerke und andere Maßnahmen, die in weiteren Kapiteln erläutert werden.

Häufig hat ein Unternehmen keinen direkten Kontakt zu den Endkunden, da es seine Waren an die Zwischenhändler oder andere Abnehmer absetzt. Dann ist es der Großhandel, der die Rolle eines Experten und Innovators in Bezug auf Produktverbesserung und -entwicklung übernehmen könnte. Der Handel, der einen unmittelbaren Kontakt zu Endkunden hat, besitzt das Wissen über die Wünsche, Zufriedenheit und Unzufriedenheit der Kunden, reagiert auf Reklamationen und Beschwerden. Dieses Know how ist für den Produzenten von besonderer Bedeutung.

Auch die Intelligenz der Wettbewerber spielt für jedes Unternehmen eine wichtige Rolle: Pläne und Strategien sowie Erfolge und Misserfolge der Konkurrenz können das Wissen eines Unternehmens bereichern und zu innovativen Lösungen verhelfen.[33]

1.2.2.4. Weitere externe Ideenquellen

Darüber hinaus kann ein intelligentes Unternehmen weitere externe Ideen- und Wissensquellen nutzen.

Eine ständige und aufmerksame Beobachtung der gesellschaftlichen Entwicklung, der so genannten „schwachen Signale" sollte zu den Aufgaben eines Un-

---

[33] Praktische Möglichkeiten der Erschließung externer Intelligenz s. Kap. 3.2.

ternehmens gehören, um die Trends und Entwicklungen rechtzeitig zu erkennen und im eigenen Interesse zu nutzen. Demographische Trends wie allgemeine Alterung der Gesellschaft, kleinere Haushalte, multikultureller Charakter der Kundschaft u.ä. können neue Lösungen und Innovationen hervorrufen. Das zunehmende Umweltbewusstsein der Bevölkerung sowie die ökologischen Anforderungen der Europäischen Union und Politik dienen als Quellen für neue Umweltstandards und umweltfreundliche Produkte. Das gleiche gilt für die an Popularität gewinnende bewusste Ernährung und gesunde Lebensweise, die zur Entwicklung neuer Produkten und Dienstleistungen führen.

Eine aktive, zielgerichtete Zukunfts- und Trendforschung sollte die Wahrnehmung von sozialen, wirtschaftlichen, politischen und kulturellen Entwicklungen beinhalten.[34] Als konkrete Ideenquellen fungieren dabei Forschungsinstitute, politische Organisationen, Hochschulen, Experten und Medien. Auch die Veröffentlichungen verschiedener Art können als relevante Ideenquellen bezeichnet werden: Marktstudien, Patentdatenbanken, wissenschaftliche Publikationen.

Viele Unternehmen praktizieren informelle Begegnungsforen wie selbst veranstaltete oder besuchte Workshops und Seminare, Teilnahme an verschiedenen Wettbewerben, Gespräche auf Kongressen und Messen.

Auch die Ideen von Verbänden, Ingenieurbüros und Beratern dürfen nicht vernachlässigt werden.

Ein intelligentes Unternehmen sammelt Ideen und Anregungen aus allen möglichen Quellen, hat ein offenes Ohr für die Impulse aus seiner Umwelt und versteht es, die Ideenträger langfristig an sich zu binden. Allerdings ist es für die Unternehmensintelligenz entscheidend, ob und wie die gewonnenen Ideen genutzt und umgesetzt werden.

1.3. Von individuellen Intelligenzen zu einem intelligenten Unternehmen

Die vorhandenen Wissens- und Kreativitätspotenziale interner und externer Akteure sollen identifiziert, gezielt eingesetzt und langfristig gefördert werden, was einer systematischen Arbeit bedarf. Die verteilte Intelligenz einzelner Wissensträger kann mithilfe von drei Prozessen zu der kollektiven Intelligenz des Unternehmens zusammengefasst werden (vgl. Abbildung 3): einer systematischen Wissensarbeit sowie eines internen und eines externen Ideenmanagements, unterstützt von fördernden Rahmenbedingungen. Theoretische Grundlagen und

---

[34] Ausführlicher s. Kapitel 3.3.3.

praktische Umsetzungsmöglichkeiten für diese Prozesse in Unternehmen werden in diesem Kapitel erläutert.

1.3.1. Wissensarbeit in Unternehmen

Wissensarbeit wurde als ein systematischer Prozess der Umwandlung des individuellen Wissens in das kollektive Wissen sowie der organisierten Wissensbewertung und Nutzung definiert, wobei der Schwerpunkt auf das standardisierte Wissen gelegt wird, im Gegensatz zu dem neuen Wissen, das unter Aspekt des Ideenmanagement betrachtet wird. Um die Empfehlungen für eine praktische Gestaltung der Wissensarbeit zu entwickeln, werden zunächst die Besonderheiten des kollektiven Wissens und einige Ansätze über die Wissensarbeit diskutiert.

1.3.1.1. Kollektives Wissen

Es reicht nicht aus, die einzelnen Mitglieder einer Organisation mit dem erforderlichen Wissen und der Sachkenntnis auszustatten, vielmehr muss ein Unternehmen durch eine gezielte, systematische Arbeit ein **kollektives** Wissen schaffen, um leistungs- und wettbewerbsfähig zu sein. Dieser Prozess wird von H. Willke als organisationale Wissensarbeit, die „auf dem Zusammenspiel personaler und organisationaler Momente der Wissensbasierung beruht und (…) den Prozess des Organisierens nutzt, um Wissen zu einer für die Lern- und Innovationsfähigkeit von Organisationen kritischen Produktivkraft zu entfalten" bezeichnet.[35] Wie es in Kapitel 1.2 erläutert wurde, wird das individuelle Wissen durch persönliche Erfahrung, Ausbildung und Professionalisierung erworben und angewendet. Die organisationale Wissensarbeit dagegen ist keine personengebundene Tätigkeit, sondern eine Aktivität, die individuelle und kollektive Wissensprozesse verbindet und durch Austausch und Synergieeffekte ein neues, gemeinsames Wissen schafft. Deswegen erfordert die Wissensarbeit in Unternehmen nach H. Willke, dass das relevante Wissen
- kontinuierlich revidiert,
- permanent als verbesserungsfähig angesehen,
- prinzipiell nicht als Wahrheit sondern als Ressource betrachtet wird und
- untrennbar mit Nichtwissen gekoppelt ist, sodass mit Wissensarbeit spezifische Risiken verbunden sind.[36]

Die Diskussion eines kollektiven Unternehmenswissens unterstellt eine Verlagerung des Wissens von der individuellen auf die Gruppen- und organisationale

---

[35] Willke, H.: Organisierte Wissensarbeit, 1998, S. 161-177.
[36] Ebd.

Ebene. Es geht darum, das verteilte, vor allem das spezialisierte implizite Wissen einzelner Wirtschaftsakteure zu koordinieren, um die Herstellung komplexer, wissensbasierter Güter zu ermöglichen. Nach M. Haun besteht „die Schwierigkeit des Aufbaus organisationaler Intelligenz als Fundament der Wissensarbeit (...) darin, personelle Fachkenntnis in die anonymisierten, transpersonalen Regel- und Steuerungssysteme der Organisation einzubauen."[37] Für eine erfolgreiche Wissensarbeit sollte eine Organisation zwei Eigenschaften aufweisen: Selbstreferenz (vgl. Kapitel 1.1.2) und operative Geschlossenheit. Die Selbstreferenz ist eine zentrale Bedingung für die systemische Intelligenz, da nur ein Unternehmen mit seiner institutionalisierten Geschichte, seinen Regel- und Steuerungssystemen und Geschäftsprozessen ein kollektives Wissen fokussieren, kanalisieren, nutzen, revidieren und weiterentwickeln kann. Zugleich braucht das Unternehmen eine operative Geschlossenheit, die auf einer Vernetzung seiner operativen Elemente und Prozesse, wie Kommunikation, Entscheidungen und Handlungen basiert.[38]

Es geht darum, individuelles relevantes Wissen der Belegschaft zu koordinieren und unternehmensweit verfügbar zu machen. Dafür muss das Wissen von Organisationsmitgliedern – einschließlich des impliziten Wissens – symbolisch aufbereitet, organisiert und in ein kollektives Wissen der Organisation transformiert werden.

Kollektives Wissen besitzt im Gegensatz zu dem individuellen folgende Besonderheiten:[39]

- Verteilung des Wissens, was allerdings nicht heißt, dass alle Unternehmensakteure das gesamte Wissen besitzen müssen, was vor dem Hintergrund fortschreitender Spezialisierung gar nicht möglich wäre. Wichtig ist, dass die Entscheidungsträger Zugriff auf das Entscheidungsrelevante Wissen haben;
- Konsens über das Wissen bzw. Wissensharmonisierung – seine Gültigkeit und Akzeptanz im Unternehmen müssen sichergestellt werden;
- Kommunizierbarkeit des Wissens – ist für die Abstimmung- und Austauschprozesse notwendig;
- Stimmigkeit des Wissens – es muss widerspruchsfrei und integriert sein.

Zugleich wird in der Literatur über Wissensmanagement von vier Formen des kollektiven Wissens gesprochen: konkretes (hartes) Wissen – Daten und Fakten; semi-konkretes – technisches Know how, Business Rules Standardprozeduren;

---

[37] Haun, M.: Handbuch Wissensmanagement, 2002, S. 15.
[38] Vgl. ebd., S. 15.
[39] In Anlehnung an Dunkan/Weiss, zitiert nach Lehner, F.: Wissensmanagement, 2006, S. 82-83.

semi-abstraktes – Geschichten und Mythen sowie abstraktes (weiches) – Struktur, Kultur und Rollen.[40] Nur die ersten zwei dieser vier Formen des kollektiven Wissens sind direkt formalisierbar und automatisch erfassbar.

1.3.1.2. Ansätze über die Wissensarbeit

In der Literatur über Wissensmanagement und Lernende Organisation gibt es zahlreiche Ansätze über die Wissensarbeit, allerdings keine Einheitlichkeit in Bezug auf Definitionen und Handlungsempfehlungen.[41]

Aufgrund verschiedener Quellen lassen sich folgende Aufgaben und Aktivitäten der Wissensarbeit in Unternehmen aufzählen:[42]

- Informationen beschaffen, bewerten, selektieren;
- Informationen in einen Kontext einbetten, ein neues Wissen entwickeln;
- Wissensinhalte vernetzen;
- Wissen bewahren und strukturieren;
- Wissen weitergeben und (ver)teilen;
- Wissen austauschen und gegenseitig ergänzen;
- Wissen anwenden und umsetzen;
- wissensbasiertes Handeln bewerten und daraus neues Wissen entwickeln.

Grundsätzlich kann man zwischen drei Ansätzen über die Wissensarbeit unterscheiden, die in der Theorie und Praxis diskutiert werden:

1. Technologischer Ansatz: Formalisierung des Wissens mit dem Ziel, Wissenspotenziale transparent und zugänglich zu machen sowie im Unternehmen zu bündeln. Diese Prozesse werden durch die Digitalisierung und Automatisierung von Informationsverarbeitungsprozessen begünstigt, bis zu einem „systemspezifischen Aufbau von organisationaler Intelligenz in Form von proprietären Datenbanken, Expertensystemen, Regelsystemen und Aufbereitungsinstrumenten für das vorhandene Wissen (z. B. "data mining"), sodass das Wissen von Organisationsmitgliedern – einschließlich des impliziten und stillschweigenden Wissens – symbolisch aufbereitet, organisiert und schrittweise in ein eigenständiges Wissen der Organisation transformiert werden kann"[43]

2. Humanorientierter Ansatz: Förderung von Wissensaustausch- und Wissensschaffungsprozessen auf der Gruppen- und unternehmerischen Ebene, wobei die zwischenmenschlichen Interaktionen wie Projektarbeit, Erfahrungsaustausch oder Community im Mittelpunkt stehen. So werden Wissensaustausch

---

[40] Vgl. Wargitsch, Ch.: Ein Beitrag zur Integration von Workflow- und Wissensmanagement unter besonderer Berücksichtigung komplexer Geschäftsprozesse, 1998, S. 15.
[41] Für einen Überblick über Ansätze und Theorien s. Lehner, F.: Wissensmanagement, 2006.
[42] In Anlehnung an Lehner, F.: Wissensmanagement, 2006, S. 33.
[43] Willke, H.: Organisierte Wissensarbeit, 1998, S. 161-177.

und ein selbstgesteuertes, praxisnahes kollektives Lernen initiiert. Auch diese Prozesse können durch die modernen Informations- und Kommunikationsmittel unterstützt werden (z.B. Online Communities, intranetgestützte Portale, Weblogs).
3. Integrativer Ansatz – eine Kombination aus beiden Ansätzen, bei der eine formalisierte Wissensbasis geschaffen und zugleich die kollektiven Wissensprozesse im Unternehmen aktiviert werden. Dies bedeutet, „dass die kreativen und intellektuellen Fähigkeiten eines Individuums beim Umgang mit Wissen mit den daten- und informationsverarbeitenden Kapazitäten der Computertechnologie verbunden werden müssen, um wirkliche Synergieeffekte zu erzielen", schreibt F. Lehner. Zugleich bemängelt er, dass bis jetzt noch keine wirklichen Lösungen im Rahmen des integrativen Ansatzes vorliegen.

Der technologische Ansatz strebt in erster Linie die Vermehrung des expliziten und geteilten Wissens an, das allen Unternehmensakteuren zur Verfügung gestellt werden sollte. Dabei wird die Bindung des Wissens an einen Wissensträger vernachlässigt. Allerdings lassen sich die mentalen Modelle als Repräsentation des individuellen Wissens nur sehr begrenzt formalisieren und kommunizieren, ermöglichen es aber einem Individuum, effizient und kreativ zu handeln. Die Wichtigkeit des impliziten, individuellen Wissens wird von Unternehmen häufig übersehen. „Wettbewerbsvorteile auf der Basis von explizitem Wissen sind meist kurzfristiger Natur, da sie relativ leicht nachgeahmt oder kopiert werden können. Langfristige Vorteile, die schwer zu imitieren sind, entstehen hingegen durch die Verankerung und Aktivierung von Wissen in den Unternehmensprozessen." – schreibt F. Lehner.[44]

Der humanorientierte Ansatz der Wissensarbeit betrachtet einzelne Individuen als primäre Wissensträger und legt einen besonderen Wert auf das implizite Wissen, welches nur von Menschen angeeignet und benutzt werden kann. Die kognitiven Fähigkeiten und Wissenspotenziale von Personen stehen dabei im Mittelpunkt der Betrachtung. Der Ansatz befasst sich damit, „wie ein verhaltensorientierter, kultureller und organisatorischer Wandel des Unternehmens zur Verankerung und Förderung einer Kultur des organisationalen Wissensmanagements beitragen kann und wie Individuen dazu bewegt werden können, am allgemeinen Lernprozess teilzunehmen und das persönliche Wissen mit anderen Organisationsmitgliedern zu teilen."[45]

Für ein intelligentes Unternehmen sind beide Ansätze relevant. Ihre integrative Anwendung erzeugt Synergieeffekte durch die Verbindung der Vorteile

---

[44] Lehner, F.: Wissensmanagement, 2006, S. 85.
[45] Ebd., S. 36.

neuer Informationsverarbeitung- und Kommunikationstechnologien mit einer optimalen Ausschöpfung menschlicher Potenziale im Rahmen der Interaktion.

1.3.1.3. Praktische Gestaltung der Wissensarbeit

Auf der Grundlage von theoretischen Ansätzen kann man einige Empfehlungen für die praktische Gestaltung der Wissensarbeit in einem intelligenten Unternehmen formulieren.

Das Ziel der Wissensarbeit besteht darin, aus dem individuellen Wissen kollektives Wissen zu schaffen und dieses Wissen optimal zu nutzen. Aus dem integrativen Ansatz, der technologische und humanorientierte Vorgehensweise verbindet, ergeben sich folgende Kernprozesse:

- Wissensidentifikation: wo und wie ist Wissen gespeichert? Wie gut werden relevante Informationen zusammengetragen?
- Wissensformalisierung und -bewahrung: eine systematische Arbeit mit dem formalisierten Wissen in Unternehmen mit dem Ziel seiner Harmonisierung und Zugänglichkeit;
- Wissensaustausch: Kommunikationskanäle, Gruppenarbeit, Wissensnetze, Communities, Kommunikationsbarriere;
- Wissensbewertung und -umsetzung: eine systematische Bewertung und Nutzung von Wissen, die Umsetzung in Produkte und Prozesse.

Die Wissensarbeit beginnt mir der Wissensidentifikation, die menschliche und technische Wissensträger umfasst. Dazu gehören Inhalte von Datenbanken und Expertensystemen sowie Wissenskomponenten in den Köpfen einzelner Personen. Es ist wichtig, eine Transparenz über vorhandenes Wissen in Unternehmen zu schaffen, um zu vermeiden, dass doppelte Ressourcen aufgebaut werden bzw. Potenziale ungenutzt bleiben. Als praktische Instrumente können Expertenverzeichnisse, Personalhandbücher, Beziehungsnetze, Lieferanten- und Kundeninformationen u.ä. empfohlen werden. Ein ähnlicher Prozess – allerdings in Bezug auf Ideen- und Kreativitätsquellen – soll innerhalb des ganzheitlichen Ideenmanagement gestaltet werden und wird später ausführlich beschrieben.

Der Prozess der Wissensformalisierung und -bewahrung entspricht dem technologischen Ansatz der Wissensarbeit und verfolgt das Ziel, möglichst viele Wissensinhalte mithilfe betrieblicher Daten- und Informationsverarbeitung zu formalisieren, um sie zugänglich zu machen. Ein auf diese Art und Weise aufbereitetes Wissen kann leicht kommuniziert und benutzt werden. Die Aspekte der computergestützten Informationsverarbeitung, der Datenbankenentwicklung, des Softwareeinsatzes stehen im Mittelpunkt. Dieser Kernprozesses muss den Unternehmensakteuren helfen, Wissen aus ihrem Aufgabenbereich zu sammeln, inhaltlich aufzubereiten, zu klassifizieren, zu verdichten, zu verteilen und abzurufen mit dem Ziel, die Aufgabenerfüllung und die Entscheidungsfindung sachgerecht zu unterstützen.[46] Als praktische Formen eignen sich Datenbanken (Kompetenz-, Kunden-, Know-how-Datenbanken), Expertensysteme, Prozessbeschreibungen.

Der dritte Prozess richtet sich auf die Förderung eines aktiven Wissensaustausches im Unternehmen, wobei das Individuum als zentraler Wissensträger, dessen Potenziale optimal erschlossen werden sollen, betrachtet wird. Das Ziel ist, eine Bereitstellung von individuellem Wissen und Fähigkeiten im Unternehmen zu erreichen. Die Organisation der Teamarbeit und der Aufbau von Wissensnetzwerken können dazu entscheidend beitragen. Dieser Prozess kann ebenfalls durch die Computertechnologie unterstützt werden (Online-Communities, Weblogs, Wissensportale usw.), aber die interaktiven Formen wie regelmäßige Treffen, Meetings und Workshops sind für einen informellen Wissensaustausch unentbehrlich. In vielen Unternehmen haben sich Communities of Practice „von unten" organisiert, als informelle Gruppen von Mitarbeitern, die Wissen über ein gemeinsames Interessengebiet austauschen, häufig verfügen sie nicht einmal über ein Budget und existieren ohne wissen des Top Managements.[47]

Damit Wissen und Ideen im Unternehmen in neue Produkte und Innovationen umgesetzt werden können, sind ihre systematische Bewertung und Nutzung notwendig, die ebenfalls im Rahmen der Wissensarbeit organisiert werden sollen. Dieser Prozess beginnt mit der Zielsetzung, wird von der Kommunikation der Ziele unterstützt, auf die einzelnen Einheiten in Unternehmen herunter gebrochen und systematisch gesteuert. Das Vorhandensein und die Zugänglichkeit des Wissens reichen nicht aus, eine erfolgreiche Wissensarbeit soll von einer erfolgreichen Umwandlung des Wissens in neue Produkte und Prozesse gekrönt werden. Auch hier entstehen Überschneidungen und Synergieeffekte zwischen der Wissensarbeit und dem Ideenmanagement, das sich primär mit der Umsetzung neuer Ideen befasst.

1.3.2. Ideenmanagement als Gestaltungsinstrument eines intelligenten Unternehmens

Mit einem aktiven Ideenmanagement soll die Nutzung des Ideenpotenzials bewusst wahrgenommen und nicht dem Zufall überlassen werden. Im Gegensatz zu der Wissensarbeit, die sich auf das standardisierte kollektive Wissen, seine strukturellen Aspekte und Nutzung ausrichtet, befasst sich das Ideenmanagement mit der Entstehung des neuen Wissens sowie mit der Erschließung der internen und externen Wissens- und Kreativitätspotenziale. In diesem Kapitel werden theoretische Grundlagen und allgemeine Überlegungen über Ideenma-

---

[46] Vgl. Lehner, F.: Wissensmanagement, 2006, S. 36.
[47] Vgl. Kurtzke, C.; Popp, P.: Das wissensbasierte Unternehmen, 1999, S. 204.

nagement als Gestaltungsinstrument eines intelligenten Unternehmens beschrieben, auf die in weiteren Ausführungen des Buches genauer eingegangen wird.

1.3.2.1. Wie entsteht ein neues Wissen?

Mit einer gezielten und systematischen Generierung vom neuen Wissen befasst sich die Theorie von Nonaka und Takeuchi, die diese Grundidee zum Modell eines "organizational knowledge creation" ausgebaut haben.

Nonaka und Takeuchi kritisieren eine einseitige Ausrichtung vieler (westlicher) Unternehmen auf das formalisierbare Wissen, greifen die Unterscheidung von implizitem und explizitem Wissen auf und untersuchen vorrangig die Übergänge zwischen diesen beiden Typen des Wissens einerseits, zwischen personalem und organisationalem Wissen andererseits (s. Tabelle).

Tabelle 3: Vier Prozesse der Wissensumwandlung nach Nonaka und Takeuchi[48]

Sozialisation	Externalisierung
Ausgangspunkt: **implizites Wissen**; Ziel: **implizites Wissen**	Ausgangspunkt: **implizites Wissen**; Ziel: **explizites Wissen**
Erfahrungsaustausch, bei dem implizites Wissen ausgetauscht wird und entstehen kann. Fertigkeiten werden nicht durch Sprache, sondern durch Beobachtung, Nachahmung und Praxis erlernt. Erst diese gemeinsamen Erfahrungen erleichtern es, sich in die Denkweise anderer zu versetzen und so kritisches, verborgenes Wissen aufzudecken und anwendbar zu machen.	Implizites Wissen wird in Form von expliziten Konzepten (wie Aussagen, Modelle, Theorien, Zahlen oder Fakten) kommunizierbar gemacht. Methoden: Hilfsmittel wie Analogien oder Metaphern (Darstellung von in Individuen innewohnenden Bildern oder Visionen), Induktion und Deduktion.
Internalisierung	**Kombination**
Ausgangspunkt: **explizites Wissen**; Ziel: **implizites Wissen**	Ausgangspunkt: **explizites Wissen**; Ziel: **explizites Wissen**
Integration expliziten Wissens in die implizite Wissensbasis des Individuums bzw. der Organisation. Beispiele: Ein Film kann über die Firmenphilosophie als mentales Modell in kognitives Wissen, oder eine Lehrveranstaltung über Marketingtechniken in technisches implizites Wissen übergehen	Verschiedene Bereiche expliziten Wissens werden miteinander verbunden, wobei neues Wissen entstehen kann. Dieses explizite Wissen wird über Medien wie Dokumente, Telefon etc. ausgetauscht und kombiniert.

So ergeben sich vier Prozesse der Wissensumwandlung, die in einem Unternehmen ablaufen: Sozialisation, Externalisierung, Kombination und Internalisie-

---

[48] Nonaka, I.; Takeuchi, H. Die Organisation des Wissens, 1997, S. 84-87.

rung. Während dieser Umwandlungen schafft und erweitert sich das kollektive Wissen der Organisation im Zeitablauf. Die Gesamtheit von Sozialisation (Verwandlung des impliziten in implizites Wissen), Externalisierung (implizit in explizit), Kombination (explizit zu explizit) und Internalisierung (explizit in implizit) ergibt das Bild des organisationalen Lernens. Diese vier Formen der Wissensumwandlung zeigen die Teilprozesse, die in Wechselbeziehung zueinander stehen und gemeinsam die so genannte Wissensspirale bilden, die zur Schaffung neuen Wissens im Unternehmen führt (s. folgende Abbildung).

Ein neues Wissen (eine Innovation) ergibt sich nur, wenn implizites und explizites Wissen zusammenwirken. Die Sozialisation dient dem Austausch vom impliziten Wissen im Rahmen einer Interaktion in einem Arbeitsteam. Die Externalisierung wird von einem Dialog oder kollektiver Reflexion ausgelöst und führt zur Artikulation vom impliziten Wissen. Dadurch entsteht ein Konzept, eine Idee. Die Kombination aus dem neu geschaffenen und bereits bestehenden Wissen führt zu der Weiterentwicklung der Idee zu einem Prototyp. Dadurch entsteht ein neues Wissen, das für weitere Akteure des Unternehmens zugänglich ist. Durch „learning by doing" findet eine Internalisierung statt, was wiederum zu einem neuen Durchlauf der Wissensgenerierung führen kann, z.B. einer Verbesserung oder einer Erneuerung des Produktes.

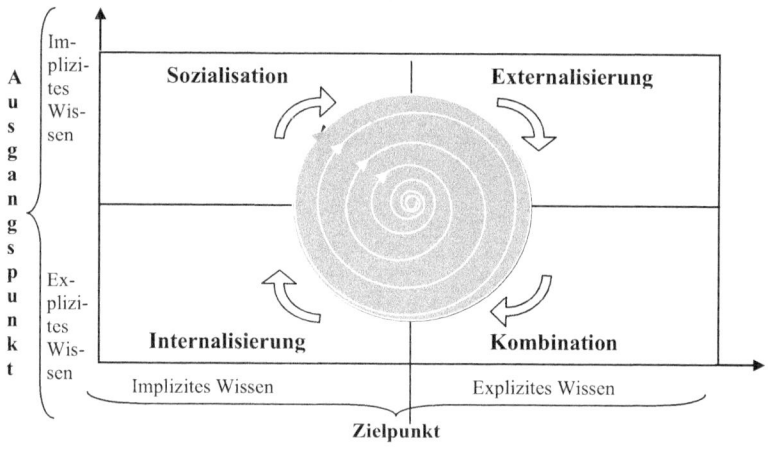

Abbildung 5: Wissensspirale nach Nonaka und Takeuchi[49]

Gleichzeitig wird das Wissen auf die höhere Schichten des Unternehmens übertragen: von einzelnen Mitarbeiter auf die Ebene der Gruppe, Abteilung und der

---

[49] Nonaka, I.; Takeuchi, H. Die Organisation des Wissens, 1997, S. 84.

ganzen Unternehmung. Dies führt zu einer erweiterten Wissensspirale (s. Abbildung).

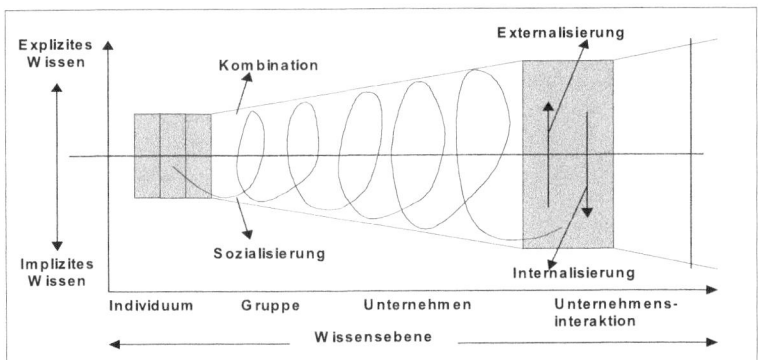

Abbildung 6: Die Entwicklung vom individuellen zum kollektiven Wissen nach Nonaka und Takeuchi[50]

„Streng genommen wird Wissen nur von Einzelpersonen geschaffen. Eine Organisation kann ohne Einzelne kein Wissen erzeugen. Die Organisation unterstützt kreative Personen oder bietet Kontexte, die der Wissensschaffung förderlich sind. Wissensschaffung im Unternehmen muss daher als Prozess verstanden werden, der das von Einzelnen erzeugte Wissen verstärkt und es im Wissensnetz des Unternehmens verankert. Dieser Prozess vollzieht sich in einer expandierenden Interaktionsgemeinschaft, die Grenzen und Ebenen in und zwischen Unternehmen überschreitet."[51] Dieser Prozess wird als eine dreidimensionale Spirale abgebildet.

Die Wissensspirale wird nach Meinung von Nonaka und Takeuchi von den Visionen und der Strategie des Unternehmens gesteuert und bedarf folgender Voraussetzungen: Maßstab für die Bewertung des Wissens, Autonomie einzelner Individuen und Teams, Überschneidung (Redundanz) von Informationen, Fluktuation und kreatives Chaos sowie eine Vielfalt der Mitarbeiter. Die Rahmenbedingungen für die Entstehung des neuen Wissens im Unternehmen werden im Weiteren ausführlicher diskutiert.

1.3.2.2. Erschließung der individuellen Ideenpotenziale

Der Ansatz von Nonaka und Takeuchi betont, dass ein neues Wissen im Grunde genommen nur von Einzelpersonen geschaffen wird, die eine treibende Kraft

---

[50] Nonaka, I.; Takeuchi, H. Die Organisation des Wissens, 1997, S. 87.
[51] Nonaka, I.; Takeuchi, H. Die Organisation des Wissens, 1997, S. 71.

eines intelligenten Unternehmens darstellen. Daraus resultiert eine weitere wichtige Aufgabe des Ideenmanagement – eine systematische Erschließung der Wissens- und Kreativitätspotenziale interner und externer Akteure. Da sich diese zwei Prozesse inhaltlich und organisatorisch unterschieden, wird das Ideenmanagement in internes und externes gegliedert.

Internes Ideenmanagement soll die Potenziale der Belegschaft identifizieren, aktivieren, nutzen, koordinieren und vernetzen. Dafür sind Sollen, Dürfen, Wollen und Können der Mitarbeiter in Bezug auf Wissens- und Ideenarbeit erforderlich. Diese Faktoren nennen Stern und Jaberg ebenfalls als Bedingungen für den Unternehmenserfolg und Veränderungskompetenz und betonen die Notwendigkeit ihren Gleichgewichts: es macht keinen Sinn, von den Mitarbeitern Engagement und Verantwortungsübernahme zu erwarten, ohne ihnen gleichzeitig die damit verbundenen Kompetenzen zu übertragen; Aufgabe, Verantwortung, Motivation und Kompetenz gehören untrennbar zusammen.[52]

Daraus ergeben sich folgende Dimensionen des internen Ideenmanagements: Zielsetzung, Ermächtigung, Motivation und Befähigung. Unter der Zielsetzung werden Visionen, Strategien und Ziele des Unternehmens verstanden, die ein intelligentes Unternehmen und Ideenarbeit als Priorität definieren und breit kommunizieren. Die Ermächtigung bedeutet, dass die Unternehmensakteure nicht nur aufgefordert, sondern auch bevollmächtigt werden, ihr Wissen und Kreativität in den Dienst des Unternehmens zu stellen. Unter der Motivation werden alle Maßnahmen zur Motivation für Nutzung, Austausch und Weiterentwicklung des Wissens und der Kreativität verstanden. Die Befähigung beschreibt die Fähigkeiten und Fertigkeiten der Unternehmensakteure in Bezug auf die Entwicklung, Bewertung und Durchsetzung von neuen Ideen.

Als die Aufgaben des externen Ideenmanagements werden die Identifizierung, Erschließung und Vernetzung relevanter Ideenquellen außerhalb des Unternehmens verstanden. In diesem Prozess sollen die relevanten Stakeholder festgelegt werden, deren Wissen und Kreativität zur Intelligenz des Unternehmens beitragen kann. Je nach Wissensträger werden verschiedene Formen der Kooperation gewählt.

Praktische Umsetzungsmöglichkeiten und Best Practice Beispiele für das Ideenmanagement werden in weiteren Kapiteln ausführlich diskutiert.

1.3.2.3. Rahmenbedingungen für kollektive Intelligenz

Eine wichtige Voraussetzung für die Unternehmensintelligenz bilden die allgemeinen Rahmenbedingungen, die Ideenmanagement und Wissensarbeit in Unternehmen unterstützen sollen. Es geht um die Verankerung des Themas Intelligenz in der Vision und Unternehmensstrategie; um eine fördernde Unterneh-

---

[52] Stern, T.; Jaberg, H.: Erfolgreiches Innovationsmanagement, 2005, S. 48.

menskultur, die den Wissensaustausch und Kreativität stärkt; um eine optimale technische und organisatorische Infrastruktur, die den Wissensaustausch und informelle Kommunikation unterstützt; um eine partnerschaftliche Führung sowie um eine gezielte Motivation.

In der Literatur sind verschiedene Meinungen über die fördernden Rahmenbedingungen für kollektive Intelligenz sowie aussagekräftige Ergebnisse einiger Studien aus der Praxis zu finden.

M. Haun betont die Wichtigkeit der Kernideologie, Strukturen und des Umgangs mit Ressourcen für die kollektive Intelligenz und definiert drei Ursachen für ihren Mangelzustand in Unternehmen:
- „Eine unklare oder nicht gelebte Kernideologie kann organisationale Intelligenz innerhalb einer Organisation nicht verankern.
- Fehlende rekursive Organisationsstrukturen verhindern das Verteilen organisationaler Intelligenz in der Organisation.
- Ein falsches Verständnis im Umgang mit Organisationsressourcen verhindert das Primat des Wissens und damit eine intensive Kognition."[53]

Eine klare Formulierung der Kernideologie, unter der Visionen, Leitbilder und Strategien verstanden werden, wird als eine notwendige Bedingung für die Unternehmensintelligenz genannt. Fördernd wirken auch lebensfähige, nicht hierarchische Organisationsstrukturen. Als ein falsches Verständnis im Umgang mit Ressourcen versteht Haun „die Annahme, dass Ressourcen nur produktiv sind, wenn sie direkt am operativen Prozess der Produktion oder Dienstleistungserbringung beteiligt sind (…) Diese Annahme ist nicht vereinbar mit dem Konzept organisationaler Intelligenz, denn sie lässt die notwendige Redundanz von Informationen, Organisation, Fähigkeiten und Ressourcen einfach nicht zu."[54] An dieser Stelle knüpft Haun an die Bedingungen für die Entstehung des neuen Wissens aus der Theorie von Nonaka und Takeuchi an – Redundanz, Fluktuation und kreatives Chaos.

Nonaka und Takeuchi formulieren folgende fördernde Bedingungen für den Prozess der Wissensgenerierung:[55]
- **Intention**: ein Maßstab zur Beurteilung der Relevanz von Wissen. Diesen Maßstab kann das Unternehmen in Form von Unternehmensintentionen fassen, welche sich nach den Zielen des Unternehmens bzw. der Unternehmensstrategie formulieren lässt. Diese Unternehmensintentionen sind zwangsläufig wertbezogen und können auch weltanschauliche Grundauffassungen beinhalten;

---

[53] Haun, M.: Handbuch Wissensmanagement, 2002, S. 132.
[54] Ebd., S. 133.
[55] Nonaka, I.; Takeuchi, H.: Die Organisation des Wissens, 1997, S. 88 ff.

- **Autonomie**: Die einzelnen Individuen innerhalb eines Teams wie auch die Teams als solche sollten so autonom handeln können, wie es die Umstände erlauben, um den Wissensschaffungsprozess zu optimieren. Autonomie der Untereinheiten verstärkt deren Motivation;
- **Redundanz**: absichtliches Überschneiden von Informationen (z.B. über geschäftliche Tätigkeiten, Managementaufgaben, das Unternehmen als Ganzes). Diese, nicht unmittelbar benötigten Informationen können für den Austausch impliziten Wissens förderlich sein: als Hilfe für den Einzelnen, seinen Platz im Unternehmen besser zu verstehen und besseres Verstehen über das Arbeitsumfeld anderer Abteilungen oder Gruppen;
- **Fluktuation** und **kreatives Chaos**. Durch kreatives Chaos werden Individuen gezwungen die Handlungsmuster und Vorstellungen ihres Unternehmensumfeldes neu zu überdenken. Hierdurch kann neues Wissen entstehen und es wird Ordnung aus dem Chaos geschaffen. Entstehung von kreativem Chaos basiert auf: Fluktuation im Unternehmen (Zusammenbruch von Routineabläufen), Krisenstimmung im Unternehmen (ggf. künstlich verursacht) sowie mehrdeutigen Anweisungen („strategische Vieldeutigkeit');
- **Notwendige Vielfalt**. Hohe Komplexität des Arbeitsumfeldes erfordert eine ausreichende Vielfalt der Mitarbeiter einer Organisation. Es bestehen folgende Möglichkeiten zur Steigerung der Vielfalt: effiziente Kombination von Information; gleichberechtigten Zugang aller zu einer breiten Palette von Informationen sowie häufiger Wandel der Organisationsstruktur (z.B. wechselnde Teammitglieder).

Diese Bedingungen zielen darauf ab, Kreativität und Eigeninitiative jedes Einzelnen zu entfalten und dadurch individuelle Wissensschaffung in Gang zu setzen sowie Gruppenaktivitäten zu fördern, und können als Grundlage für die praktische Gestaltung in Unternehmen dienen.

In der Unternehmenspraxis kommt es oft zu Barrieren, die Wissensweitergabe und -austausch verhindern. Repräsentative Untersuchungen nennen folgende Wissensbarrieren:[56]
- fehlende Balance von Wissen-Gebern und Wissen-Nehmern;
- Vertrauensmangel;
- Mangelndes Verständnis wegen unterschiedlichen Kulturen, Sprachgewohnheiten und Bezugsrahmen;
- Geringe Akzeptanz des eigenen und fremden Wissens;
- Ungenügender Stellenwert des Wissens im Unternehmen;

---

[56] Vgl. Davenport, T.H.; Prusak, L.: Working Knowledge, 1998, 50.

- Fehlerintoleranz;
- Kollektiver Rollenzwang, der das Lernen verhindert;
- Fehlende Kommunikationsmöglichkeiten;
- Kollektive Wahrnehmungsfilter, „Betriebsblindheit".

Während die genannten Ansätze sich mit einzelnen Aspekten der Bedingungen bzw. Hindernissen befassen, geben Stern und Jaberg eine umfassende und ganzheitliche Darstellung der innovationsförderlichen Rahmenbedingungen inklusive Unternehmenskultur, Führung und Kommunikation (s. Abbildung).

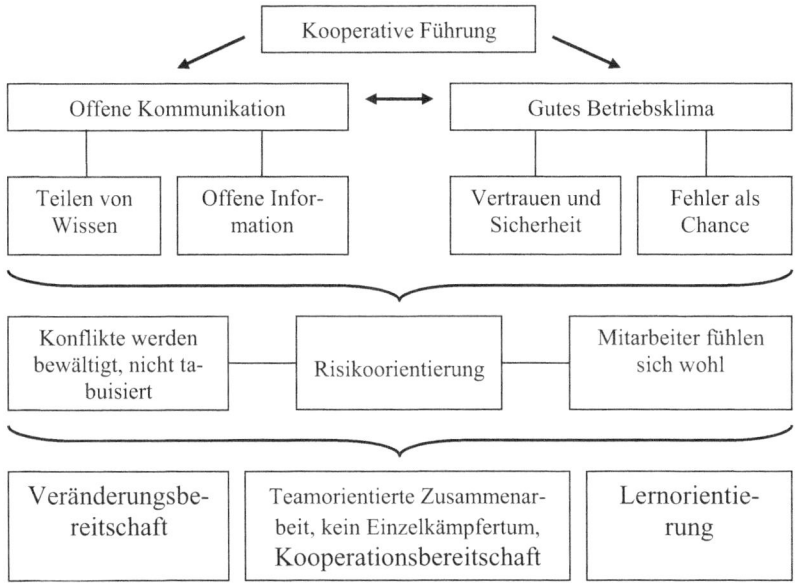

Abbildung 7: Die innovationsförderlichen Rahmenbedingungen[57]

Stern und Jaberg vertreten die Meinung, dass der zentrale Einfluss auf die Unternehmenskultur von der Art der Mitarbeiterführung ausgeht und empfehlen in diesem Kontext kooperative Führung. Die wichtigsten Aufgaben der Führung werden in der offenen Kommunikation und gutem Betriebsklima gesehen, woraus sich ein freiwilliges Teilen des Wissens, eine offene Informationspolitik sowie die Atmosphäre des Vertrauens, der Sicherheit und Fehlertoleranz ergeben. „Als Ergebnis einer solchen Politik fühlen sich die Mitarbeiter im Unternehmen

---

[57] Vgl. Stern, T.; Jaberg, H.: Erfolgreiches Innovationsmanagement, 2005, S. 69.

wohl – sie haben den „Rücken frei" und können ihre ganze Energie auf die Erfüllung ihrer Aufgabe verwenden (...) Schließlich werden so die Zielwerte Kooperations-, Veränderungs- und Lernbereitschaft der Unternehmenszugehörigen erreicht."[58]

M. Haun erläutert, wie die Unternehmensintelligenz durch das Schaffen entsprechender Bedingungen gefördert und erhalten werden kann: „Organisationale Intelligenz verlangt von einer Organisation den Aufbau heterarchischer Netzwerke sowie die Orientierung an der Kernideologie, an Wissen und an Fähigkeiten. Die grundlegenden Fähigkeiten sind die vier Zyklen Kognition, Adaption, Innovation und Realisation sowie deren Zusammenwirken. Damit nun eine Organisation das Niveau organisationaler Intelligenz erhalten kann, müssen die geschaffenen strukturellen und konzeptionellen Voraussetzungen mit Leben und Inhalten gefüllt werden."[59]

Allerdings sollte jedes Unternehmen seine Rahmenbedingungen individuell, je nach Branche, Kultur und Strategie gestalten.

---

[58] Stern, T.; Jaberg, H.: Erfolgreiches Innovationsmanagement, 2005, S. 69.
[59] Haun, M.: Handbuch Wissensmanagement, 2002, S. 143.

2. Genese des Ideenmanagements

Historisch betrachtet, hat sich das Ideenmanagement aus dem Betrieblichen Vorschlagswesen und dem Kontinuierlichen Verbesserungsprozess entwickelt, allerdings erlebt es in den letzten zehn-fünfzehn Jahren, bedingt durch die Einflüsse aus dem Wissens-, Innovationsmanagement und aus der Theorie der Lernenden Organisation, eine Wiedergeburt. Das Verständnis und die Inhalte des Ideenmanagements haben sich wesentlich verändert. In diesem Kapitel wird die Genese des Ideenmanagements, welches sich als Gestaltungsinstrument eines intelligenten Unternehmens anbietet, beschrieben. Neben dem geschichtlichen Hintergrund, werden zunächst elementare Begriffe erklärt und insbesondere die traditionellen Instrumente „Betriebliches Vorschlagswesen" (BVW) und „Kontinuierlicher Verbesserungsprozess" (KVP) näher betrachtet. Eine kritische Vergleichsanalyse einzelner Formen (BVW, KVP, Gruppenkonzepte usw.) und die Darstellung des Zusammenspiels mit dem Innovationsmanagement soll die Notwendigkeit eines ganzheitlichen Konzeptes des Ideenmanagements belegen. Abschließend werden einige Ansätze über Ideenmanagement erläutert und das eigene Konzept eines ganzheitlichen Ideenmanagement mit seinen Auswirkungen auf die Unternehmensintelligenz vorgestellt.

2.1. Der Begriff „Ideenmanagement"

Unter dem Begriff „Ideenmanagement", der 1975 erstmals von Siegfried Spahl[60] verwendet wurde, wird eine Vielzahl von Instrumenten der Unternehmensführung verstanden, welche mit den Führungsgrundsätzen eines Unternehmens übereinstimmen. Durch Ideenmanagement sollen Erfahrungswerte und das Kreativitätspotential möglichst aller Mitarbeiter gefördert und genutzt werden, um Problemlösungen zu entwickeln und durch die Nutzung von Ideen Innovationen einzuleiten.[61] Es wird eine unternehmerische Denkweise jedes Mitarbeiters anvisiert. Ideenmanagement stellt ein ganzheitliches System von Konzepten dar, das z.B. den kontinuierlichen Verbesserungsprozess (KVP), Qualitätszirkel, Betriebliches Vorschlagswesen (BVW), teilautonome Arbeitsgruppen, Projektteams etc. in sich zusammenfasst und dafür sorgen soll, eine möglichst gute Ausgangslage für diese Konzepte zu schaffen bzw. sie zu verknüpfen.[62] Das heißt, dass es im Ideenmanagement auch um eine umfassende Betrachtung der gesamten Zu-

---

[60] Vgl. Spahl, S.: Handbuch Vorschlagswesen, 1975, S. 20.
[61] Vgl. Thom, N.: Betriebliches Vorschlagswesen, 2003, S. 149.
[62] Vgl. Habegger, A.; Thom, N.: BVW – Ideenmanagement 1/2003, S. 11.

sammenhänge geht. Die Optimierung von Rahmenbedingungen (bzw. eine optimierte Anpassung an Rahmenbedingungen), Abschaffung oder Minderung von Willensbarrieren gehören dazu, wie auch die Schaffung einer guten Mitarbeiter-Führungskräfte-Beziehung, um einige Beispiele zu nennen. Ideenmanagement spiegelt zudem eine Weiterentwicklung des allgemeinen Verständnisses für die Wichtigkeit von Mitarbeiterpotentialen wider. Frei übersetzt steht das Wort "Idee" in dem Zusammenhang für die Kreativität und "Management" betont, dass das Vorschlagswesen eine wichtige Managementaufgabe darstellt. Genauer sind die zwei Komponenten der Wortkreation griechischen und lateinischen Ursprungs. Wobei „Idee" auf das griechische „idesa" (äußere Erscheinung, Gestalt, Anblick) zurückzuführen und verwandt mit den Begriffen „gewiss" und „weise" ist.[63] Mit einer Idee kommt man einem Ansatz zur Lösung eines Problems näher. Das Wort „Management" kommt von „magnum agere" (an der Hand führen")[64] und kann abgeleitet werden als die Kunst des Umgangs mit den Prozessen in einem Unternehmen.[65] Es geht im Ideenmanagement um eine sinnvolle Kombination von alten und neuen Konzepten und diese verschiedenen Systeme in einen umfassenden Innovationsprozess zu integrieren.[66]

Die jeweiligen Konzepte, die man dem Ideenmanagement unterordnen kann, sind stets an betriebliche Besonderheiten individuell anzupassen. Es gibt keine allgemeingültige Formel, wie sich zum Beispiel der KVP am besten in ein Unternehmen integrieren lässt. Der Einsatz solcher Instrumente oder Strategien ist kein starrer und immer gleich wirkender Prozess, sondern immer Abhängig von den Gegebenheiten des Unternehmens. Zudem stehen die Instrumente in einer Wechselbeziehung mit der sich immer verändernden Ideenkultur und sollen systemisch betrachtet werden.

Eine kurze Betrachtung der geschichtlichen Entwicklung des Ideenmanagements und seiner Formen soll zur Klärung des Begriffes beitragen und die aktuellen Trends im Ideenmanagement aufzeigen.

2.2. Das betriebliche Vorschlagswesen

Das Bestreben neue Anregungen und Ideen einer breiteren Masse für sich zu gewinnen und sie für Verbesserungen einzusetzen, reicht weit in die Historie zurück. Geschichtliche Überlieferungen weisen darauf hin, dass schon im Mittelalter Briefkästen in Städten aufgestellt wurden, um Vorschläge für Verbesse-

---

[63] Vgl. Peritsch, M.: Wissensbasiertes Innovationsmanagement, 2000, S. 67.
[64] Vgl. Schneck, O.: Lexikon der Betriebswirtschaftslehre, 2003, S. 664.
[65] Vgl. Heß, M.: TQM/Kaizen-Praxisbuch, 1995, S. 14.
[66] Vgl. Habegger, A. ;Thom, N.: BVW – Ideenmanagement 1/2003, S.9 f.

2. Genese des Ideenmanagements

rungen aus der Bevölkerung zu sammeln. In der Republik Venedig wurde ein Briefkasten in die Mauer des Dogenpalastes eingelassen, der als Sammelstelle für die damaligen Belange und Verbesserungsvorschläge der Bevölkerung dienen sollte.[67] Bekannt ist auch, dass in Stockholm (ca. 1750) eine königliche Kommission Vorschläge der Untertanen prüfte und beurteilte.[68]

Als Pioniere des betrieblichen Vorschlagswesens (BVW) im industriellen Zeitalter gelten das amerikanische Unternehmen Yale & Town Company und die schottische William Denny Shipbuilding Company, die um 1880 BVW einführten.[69]

Im deutschsprachigen Raum ist es Alfred Krupp, der als Begründer des BVW in die Geschichte eingeht. In seinem Generalregulativ, welches 1888 verfasst wurde, heißt es:

„Anregungen und Vorschläge zu Verbesserungen, auf solche abzielende Neuerungen, Erweiterungen, Vorstellungen über und Bedenken gegen die Zweckmäßigkeit getroffener Anordnungen sind aus allen Teilen der Mitarbeiter dankbar entgegenzunehmen und durch Vermittlung des nächsten Vorgesetzten an das Directorium zu befördern, damit dieses ihre Prüfung veranlasse. Eine Abweisung der gemachten Vorschläge ohne eine vorangegangene Prüfung derselben soll nicht stattfinden, wohingegen denn auch erwartet werden muss, dass eine erfolgte Ablehnung dem Betreffenden, auch wenn ihm ausnahmsweise nicht alle Gründe mitgeteilt werden können, genüge und ihm keineswegs Grund zur Empfindlichkeit oder Beschwerde gebe. Die Wiederaufnahme eines schon abgelehnten Vorschlages unter veränderten tatsächlichen Verhältnissen oder in verbesserter Gestalt ist selbstredend nicht nur zulässig, sondern empfehlenswert."[70]

Wichtige Weiterentwicklungen des BVW, im Sinne eines motivationsfördernden Führungsinstruments, stellten sich 1895 mit der Heinrich Lanz AG, die erstmals Vorschlagseinreicher an Gewinnen beteiligte und der Firma AEG ein, welche 1901 eine Geldprämie für die Vorschlagseinreichung in Aussicht stellte.[71]

Der Kerngedanke, der mit Einführung eines solchen Systems verbunden ist, beruht auf der Erkenntnis, dass niemand so viel hört, sieht, weiß und kann wie alle. Oder anders, keiner ist so klug wie alle.[72] Das Motiv, ein Vorschlagswesen einzuführen und weiterzuentwickeln hat sich seit Krupp und seinen nicht industriellen Vorläufern kaum verändert. Auch heute soll das Mitdenken der Mitar-

---

[67] Vgl. Merz, E.; Biehler, B.: Betriebliches Vorschlagswesen, 1994, S. 21.
[68] Vgl. Winzer, O.: Erfolgsfaktor Ideenmanagement, 2003, S. 219.
[69] Vgl. Thom, N.: Betriebliches Vorschlagswesen, 2003, S. 23.
[70] Brinkmann, E.: Das betriebliche Vorschlagswesen, 1992, S. 13. Aus Michligk, S. 31.
[71] Vgl. Winzer, O.: Erfolgsfaktor Ideenmanagement, 2003, S. 220.
[72] Vgl. Merz, E.; Biehler, B.: Betriebliches Vorschlagswesen, 1994, S. 21.

beiter unterstützt und alle zum ständigen Wachsein und konstruktiven Nachdenken angeregt werden.[73]

Aufgrund der Entwicklung in Richtung Ideenmanagement und der Mischung verschiedener Systeme, die damit einhergeht, kann heute von einem BVW im klassischen Sinne kaum noch gesprochen werden. Das widerspricht jedoch nicht der Tatsache, dass das betriebliche Vorschlagswesen nach wie vor angewendet wird.

Um seine abgewandelten Formen und Varianten nachvollziehen zu können, sollen im Folgenden die Ursprünge des Ideenmanagements anhand des betrieblichen Vorschlagswesens aufgezeigt werden.

In den Anfängen der Entwicklung stand Rationalisierung durch das BVW im Vordergrund. Damit wurde im Wesentlichen eine Produktivitätssteigerung durch Leistungssteigerung und Kosteneinsparungen, also eine Wirtschaftlichkeitsverbesserung angestrebt. Die damaligen Primärziele haben sich seitdem jedoch verschoben bzw. die Gewichtung der Ziele neue Tendenzen erfahren.[74] Begründen lässt sich das durch ein neues gesellschaftliches Verständnis, welches sich Schrittweise auf die Arbeitswelt übertrug. Es vollzog sich ein Wandel der Sichtweise und die Vorstellung von einem „homo oeconomicus" wich einer menschenorientierten Haltung. Bekannt als „Human Relations Bewegung" setzte sich kontinuierlich eine neue Ideologie im Umgang mit Mitarbeitern durch. Dabei stand eine Erhöhung der Leistungsmotivation durch partnerschaftliche Führung und kooperative Zielvereinbarung im Vordergrund, gestützt durch entsprechende Mitwirkungsmöglichkeiten der Mitarbeiter.

Heute hat sich das BVW zu einem Führungsinstrument entwickelt, bei dem oftmals vordergründig soziale Ziele verfolgt werden, ohne jedoch die ökonomischen Ziele zu vernachlässigen. Immer blieb der Grundgedanke bestehen, Mitarbeiter zum Mitdenken anzuregen[75] und Ideen bzw. Verbesserungsvorschläge (VV) der Mitarbeiter zu nutzen.[76]

Neben der soziologischen Entwicklung, der sich das BVW anpasste, wurde es auch in seiner Vorgehensweise weiter optimiert und trug neuen Anforderungen Rechnung. Insbesondere der Schritt von einem zentralistischen und unflexiblen Instrument hin zu einem dezentral gesteuerten System, stellte eine unverzichtbare Weiterentwicklung dar. Zum einen wurden Beschränkungen aufgehoben, welche z.B. nur Vorschläge von höher gestellten Angestellten vorsahen und das Ideenpotential der gesamten Belegschaft als nützliche Quelle erkannt. Zum anderen konnten lange Bearbeitungszeiten, die aus den zentral geregelten Syste-

---

[73] Vgl. Brinkmann, E.: Wettbewerbsreserve Ideenmanagement, 1992, S. 9.
[74] Vgl. Habegger, A.; Thom, N.: BVW – Ideenmanagement 1/2003, S. 10.
[75] Bullinger, H.-J.: Erfolgsfaktor Mitarbeiter, 1996, S. 258.
[76] Vgl. Habegger, A.; Thom, N.: BVW – Ideenmanagement 1/2003, S. 6.

2. Genese des Ideenmanagements

men resultierten abgebaut werden und die Effektivität auf diese Weise gesteigert werden.

Heute wie früher gilt, dass sich das betriebliche Vorschlagswesen als Instrument bezeichnen lässt, mit dessen Hilfe die Unternehmensleitung das Ideen- und Kreativitätspotential ihrer Mitarbeiter nutzt, um Unternehmensziele zu stützen. Es ist das älteste Instrument, dessen Inhalt sich wie folgt beschreiben lässt:

Nach Grochla ist das Betriebliche Vorschlagswesen eine Einrichtung zur Förderung, Begutachtung, Annerkennung und Umsetzung von Verbesserungsvorschlägen der Mitarbeiter, welche der Vereinfachung oder Erleichterung von Arbeitsabläufen, der Qualitätssteigerung, der Unfallvermeidung, der Steigerung der Rentabilität durch Kosteneinsparungen und der Förderung der Zusammenarbeit aller Mitarbeiter im Betrieb dient. Das BVW bietet allen Mitarbeitern die Möglichkeit, sich einzeln oder in Gruppen, aktiv am Betriebsgeschehen zu beteiligen.[77]

Das BVW soll zu einer Verbesserung der unternehmerischen Leistungserstellung beitragen. In dem System werden Verbesserungsvorschläge der Belegschaft aufgezeichnet, weitergeleitet, bewertet und umgesetzt, wenn sie erfolgversprechend sind. Die Einreicher umgesetzter Verbesserungsvorschläge erhalten eine Prämie.[78]

2.2.1. Der Verbesserungsvorschlag

Der Verbesserungsvorschlag ist einer der zentralen Begriffe, für dessen hervorbringen letztlich alle Bemühungen des Ideenmanagements aufgebracht werden. Daher soll im Folgenden dargelegt werden, wie sich ein Verbesserungsvorschlag definieren lässt.

Um zu verdeutlichen, was ein Verbesserungsvorschlag (VV) im BVW ist und wo er sich gegenüber Erfindungen abgrenzt, werden im Folgenden **Merkmale** in Anlehnung an Brinkmann aufgezeigt.[79]
- Der Verbesserungsvorschlag basiert auf einer Betriebsvereinbarung, welche zwischen Geschäftsleitung und Betriebsrat abgeschlossen wird.
- Der VV ist eine freiwillig erbrachte Zusatzleistung eines Mitarbeiters – schriftlich eingereicht oder mündlich vorgetragen – welche über den Rahmen übertragener Aufgaben hinausgeht und nach der Realisierung zu einem Anspruch auf Anerkennung (Prämie) führt.

---

[77] Vgl. Grochla E,; Thom, N.; Brinkmann, E.: Stand und Entwicklung des Vorschlagswesens, 1978, S. 5.
[78] Vgl. Wuppertaler Kreis e.V.: Ideenmanagement, 1997, S. 99.
[79] Vgl. Brinkmann, E.: Das betriebliche Vorschlagswesen, 1992, S. 59 ff.

- Der VV ist eine nicht schutzfähige Erfindung nach § 2 des Arbeitnehmererfindungsgesetzes.
- Ein VV ist eine eigenständige Idee eines oder mehrerer Mitarbeiter (Gruppenvorschlag) zu einem selbst erkannten Problem mit dem dazugehörigen Lösungsweg.
- Im schriftlich einzureichenden VV, wird eine klare Abgrenzung des Ist–Zustandes und die Gegenüberstellung mit dem entsprechenden Soll–Zustand dargelegt. Eine Darstellung wie der VV realisiert werden soll, ist wichtig.
- Der Vorschlag wird nach der Umsetzung durch die Bewertungskommission prämiert. Dazu wird der Nutzen zu Grunde gelegt, der sich im Zeitraum von 12 Monaten nach der Realisierung des Vorschlags ergibt.

Kurz sei im Hinblick auf das erste Merkmal darauf verwiesen, dass Definitionen eines Verbesserungsvorschlags als Basis zu verstehen sind, da jedes Unternehmen aufgefordert ist eine eigenständige Regelung zu erarbeiten und diese betriebsbezogene Definition in einer Betriebsvereinbarung festzuhalten.[80]

Allgemein festzuhalten und um die Definitionsbasis abzurunden, bleibt anzuführen, dass ein Verbesserungsvorschlag im Sinne des BVW aus einer Idee für eine Verbesserungsmöglichkeit und dem dazugehörigen Lösungsweg besteht. Es reicht also nicht aus einen Mangel zu benennen,[81] auch fallen Fragen der allgemeinen Geschäftspolitik nicht unter BVW.

Stets sollte der Verbesserungsvorschlag wirtschaftlich vertretbar sein und mindestens eine der folgenden **Anforderungen** erfüllen:[82]

- Steigerung der Produktivität bzw. Leistungsfähigkeit,
- Arbeitsmethoden und -verfahren erleichtern (Prozessinnovation),
- Fehler verringern und Qualität verbessern (Produktinnovation),
- Einsparung erzielen (z.B. von Zeit, Material und Energie),
- Arbeits- und Gesundheits-, Umwelt- sowie den Verbraucherschutz verbessern (Beseitigung bzw. Einschränkung von Unfallgefahren; Reduzierung gesundheitsgefährdender Tatbestände)
- Nachhaltige Verbesserung des Betriebsklimas und des Zusammengehörigkeitsgefühls,
- Kundeninformation und -orientierung verbessern,
- Einkauf, Lagerhaltung, Verkauf, Betriebs- und Büroorganisation, Transportwesen und Verwaltung vereinfachen (Gestaltung von Arbeitssyste-

---

[80] Vgl. Fischer, R.; Frey; D.; Winzer, O.: Mitdenken lohnt sich – für alle!, 1996, S. 47 f.
[81] Vgl. Bumann, A.: Das Vorschlagswesen, 1991, S. 17 f.
[82] Vgl. Brinkmann, E.: Das betriebliche Vorschlagswesen, 1992, S. 62.

men, Methoden und Verfahren, die eine Verbesserung in Aufbau- und Ablauforganisation bedeuten).[83]

Ein Verbesserungsvorschlag, nach den Ausführungen des Wuppertaler Kreises, ist „eine realisierbare und betriebswirtschaftlich tragbare Anregung, die auf Basis einer freiwillig erbrachten Sonderleistung (über die im Arbeitsvertrag vereinbarte Aufgabe hinausgehend), eine Neuerung bzw. eine Veränderung bewirkt. Der Verbesserungsvorschlag muss einen Nutzen bringen (sodass die Unternehmensziele besser erreicht werden), der jedoch nicht materieller Art sein muss. Verbesserungsvorschläge können alle Bereiche des Unternehmens betreffen."[84]

Etwas prägnanter formuliert lässt sich festhalten, dass ein Verbesserungsvorschlag jede Anregung eines oder mehrerer Handlungsakteure (Gruppenvorschlag) ist, mit deren Realisierung eine Verbesserung des bisherigen Zustands (von Produkten und Dienstleistungen bzw. in Ablauf, Produktion, Verwaltung oder Vertrieb) erreicht wird.

Nicht als Verbesserungsvorschlag zu bezeichnen sind Hinweise, die lediglich Kritik an bestehenden Umständen enthalten und keine Lösung des Problems aufzeigen. Das schließt nicht aus, dass der Betrieb auch auf Hinweise Wert legt, die auf Fehler oder Mängel aufmerksam machen. Nur sollte dann im Interesse einer gerechten Bewertung klar zwischen „Hinweis" und „Vorschlag" unterschieden werden.[85]

2.2.2. Ziele des Vorschlagswesens

Die klassischen Ziele des BVW wie Kosteneinsparungen, Erhöhung der Arbeitssicherheit, Erleichterung der Arbeit oder Qualitätsverbesserungen haben immer noch Bestand gegenüber den „modernen" sozialen Zielen des Ideenmanagements jedoch relativ an Bedeutung verloren. Motivation der Mitarbeiter und deren Bindung an das Unternehmen sowie Vermittlung von Anerkennung und Wertschätzung sind im Verlauf der Entwicklungsgeschichte des Vorschlagswesens wichtiger geworden.[86]

Die unter den Anforderungen (vgl. 2.2.1.) genannten Punkte, die ein Verbesserungsvorschlag aufweisen sollte, nehmen die Zielrichtung des betrieblichen Vorschlagswesens gewissermaßen vorweg. Diese Anforderungen zielen jedoch zunächst auf die Mitarbeiter ab, die ihre Vorschläge mit den Anforderungen des

---

[83] Ergänzungen nach Wuppertaler Kreis e.V.: Ideenmanagement, 1997, S. 102.
[84] Wuppertaler Kreis e.V.: Ideenmanagement, 1997, S. 102.
[85] Vgl. Fischer, R.; Frey, D.; Winzer, O.: Mitdenken lohnt sich – für alle!, 1996, S. 48.
[86] Vgl. Habegger, A.; Thom, N.: BVW – Ideenmanagement 1/2003, S.10.

BVW abgleichen sollen. Dem übergeordnet steht die Frage, welche Ziele mit dem BVW von Seiten des Unternehmens verfolgt werden, aus denen dann die Anforderungen resultieren.

Um zu veranschaulichen, welche Ziele mit dem Instrument verfolgt werden oder welcher Nutzen sich durch Verbesserungsvorschläge für ein Unternehmen einstellt, ist eine Einteilung in verschiedenen Zieldimensionen sinnvoll. Bumann unterscheidet drei Dimensionen, auf die sich Verbesserungsvorschläge positiv auswirken:[87]

- Die **wirtschaftliche Dimension** steht dabei für kostengünstige und bedarfsgerechte Beschaffung von Ressourcen, die rationelle Leistungssteigerung sowie Verbesserung der Leistungsabgabe. Im Vorschlagswesen werden Kosteneinsparungen und Erlössteigerungen durch eingereichte Vorschläge angestrebt.[88] Ökonomisch–technische Ziele wie Wirtschaftlichkeitsverbesserung und Produktivitätssteigerung übernehmen eine führende Stellung.[89]
- In der **sozialen Dimension** stehen Persönlichkeitsentfaltung der Mitarbeiter und Gruppenarbeit im Vordergrund. Diese Dimension bezieht sich auf den allgemeinen Humanisierungstrend in der Arbeitswelt, indem sie Fragen der Selbstverwirklichung, Personalentwicklung, Arbeitszufriedenheit, Verbesserung der Kommunikation und Steigerung der Motivation zum Inhalt hat.
- Die **flexibilitätsorientierte Dimension** meint die Fähigkeit des Unternehmens auf Veränderungen der Rahmenbedingungen zu reagieren. Eine Anpassungsfähigkeit wird durch die Innovationsorientierung des Vorschlagswesens gefördert und durch die Verbesserung der Qualifikation der Mitarbeiter durch das VW (in Gruppenaktivitäten).

Die Einordnung in Dimensionen soll verdeutlichen, dass die Vorteile durch das Vorschlagswesen weit über ökonomische Verbesserungen hinausgehen. Zudem können Abhängigkeiten, die untereinander bestehen, veranschaulicht werden. Es ist durchaus anzunehmen, dass eine positive Entwicklung in einer der Dimensionen seinerseits nützliche Synergieeffekte auf eine andere Zieldimension hat. Beispielsweise steigert das über ein Vorschlagswesen ermöglichte Erfolgserlebnis die Arbeitsfreude und die Zufriedenheit der Mitarbeiter möglicherweise in gleichem Maße, wie die sachlichen Vorschläge das Produkt verbessern oder günstiger werden lassen. Die erste Dimension hat einen direkteren und spürbareren Einfluss auf die Wettbewerbsfähigkeit als die zweite und dritte Dimension.

---

[87] Vgl. Bumann, A.: Das Vorschlagswesen, 1991, S. 92 f.
[88] Vgl. ebd., S. 120.
[89] Vgl. Thom, N.: Betriebliches Vorschlagswesen, 2003, S. 30.

Die Bedeutung der zweiten und dritten Dimension ist jedoch nicht zu unterschätzen. Gerade die positive Beeinflussung der zweiten Dimension durch das BVW, kann langfristig einen nicht zu vernachlässigenden Erfolgsfaktor für das Unternehmen darstellen.

2.2.3. Aufbau des BVW

Zur Aufbauorganisation des Vorschlagswesens gehört, dass die Personen, welche die Aktionen des Vorschlagswesens tragen, bestimmt und in ihrer Aktivität gekennzeichnet werden. Die Aufgabenverteilung wird klar geregelt und Zuständigkeiten werden abgegrenzt.[90]

Aufzunehmen sind die Bedingungen in der Betriebsvereinbarung. In ihr sind alle Regelungen wie, die Aufbauorganisation des BVW, die Regelung zur Bestellung eines BVW-Beauftragten, die Zusammensetzung der Bewertungskommission sowie die Vorgehensweisen über die Zuhilfenahmen von Gutachtern enthalten.[91]

Dargestellt werden im Folgenden die typischen Personen bzw. Organe des Vorschlagswesens. Die terminologischen Bezeichnungen der verschiedenen Organe variieren von Unternehmen zu Unternehmen, in ihrem Inhalt bzw. was die Ausübung der Aufgaben betrifft, sind sie jedoch weitgehend kongruent.

2.2.3.1. Gutachter

Der Gutachter, welcher in der Rolle als Fachmann in seinem Spezialgebiet angesprochen wird, unterzieht den Vorschlag seiner fachlichen Beurteilung und ermittelt seine Vor- u. Nachteile. Er beurteilt die Realisierung des Vorschlags und unterstützt die Umsetzung oder lehnt den Vorschlag ab. Die Beurteilung soll objektiv geschehen, d.h. ohne dass die einreichende Person von ihm gesehen wird und möglichst schnell ablaufen (Richtwert 15 Arbeitstage). Sein Gutachten ist die Entscheidungsgrundlage für die Bewertungskommission. Sollte ein Vorschlag abgelehnt werden, ist es seine Aufgabe, dies ausreichend und schriftlich gegenüber dem Einreicher zu begründen.[92]

Hinsichtlich der Zusammensetzung der BVW-Bewerungskommission weist das Institut für mittelstandsorientierte Betriebswirtschaft[93] darauf hin, dass sich ein Gutachter nicht in der Bewertungskommission befinden sollte, da seine Auf-

---

[90] Vgl. Brinkmann, E.: Das betriebliche Vorschlagswesen, 1992, S. 86.
[91] Vgl. Bontrup, H.-J.; Wischerhoff, P.; Springob, K.: Mit dem betrieblichen Vorschlagswesen zum Ideen- und Innovationsmanagement, 2000, S 14.
[92] Vgl. Brinkmann, E.: Das betriebliche Vorschlagswesen, 1992, S. 100 f.
[93] Vgl. Bontrup, H.-J.; Wischerhoff, P.; Springob, K.: Mit dem betrieblichen Vorschlagswesen zum Ideen- und Innovationsmanagement, 2000, S 14 f.

gabe ausschließlich darin besteht einen Verbesserungsvorschlag objektiv zu begutachten.

2.2.3.2. Bewertungskommission

Die Kommission oder auch Prüfungsausschuss im BVW hat eine beratende, unterstützende und überwachende Funktion und ist nach dem Betriebsverfassungsgesetz vorgeschrieben. In der Zusammensetzung und der Ausstattung von Kompetenzen können sich diese Instanzen je nach Betrieb unterscheiden. Aus seiner Mitte wählt die Kommission einen Vorsitzenden (meist für die Wahlperiode des Betriebsrates).[94]

Die wesentlichen Aufgaben dieser Kommission liegen in der Auswahl der Gutachter für bestimmte Sach- und Themengebiete. Sie prüfen erstellte Gutachten und entscheiden darüber, ob vorgeschlagene Prämien ausbezahlt werden sollen. Hinsichtlich der Prämienermittlung gilt es die Betriebsvorschriften zu berücksichtigen, für deren Einhaltung hat die Kommission sorge zu tragen. Zudem wird die Prämie daraufhin untersucht, ob sie mit dem Nutzen in einem gewünschten Verhältnis steht. Die Kommission ist ebenso für die Beseitigung von eventuell auftretenden Missverständnissen zuständig. Z.B. ist unter Umständen die Gefahr gegeben, dass ein Gutachter einen eingereichten Vorschlag falsch interpretiert. So kann es zu ungerechtfertigten Vorschlagsannahmen aber auch Ablehnungen kommen. Um derartige Missverständnisse oder ungeklärte Fragen zu entschärfen, gehört es zu den Aufgaben der Kommission schon im Vorfeld aktiv Einreicher, Gutachter und Vorgesetzte zu beraten sowie der Unternehmensleitung bei der Planung und Gestaltung der Weiterentwicklung des BVW unterstützend zur Seite zu stehen. Weitere Punkte des Aufgabenspektrums bilden die Überwachung und Unterstützung von Vorschlagsrealisierungen, wobei der BVW – Beauftragte (vgl. 2.2.3.3.) insbesondere in schwierigen Situationen Rückhalt erfahren sollte und die Zusammenarbeit mit dem BVW – Beauftragten bei der Erstellung von BVW – Jahresberichten. Letztlich obliegt es der Kommission Sitzungsergebnisse z.B. an schwarzen Brettern bekannt zu geben.

Um den Anforderungen dieser Aufgaben gerecht zu werden muss die Kommission zum einen kompetent besetzt sein und zum anderen über ausreichend Handlungsspielraum verfügen, um getroffene Entscheidungen zur Realisierung kommen zu lassen. Das bedingt, dass das nötige Fachwissen und die nötigen Kenntnisse über das Unternehmen (Organisation, Zuständigkeiten, Planungen, Unternehmenspolitik usw.) in der Kommission akkumuliert sind oder zumindest leicht beschafft werden können. Die nötige Entscheidungskompetenz stellt sich mit der Eingliederung entsprechender Vorgesetzter bis hin zur Geschäftsleitung ein, je nach Tragweite eingereichter Verbesserungsvorschläge. Da sich Verbes-

---

[94] Vgl. Merz E.; Biehler, B.: Betriebliches Vorschlagswesen, 1994, S. 40.

serungsvorschläge oftmals direkt auf Mitarbeiter auswirken, unter Umständen nachteilig, ist der Betriebsrat mit einzubeziehen. So setzt sich das Gremium aus Abteilungsleitern (bis hin zur Geschäftsleitung), BVW–Beauftragten und Mitgliedern des Betriebsrates zusammen.[95]

2.2.3.3. BVW–Beauftragter

Der BVW-Beauftragte ist Motor des Vorschlagswesens und nimmt alle in Verbindung mit dem Vorschlagswesen anfallenden Aufgaben haupt- oder nebenamtlich wahr. Das hängt im Wesentlichen von der Größe des Betriebes und der Anzahl der Vorschläge ab. Fischer; Frey; Winzer beziehen sich auf Ergebnisse des Deutschen Instituts für Betriebswirtschaft und geben als Orientierungsgröße an, dass mit EDV-Unterstützung zwei Bearbeiter 1800 Vorschläge und mehr abwickeln können.[96] Er ist für die Einhaltung gesetzlicher und vertraglicher Bestimmungen verantwortlich und sollte dabei sowohl die Interessen der Einreicher als auch die Interessen des Unternehmens berücksichtigen. Innerhalb der Kernaufgaben wie Annahme des Vorschlags, seine Registrierung und die Weiterleitung, nimmt der BVW-Beauftragte eine beratende, unterstützende und klärende Funktion ein. Er ist das Bindeglied zu den verschiedenen Organen und Mitarbeitern.[97] Synonym werden die Bezeichnungen Vorschlags-Beauftragter, Ideenkoordinator, Ideenmanager und Innovationsbeauftragter verwendet.[98]

2.2.4. Der Ablauf des BVW

Im klassischen betrieblichen Vorschlagswesen wurden Verbesserungsvorschläge an zentralen Stellen eingereicht. Dort wurden sie von BVW – Beauftragten registriert und bearbeitet. Im weiteren Verlauf wurde der Vorschlag an Gutachter übermittelt, welche den VV prüften und beurteilten. Das Ergebnis wurde schriftlich fixiert und im nächsten Schritt an die BVW – Kommission weitergereicht, die dann die Aufgabe hatte über Ablehnung oder Annahme des Vorschlags zu entscheiden und bei positivem Befund eine Prämierung festzulegen. Für den Fall, dass ein Vorschlag abgelehnt wurde, konnte der Einreicher Einspruch einlegen und seinen Einwand einer letzten Prüfung durch die Einspruchstelle unterziehen lassen.

Heute ist der Ablauf (vgl. Abb.8) des Betrieblichen Vorschlagswesens grundsätzlich gleich geblieben, jedoch sieht man zunehmend von zentralen Sammel-

---

[95] Vgl. Merz, E.; Biehler, B.: Betriebliches Vorschlagswesen, 1994, S. 41.
[96] Vgl. Fischer, R.; Frey, D.; Winzer, O.: Mitdenken lohnt sich – für alle!, 1996, S. 55.
[97] Vgl. Urban, C.: Das Vorschlagswesen und seine Weiterentwicklung zum europäischen Kaizen, 1993, S. 39 f.
[98] Vgl. Brinkmann, E.: Das betriebliche Vorschlagswesen, 1992, S. 94.

stellen ab. Zwei Beispiele für flexiblere Einreichungsmöglichkeiten, werden im nachstehenden Kapitel beschrieben.

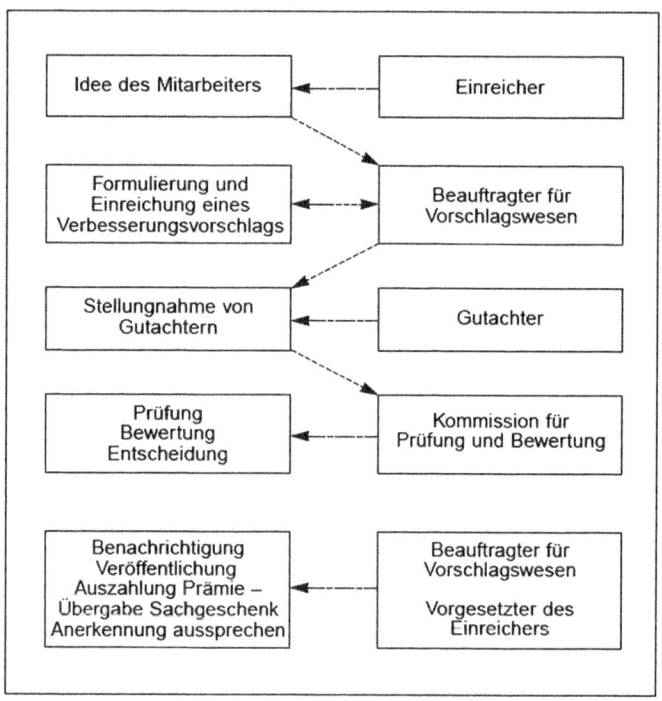

Abbildung 8: Ablauf des betrieblichen Vorschlagswesens[99]

2.2.5. Varianten des betrieblichen Vorschlagswesens

Moderne Konzepte und Varianten des BVW haben sich aus Schwächen des klassischen BVW herausgebildet. Früher waren BVW-Beauftragte überlastet, da sie häufig nebenamtlich tätig waren und alle Vorschläge, auch solche die keine Chance auf Umsetzung hatten, beurteilen mussten. Durch das Zusammenlaufen aller Vorschläge an einer zentralen Stelle, entstanden lange Durchlaufzeiten und somit für den Einreicher auch lange Wartezeiten auf eine Rückmeldung. Für die Motivation der Mitarbeiter sind lange Wartezeiten auf ein Feedback sehr schäd-

---

[99] Vgl. Fischer, R.; Frey, D.; Winzer, O.: Mitdenken lohnt sich – für alle!, 1996, S.

lich. Hinzu kommt ein allgemeiner Trend in Richtung Dezentralisierung und Entscheidungsdelegation. Diesem musste auch das BVW Rechnung tragen.[100] So hat sich das BVW dahin entwickelt, dass es für die Einreichung von Verbesserungsvorschlägen nicht nur eine zentrale Sammelstelle gibt, sondern auch eine Einreichung beim Vorgesetzten möglich ist. Heute werden die im BVW anfallenden Aufgaben dezentral behandelt und in der Praxis häufig als Paten- oder Vorgesetztenmodell umgesetzt.

2.2.5.1 Vorgesetztenmodell

Unter dem Vorgesetztenmodell ist eine Variante der Aufbauorganisation des BVW zu verstehen, wobei der Ablauf der Einreichung erhalten bleibt. Indem Modell erhält ein Mitarbeiter die Option, ob er seinen Vorschlag an die anonyme Institution BVW-Sammelstelle oder seinen Vorgesetzten leitet.[101] Dabei fungiert der unmittelbare Vorgesetzte des Einreichers als Ideenpromotor, indem er sich besonders für Vorschläge stark macht und sie unterstützt, sowie als Erstgutachter. Vorschläge bis zu einer bestimmten Prämienhöhe werden von dem jeweiligen Vorgesetzten dezentral bearbeitet und prämiert, wodurch das BVW insgesamt entlastet und die Effizienz und Schnelligkeit des BVW erhöht wird.[102]

Durch die Übertragung von Entscheidungskompetenz auf die direkten Vorgesetzten entsteht in diesem Modell, eine wesentliche Entbürokratisierung des Mechanismus. Neben dem reduzierten Verwaltungsaufwand können eine Verbesserung des Arbeitsklimas durch erhöhte Kommunikation und Interaktion mit Führungskräften die Folge sein. Zudem ist davon auszugehen, dass sich die Motivation der Mitarbeiter durch deren Einbindung in den Prozess der Erarbeitung und Umsetzung steigert. Ein weiterer Vorteil der Vorgehensweise ist darin zu sehen, dass der Vorgesetzte über eine hohe Kompetenz in seinem Zuständigkeitsbereich verfügt, welche er bei der Formulierung und Verbesserung von Vorschlägen einbringen kann. Hierdurch entstehen reifere Vorschläge und weniger taugliche Vorschläge werden vorselektiert.[103]

Da der Vorgesetzte als Promotor und Erstgutachter zusätzliche Aufgaben wahrnimmt, steigen mit dieser Vorgehensweise die Anforderungen an ihn. Ferner ist er auch für die Umsetzung der Vorschläge verantwortlich. Er muss Werbung für das BVW betreiben, eine positive Einstellung seiner Mitarbeiter gegenüber dem BVW erzielen, Hilfestellung leisten, auf Themen aufmerksam ma-

---

[100] Vgl. Wuppertaler Kreis e.V.: Ideenmanagement, 1997, S. 41.
[101] Vgl. Urban, C.: Das Vorschlagswesen und seine Weiterentwicklung zum europäischen Kaizen, 1993, S. 45.
[102] Vgl. ebd., S. 102.
[103] Vgl. von Bismarck, W.-B.: Die Rolle der Führungskräfte im Vorschlagswesen, 1999, S 49.

chen und darüber diskutieren. Zuletzt muss er sich für die Umsetzung stark machen und sie vorantreiben. So kann es in dem Modell auch zu nachteiligen Auswirkungen kommen. Greift ein Unternehmen auf das Modell zurück, wäre es fatal, den möglichen Widerstand von Seiten der Vorgesetzten nicht in Betracht zu ziehen. Auch wird bei der Vielzahl neuer Aufgaben deutlich, dass eine Schulung der Vorgesetzten unabdingbar ist. Neben der Funktionsweise des Modells sollten den Vorgesetzten auch eigene Vorteile verdeutlicht werden, die z.B. in einem Anreizsystem bestehen können, um eine aktive Unterstützung und Identifikation hervorzurufen.[104] Auch bei entsprechender Berücksichtigung der genannten Empfehlungen, ist dennoch mit Ressentiments gegen das Modell zurechnen bzw. diese nicht gänzlich auszuschließen.

Thom hält in diesem Zusammenhang fest, dass „bei manchen Führungskräften gegenüber dem BVW und den Vorschlagseinreichern eine oft negativ geprägte Einstellung vorherrscht." Viele Vorgesetzte sind mit ihrer Rolle als „Coach" überfordert oder nehmen sie nicht ernst. Von einem alleinigen Einreichungsweg, nur über den Vorgesetzten, ist also abzuraten.[105] Abgesehen davon, ist auf den Aspekt hinzuweisen, dass ein weniger gutes Verhältnis zwischen Vorgesetzten und Mitarbeiter eine erhebliche Teilnahmebarriere darstellen kann. Auch aus diesem Grund sind mehrere Einreichungsmöglichkeiten ratsam.

2.2.5.2. Patenmodell

Das Patenmodell stellt eine weitere Variante des BVW dar. Der BVW – Pate dient als dezentrale Kontaktperson für das BVW und muss nicht zwingend eine Führungskraft sein. Jede Abteilung verfügt über ein Netz von Paten, wobei möglichst nicht mehr als zehn Mitarbeiter von einem Paten direkt betreut werden.[106] Er sollte bei den Mitarbeitern beliebt und anerkannt sein und die Fähigkeit mitbringen, andere zur Vorschlagseinreichung zu motivieren. Er nimmt Verbesserungsvorschläge aus dem eigenen Fachbereich entgegen und beurteilt oder, wenn es sich um einen über die Organisationseinheit hinausgehenden oder gar unternehmensweit nutzbaren Vorschlag handelt, veranlasst er die Weiterleitung an die BVW-Zentrale.[107]

---

[104] Vgl Thom, N.; Etienne, M.: Betriebliches Vorschlagswesen, 1997, S. 8.
[105] Thom, N.: Betriebliches Vorschlagswesen, 2003, S. 138.
[106] Vgl. Yasuda, Y.: Mitarbeiterkreativität in Japan, 1994, S. 14.
[107] Vgl. Wuppertaler Kreis e.V.: Ideenmanagement, 1997, S. 101.

2.3. Der Kontinuierliche Verbesserungsprozess

Der kontinuierliche Verbesserungsprozess (KVP) nimmt eine bedeutende Stellung in der Gesamtentwicklung des Ideenmanagements ein. Er hat seinen Ursprung im japanischen Begriff „Kaizen" und ist eng mit Managementmethoden wie dem Total Quality Management und der Lean Production verbunden.

Nach einem kurzen geschichtlichen Überblick werden im Weiteren Ziele und Merkmale des KVP ausführlicher erläutert und sein Zusammenspiel mit der Innovationsarbeit in Unternehmen dargestellt.

2.3.1. Kaizen als Ursprung des KVP

Der Begriff Kaizen stammt aus dem Japanischen und bedeutet Veränderung (Kai) zum Besseren (Zen).[108] Krause nutzt zur Erklärung eine feinere Übersetzung des Begriffs nach Hagiwara, der sagt, dass Kaizen eine „langsam, nie endende Vervollkommnung in allen Bereichen des Lebens " oder „Ersatz des Guten durch das Bessere" ist.[109]

Kaizen ist in Japan ein umgangssprachlicher Begriff und stellt eine Gesellschaftsphilosophie dar. Diese Philosophie geht von der Annahme aus, dass sich alles im ständigen Wandel bzw. Fluss befindet und man nur durch immer währende Anpassung überleben kann. Man kennt dort kein „Ausruhen auf Lorbeeren" und dem Status quo. Alles verfällt, was nicht ständig verbessert wird. Grundlage für eine Verbesserung ist das Erkennen ihrer Notwendigkeit z.B. ein Problem. Kaizen ist ein ständiger Problemlösungsprozess, der großen Wert auf Problembewusstsein legt.[110] Diese Gesellschaftsphilosophie wurde auf das Arbeitsleben übertragen.[111]

Auch in der westlichen Welt findet die Kaizen-Idee, ständige Veränderung zum Besseren, um sich den immer neuen, sich verändernden Bedingungen und Erfordernissen der Umwelt anzupassen, Zuspruch. In den deutschen Sprachgebrauch wurde Kaizen mit „kontinuierlicher Verbesserungsprozess" (KVP) übersetzt.[112] Weniger für die Japaner als vielmehr in unseren Breiten stellt der KVP eine wichtige Weiterentwicklung im Ideenmanagement dar.

Als einer der Pioniere, der Kaizen auf das Arbeitsleben übertrug und so den Weg für Kaizen als Managementkonzept ebnete, gilt Taiichi Ohno. Er führte in

---

[108] Vgl. Yasuda, Y.: Mitarbeiterkreativität in Japan, 1994, S. 20.
[109] Krause, R.: Unternehmensressource Kreativität, 1996, S. 108.
[110] Vgl. Merz, E.; Biehler, B.: Betriebliches Vorschlagswesen, 1994, S. 89
[111] Vgl. Wuppertaler Kreis e.V.: Ideenmanagement, 1997, S. 13.
[112] Winzer, O.: Erfolgsfaktor Ideenmanagement, 2003, S. 30.

56   2. Genese des Ideenmanagements

den 50er Jahren, im Rahmen der japanischen Automobilkrise, "Kanban"[113] bzw. "Just in Time" bei Toyota ein. Seitdem haben sich viele Managementpraktiken, die auf der Kaizenphilosophie beruhen, entwickelt. Kaizen ist zu einem Sammelbegriff für verschiedene Managementmethoden bzw. Praktiken im Arbeitsleben geworden, über die sich der Begriff wie ein Schirm ausbreitet.[114]

Abbildung 9: Der Kaizen-Schirm nach Imai[115]

Eine Erklärung, warum sich Kaizen bzw. KVP auch im westlichen Arbeitsleben etabliert hat, liefert die allgemeine industrielle Entwicklung.

Bullinger teilt die Entwicklung in industrielle Revolutionen (zurzeit 4) ein. In der ersten Revolution wurden Maschinen entwickelt und es stellte sich die Frage der Energieumwandlung. In der zweiten setze sich Produktionstechnik durch, da der Faktor Zeit an Bedeutung gewann (Massenfertigung). In der dritten Revolution standen Automatisierungstechniken im Focus, um die Produktivität erheblich zu steigern. Zum jetzigen Zeitpunkt stehen die Information und ihre Verarbeitung, sowie ein am Menschen ausgerichtetes Denken im Vordergrund der weiteren Entwicklung.

---

[113] Wörtlich "Karte". Ein prozessorientierter Ansatz, der synonym für Just-in-Time steht (nach Imai, M.: Kaizen, 1993, S. 24)
[114] Vgl. Wahren, H.-K.: Erfolgsfaktor KVP, 1998, S. 8.
[115] Imai, M.: Kaizen, 1993, S. 148.

2. Genese des Ideenmanagements

Die Betonung der Kopfarbeit des Menschen und seine Fähigkeit, mit anderen Wissen auszutauschen, zu kombinieren, zu internalisieren und zu externalisieren und dadurch zu handlungsorientiertem Wissen weiterzuentwickeln, sind ein zentrales Beschäftigungsfeld zum heutigen Zeitpunkt (vgl. 1.3.2.). Schmid sieht in den Konzepten (Kaizen, TQM, KVP, u. a.) anthropozentrische (den Menschen in den Mittelpunkt setzende) Arbeitsorganisationen, die den Übergang zur vierten industriellen Revolution darstellen.[116]

2.3.1.1. Total Quality Management und KVP

Im Allgemeinen ist Qualitätsmanagement eine abgestimmte Tätigkeit zur Lenkung und Leitung einer Organisation bezüglich Qualität. Das beinhaltet die Festlegung von Qualitätszielen sowie der Qualitätspolitik, die Qualitätsplanung-, -lenkung, -sicherung und Qualitätsverbesserung. Total Quality Management (TQM) bezieht darüber hinaus alle Mitglieder einer Organisation mit ein und setzt auf deren Mitwirkung.[117] Das Wort "Qualität" leitet sich vom lateinischen Wortstamm "qualis", d.h. "wie beschaffen" ab und ist somit zunächst wertneutral.[118] Um ein international geltendes und vor allen Dingen gleiches Verständnis für den Begriff des Qualitätsmanagements zu schaffen, hat die Standardisierungsorganisation ISO mit der Normenfamilie ISO 9000 ff. ein über Kontinentalgrenzen gültiges Regelwerk zum Qualitätsmanagement entwickelt, welches für alle Mitgliedsländer verbindlich ist. In Deutschland wird die Bezeichnung DIN EN ISO verwendet. Die Normfamilie umfasst eine Begriffsnorm (DIN EN ISO 9000: 2000) sowie Forderungen an das Qualitätsmanagement (DIN EN ISO 9001: 2000) und gibt einen Leitfaden zur Leistungsverbesserung vor (DIN EN ISO 9004: 2000).[119]

TQM wird als umfassendster Qualitätsansatz angesehen, der in einem Unternehmen denkbar ist. Im TQM ist die ständige Qualitätsverbesserung eine Aufgabe, welche die Geschäftsleitung als Organisationsziel vorgibt und verantworten muss. Qualität wird so zu einem strategisches Unternehmensziel.[120] Total Quality Management ist ein Führungskonzept, das die gesamte Organisation mit allen Aktivitäten und Mitarbeitern einschließt, sowie Umweltfragen einbezieht. Die konsequente Anwendung des KVP ist eine der Voraussetzungen und ein

---

[116] Schmid, M.: Wissensmanagement für den Innovationsprozess, 1999, S. 24.
[117] Vgl. Kamiske, G.-F.; Umbreit, G.: Qualitätsmanagement, 2006, S. 11.
[118] Vgl. Niemeyer, M.: Entwicklung und Implementierung innovativer Qualitätstechniken zur Effektivierung von Managementsystemen, 2004, S. 8.
[119] Vgl. Kamiske, G.-F.; Umbreit, G.: Qualitätsmanagement, 2006, S. 16.
[120] Vgl. Niemeyer, M.: Entwicklung und Implementierung innovativer Qualitätstechniken zur Effektivierung von Managementsystemen, 2004, S. 19.

qualitätsbewusstes Verhalten der Mitarbeiter eine der Grundlagen. Es beinhaltet folgende Aspekte:[121]
- Kundenorientierung auf interne und externe Kunden
- Mitarbeiterorientierung durch Zielvereinbarungen
- Verantwortung und Vorbildfunktion des Managements
- Abgrenzung von Aufgaben, Kompetenzen und Verantwortung
- Prävention von Fehlern
- Qualitätsprüfung, Korrektur- und Vorbeugemaßnahmen
- kontinuierliche Verbesserung von Produkten und Prozessen
- Prozessorientierung und Orientierung auf Unternehmensbereiche
- Integration der Qualitätspolitik in die Unternehmenspolitik
- Integration anderer Managementkonzepte

Der Ansatz geht davon aus, dass die Qualität von Produkten und Dienstleistungen nicht nachträglich durch Kontrollen gewährleistet wird, sondern bereits durch Qualität der Arbeit und der Prozesse. Mit dem Wort Total wird das Bemühen um Qualität als gesamtunternehmerische Aufgabe hervorgehoben. Der Begriff Management hebt die Führungsaufgabe und Qualität die Vorbildfunktion dieser Aufgabe heraus. TQM greift zwei Punkte auf, die in enger Beziehung zum Ideenmanagement stehen. Zum einen den Kaizen (KVP)-Ansatz, der vorsieht eine ständige Verbesserung auf allen Ebenen zu institutionalisieren und zum anderen Mitarbeiterorientierung. Indem das Ideenmanagement den Mitarbeitern ermöglicht sich in Vorschlags-KVP-Aktivitäten zu entfalten, wird der Mitarbeiterorientierung Rechnung getragen. Zudem wird durch ein gelebtes Ideenmanagement die ständige Verbesserung intensiv gefördert. Somit wird Ideenmanagement den Anforderungen von TQM gerecht. Kaizen in der Gestalt des KVP ist ein Grundprinzip im Qualitätsmanagement und Bestandteil der Norm ISO 9001.

Winzer fasst zusammen, dass die Instrumente zwar durch unterschiedliche Strategieebenen gekennzeichnet sind, ein dezentrales erfolgreiches Ideenmanagement jedoch ein Erfolgsbaustein im TQM-Konzept darstellt.[122]
In der Literatur werden die Begriffe TQM und Kaizen oftmals gleichgesetzt, wobei Kaizen, wie es heute verstanden wird eine Weiterentwicklung von Konzepten wie TQC (Total Quality Control) und CWQC (Company Wide Quality Control) ist und daher verschiedene Aspekte der Managementmethoden aufgreift.[123]

---

[121] Niemeyer, M.: Entwicklung und Implementierung innovativer Qualitätstechniken zur Effektivierung von Managementsystemen, 2004, S. 20 f.
[122] Vgl. Winzer, O.: Erfolgsfaktor Ideenmanagement, 2003, S. 27.
[123] Vgl. Sebestyen, O.: Managementgeheimnis Kaizen, 1994, S. 10.

2.3.1.2. Lean Production

Lean Production (schlanke Produktion) ist eine weitere Managementpraktik und Denkanstoß japanischen Ursprungs, der nach Europa kam und festgefahrene hierarchische Strukturen innerhalb der Betriebe aufweichte. Es bedeutet eine Reduzierung der Fertigungstiefe, sodass der unternehmenseigene Anteil an der eigentlichen Produktion minimiert wird. Verlagert werden z.b. die Entwicklungsarbeit, Konstruktion, Logistik und Teile der Montage in Zulieferbetriebe. Mitarbeiter wurden nicht mehr nur als Mitdenker gesehen, sondern als Mitunternehmer begriffen. Dazu bedarf es einer Übertragung eines möglichst großen Aufgabenspektrums und Verantwortung auf die Mitarbeiter. Prozesse und Ressourcen werden dabei in den Mittelpunkt der Überlegungen gestellt. Mit der Einführung dieses Konzepts gehörten z.b. Qualitätskontrollen durch Spezialisten der Vergangenheit an bzw. wurden erheblich verringert, da sich die zuständigen Fertigungsteams mit dieser Aufgabe bereits während des Produktionsprozesses befassen. (Vgl. 2.3.4.2.) Mit der Verdichtung der Lieferantenbeziehungen wurde auch die Just in Time-Idee forciert.[124]

2.3.2. Merkmale und Ziele des KVP

Auf die Ziele des Vorschlagswesens wurde unter Punkt 2.1.2 bereits eingegangen. Die dort genannten Ziele treffen auf den kontinuierlichen Verbesserungsprozess ebenso zu, wie auf modernere Varianten des BVW. Nach Imai sind die Ziele des KVP: Erleichterung der Arbeit; Abschaffung von Schwerarbeit; Abschaffung von Missständen, Erhöhung der Arbeitssicherheit, Erhöhung der Produktivität, Verbesserung der Produktqualität, Einsparung von Kosten und Zeit.[125] Wesentliche Unterschiede zum BVW werden bei einer Betrachtung der Merkmale bzw. der Vorgehensweise von KVP sichtbar.

Kaizen (KVP) startet mit der Grundüberlegung bzw. Überzeugung, dass alles dem Zerfall preisgegeben ist und setzt, um dem entgegenzuwirken, an vier Dimensionen an.

2.3.2.1. Problemorientierung

Jedes Problem wird nach der Kaizenphilosophie als ein Potential aufgefasst, welches eine Verbesserung des bisherigen Zustandes erst ermöglicht. Ein Problem ist demnach nicht negativ anzusehen, sondern eine Chance sich zu verbessern. Es muss kein Lösungsweg von Einreichern mitgeliefert werden, die ein Problem finden konnten.[126] Wo keine Probleme existieren, kann es auch kein

---

[124] Vgl. Urban, C.: Das Vorschlagswesen, 1993, S. 53.
[125] Imai, M.: Kaizen, 1993, S. 148.
[126] Vgl. Wuppertaler Kreis e.V.: Ideenmanagement, 1997, S. 17.

Potential zur Verbesserung geben. Wichtig für die Umsetzung des Kaizen ist die Bereitschaft sich Probleme einzugestehen und dieses offen kommunizieren zu können. So dürfen Befürchtungen, die ein Arbeiter z.B. gegenüber seinem Meister hat nicht dazu führen, dass Probleme verheimlicht oder ignoriert werden. Probleme müssen also auch zugestanden werden.[127]

2.3.2.2. Kundenorientierung

Nur zufriedene Kunden schaffen einen dauerhaften Wettbewerbsvorteil, daher steht die Befriedigung von Kundenbedürfnissen im Mittelpunkt der Kaizenaktivitäten. Die Kundenorientierung hat eine möglichst lebenslange Bindung des Kunden an das Unternehmen zum Ziel. Dies kann nur erreicht werden, wenn die Qualität des erzeugten Produktes oder der Dienstleistung dem Kundenwunsch entspricht. Der Qualitätsbegriff ist in diesem Zusammenhang noch um die interne Kundenperspektive zu erweitern. So werden auch die internen Kunden-Lieferantenbeziehungen unter dem Qualitätsgesichtspunkt gesehen. Entsprechend ist innerhalb dieser Beziehung stets auf ein aufdecken von Problemen und somit Verbesserungsmöglichkeiten zu achten.[128]

2.3.2.3. Prozessorientierung

Diese Dimension bezieht organisationstechnische Prozesse und Strukturen in die Vorgehensweisen mit ein und meint dabei die Problematik, dass Prozesse oftmals nicht innerhalb einer organisatorischen Einheit abgeschlossen werden, sondern sich unter Umständen über mehrere Unternehmensbereiche erstrecken. Abteilungsübergreifende, ganzheitliche Denkweisen werden als Voraussetzungen für umfangreiche Verbesserungen erkannt. Erforderlich ist eine funktionsübergreifende Zusammenarbeit (Gruppenarbeit), damit für jeden Mitarbeiter der Blick für ein Ganzes gewahrt ist. Häufig wissen Mitarbeiter nicht, welche Tätigkeiten ihre Kollegen an der nächsten Stelle im Prozess ausüben. So kann ein vorgelagerter Mitarbeiter in einer Prozesskette keine Verbesserungen im Hinblick auf den folgenden Prozessschritt formulieren bzw. Probleme erkennen.[129] Kaizen strebt eine ausführliche Betrachtung der Prozesse an und ist nicht ausschließlich ergebnisorientiert.[130]

2.3.2.4. Mitarbeiterorientierung

Der Qualitätsbegriff beinhaltet den Faktor Mensch und alle Aspekte des menschlichen Verhaltens. Wichtiges Ziel ist die Steigerung der Eigenverant-

---

[127] Vgl. Imai, M.: Kaizen, 1993, S. 201 f.
[128] Vgl. Sebestyen, O.: Managementgeheimnis Kaizen, 1994, S. 18 ff.
[129] Vgl. Imai, M.: Kaizen, 1993, S. 62 f.
[130] Vgl. Winzer, O.: Erfolgsfaktor Ideenmanagement, 2003, S. 31.

wortlichkeit der Mitarbeiter und ihre Fähigkeit, Probleme zu erkennen und zu analysieren und unmittelbar durch Kurzfristmaßnahmen zu beseitigen, sowie Fehlerwiederholungen vorzubeugen. Benötigt werden Mitarbeiter, die handeln und mitdenken.[131]

Kaizen hat das Ziel alle Mitarbeiter eines Unternehmens in den Prozess der Problemfindung bis hin zur Ideenfindung einzubeziehen. Es sind die Mitarbeiter, die ihren Arbeitsbereich am besten kennen und somit am ehesten in der Lage sind Probleme zu erkennen. Der Erfolg von Kaizen (KVP) hängt stark von der Denk- und Handlungsweise der Mitarbeiter ab. Es ist sehr wichtig, dass es gelingt die Mitarbeiter von dem Instrument KVP zu überzeugen. Weiterhin müssen sie für Verbesserungspotentiale sensibilisiert werden, die in ihrem Arbeitsbereich und darüber hinausgehend liegen können. Es bedarf neben Anreizen, die eine motivierende Wirkung haben, auch eines Managements, das diese Philosophie vorlebt.[132]

Kaizen ist ein Veränderungsprozess der auf verschiedenen Ebenen Anwendung findet.[133] Imai unterscheidet drei Träger auf die sich Kaizen aufteilt.[134] Neben dem managementorientierten Ansatz, sind der gruppen- und personenorientierte Ansatz hervorzuheben zu nennen und werden im Folgenden kurz erläutert.

2.3.2.5. Managementorientierter Ansatz

Unter Kaizen versteht man ein umfassendes Konzept, welches das gesamte Spektrum des Geschäftslebens einschließt. Im Hinblick auf den managementorientierten Kaizen-Ansatz bedeutet dies zum einen, dass das Management die ihm obliegenden Aufgaben ebenfalls nach dem Schema der ständigen Verbesserung hinterfragt. Zum anderen, bezogen auf Kaizen-Aktivitäten im Unternehmen, gehört es zu den wichtigsten Aufgaben des Managements, eine Verbesserung des Systems herbeizuführen. Dazu ist es erforderlich innerhalb der wichtigen Bereiche Planung, Steuerung, Entscheidungsfindung, Organisation und Information anzusetzen, um die strategische Grundrichtung des Unternehmens in geeigneter Weise zu stützen.[135] Kommt es im Unternehmen zu Kaizen-Projekten, die mehrere Abteilungen betreffen, hat das Management die Aufgabe diese funktionsübergreifenden Aktivitäten entsprechend zu leiten und Schnittstellenkomplikationen zu beseitigen. Außerdem muss das Management über die verschiedenen Ansatzpunkte für eine Aufrechterhaltung der Arbeitsmoral wie auch des Fortschritts sorge tragen. In japanischen Unternehmen ist es durchaus üblich, dass

---

[131] Vgl. Wuppertaler Kreis e.V.: Ideenmanagement, 1997, S. 13 ff.
[132] Vgl. ebd., S. 17.
[133] Vgl. Winzer, O.: Erfolgsfaktor Ideenmanagement, 2003, S. 32.
[134] Vgl. Imai, M.: Kaizen, 1993, S. 112.
[135] Vgl. ebd., S. 126.

sich Manager bis zu 50% (!)[136] ihrer Zeit mit Verbesserungsideen beschäftigen. Je höher ein Manager in der Unternehmenshierarchie angesiedelt ist, desto intensiver soll er sich Verbesserungsideen widmen. Eine solche Grundhaltung ist maßgeblich für den Erfolg des kontinuierlichen Verbesserungsprozess. Bei diesen hohen Anforderungen ist ein reicher Erfahrungsschatz in Problemlösung und professionelles sowie technisches Wissen auf Seiten des Managements unabdingbar.[137]

2.3.2.6. Personenorientierter Ansatz

Dieses Segment ist eine Stütze der Zielrichtung, dass sich alle im Unternehmen tätigen Akteure aktiv am Verbesserungsprozess beteiligen sollen. Imai bezeichnet das Vorschlagswesen als integralen Bestandteil des personenorientierten Kaizen[138] In Japan wird das Instrument Vorschlagswesen oftmals als eine Möglichkeit betrachtet, welches das Interesse der Mitarbeiter an der Thematik des Kaizen fördert, wobei der wirtschaftliche Aspekt zunächst im Hintergrund steht. Alle werden zur Abgabe von Vorschlägen ermutigt, auch wenn der Nutzen auf den ersten Blick gering scheint. Es geht also primär um die motivierende Wirkung. Dabei sollen die Mitarbeiter ihre Ideen möglichst direkt mit ihrem Vorgesetzten besprechen, welcher in den Vorschlagsaktivitäten insb. den Vorteil sieht, dass sich die Mitarbeiter zu kaizenorientierten und selbstdisziplinierten Mit-Unternehmern entwickeln.[139]

Ein wesentlicher Grund, weshalb die Integration des KVP in das Ideenmanagement westlicher Orientierung oftmals als Weiterentwicklung bezeichnet wird, liegt in der Tatsache, dass mit dem KVP die Beschränkung aufgehoben wurde Vorschläge nur zu anderen Arbeitsbereichen abzugeben, wie es im BVW gedacht war. Mit dem KVP weicht man davon ab, Verbesserungen des eigenen Arbeitsbereiches nicht anzuerkennen. Das Prinzip folgt der Logik, dass ein Jeder in seinem Arbeitsbereich am besten beurteilen kann, wo Probleme zu finden und dementsprechend zu verbessern sind.

2.3.2.7. Gruppenorientierter Ansatz

Aufgrund der Komplexität von Produkten, Dienstleistungen und Prozessen, ist es für einen einzelnen Mitarbeiter schwer den Überblick zu behalten. Er kann oft nicht den Gesamtzusammenhang erkennen, damit fällt auch das Einreichen von Verbesserungsvorschlägen sehr schwer. Hier setzen die Gruppen- bzw. Teamkonzepte an. Sie ermöglichen, durch die Kooperation mehrerer Mitarbeiter, In-

---

[136] Vgl. Fischer, R.; Frey, D.; Winzer, O.: Mitdenken lohnt sich – für alle!, 1996, S. 11.
[137] Vgl. Imai, M.: Kaizen, 1993, S 113 f.
[138] Vgl. ebd., S. 145.
[139] Vgl. Imai, M.: Gemba Kaizen, 1997, S. 25.

stanzen oder ganzer Ressorts, die Formulierung, Begutachtung und Anwendung von Verbesserungen im Rahmen des KVP.[140] Auch die hier zum Einsatz kommenden Kreativitätstechniken wirken sich neben der Sachorientierung (Verbesserung eines Produktes oder eines Prozesses) auf die Zusammenarbeit im Betrieb positiv aus. Es werden Abschottungen verringert und ein offener Umgang miteinander vorangetrieben. Es werden Freiräume für schöpferisches Denken und die Entwicklung von Ideen geschaffen, was wiederum positive Auswirkungen auf die Motivation der Belegschaft nach sich zieht. Zudem werden Mitarbeiter Neuerungen gegenüber aufgeschlossener und Talente innerhalb der Gruppenaktivitäten entdeckt und können weiter gefördert werden.[141]

Gruppenkonzepte sorgen dafür, dass vorhandenes Wissen durch den Austausch unterschiedlicher Wissensträger angewendet wird und so eine Wissenserweiterung eintritt, also neues Wissen hinzukommt.[142]

Neben dem Erkennen von Zusammenhängen bieten Gruppenkonzepte den Mitarbeitern die Möglichkeit ihre Fach-, Methoden-, Sozial- und Persönlichkeitskompetenz einzubringen und weiterzuentwickeln:
- Fachkompetenz stellt das fachliche Wissen und Fähigkeiten dar.
- Unter Methodenkompetenz wird die Fähigkeit verstanden Probleme zu erkennen, zu strukturieren, zu hinterfragen und zu lösen.
- Die soziale Kompetenz zeigt sich in der Fähigkeit sich situations- u. personenbewusst zu verständigen. Empathie und Kompromissfähigkeit zählen zu den wichtigen Merkmalen.
- Persönlichkeitskompetenz beschreibt die Bereitschaft Verantwortung zu übernehmen und das Handeln gemäß der eigenen Überzeugung.

Man geht davon aus, dass die unterschiedlichen Kompetenzbereiche in der Gruppe verbessert werden[143] und Gruppenleistungen gegenüber Einzelleistungen mehr Erfolg versprechen.[144]

Es sei ergänzend hinzugefügt, dass KVP den Einsatz jedes einzelnen Mitarbeiters anstrebt und Gruppenkonzepte eine Möglichkeit bieten, dies zu erreichen. Reicht ein Mitarbeiter einen Vorschlag aus seinem Tätigkeitsgebiet ein, dessen Vorteile offensichtlich und sofort umsetzbar sind, ist eine Erarbeitung in Gruppen nicht erforderlich. Dieser Hinweis scheint angebracht, da die Literatur teilweise den Eindruck erweckt, dass der KVP einen Prozess darstellt, der aus-

---

[140] Vgl. Wuppertaler Kreis e.V.: Ideenmanagement, 1997, S. 23.
[141] Vgl. Imai, M.: Gemba Kaizen, 1997, S. 131.
[142] Vgl. Witt, J.; Witt, T.: Der Kontinuierliche Verbesserungsprozess (KVP), 2006, S. 33.
[143] Vgl. Wuppertaler Kreis e.V.: Ideenmanagement, 1997, S. 25.
[144] Vgl. Brandt, O.: Das Betriebliche Vorschlagswesen, 2007, S. 57.

schließlich durch Gruppen initiiert wird. So sagt Neckel in dem Zusammenhang: „Ideen entstehen systematisch durch institutionalisierte, moderierte Gruppen."[145]

2.3.3. PTCA-Zyklus

Zu einem der wichtigsten Instrumente im KVP ist der PTCA- Zyklus geworden. Es handelt sich dabei um eine Weiterentwicklung des Deming-Rades, in welchem Deming ursprünglich auf die Wichtigkeit von ständiger Interaktion zwischen den Bereichen Forschung, Entwicklung, Produktion und Verkauf hinwies, um eine den Kunden zufrieden stellende Qualität zu erreichen.[146] Der Zyklus ist eine Abfolge von Aktivitäten, die zu einer Verbesserung führen sollen. Der Zyklus beginnt mit einer Analyse der derzeitigen Situation (Planen). In dieser Phase sollen Probleme, Barrieren und Störungen wahrgenommen sowie Daten zur Ursachenforschung gesammelt werden, die zur Ausarbeitung eines Verbesserungsplanes dienen. Wenn korrigierende Maßnahmen ausgearbeitet sind, werden sie umgesetzt (Tun). In der nächsten Phase wird geprüft, ob die gewünschten Verbesserungen in der Umsetzungsphase eingetreten sind (Checken). Sind die Ergebnisse positiv zu bewerten, werden die neuen Methoden (das Tun) als Standard festgelegt, d.h. über Anweisungen wird sichergestellt, dass nach der neuen Vorgehensweise gearbeitet wird (Aktion).[147] In Tabelle 4 ist das Schema des Ablaufs dargestellt.

Tabelle 4: Der PTCA-Zyklus[148]

Schritt	Inhalte und Methoden
P = Planen	Planung, wie man einen Zustand zum Positiven hin verändern kann. Stimmt die Praxis mit Zielen und Vorgaben überein? Werkzeuge: z.B. Strichlisten, Streudiagramm, Ursache – Wirkungsdiagramm, Prüfformulare. Ausarbeitung eines Verbesserungsplans durch 5 – W – Fragen: Wer? Was? Warum? (bis) Wann? Wie? Messbarkeit der Ergebnisse berücksichtigen.
T = Tun	Durchführung der Änderung

---

[145] Neckel, H.: Modelle des Ideenmanagements, 2004, S. 16.
[146] Vgl. Imai, M.: Kaizen, 1993, S. 32.
[147] Vgl. Imai, M.: Kaizen, 1993, S. 87 ff.
[148] Steinacker, C.; Westfal, U.; Zwenger, G.: Leitfaden zur Einführung von KVP, 1997, S. 28.

C = Checken	Überprüfung der Verbesserung: Wurde das Ziel erreicht? Erste-Hilfe-Maßnahmen bei Problemen. Ursache für Probleme suchen und beseitigen.
A = Aktion	Absicherung der Prozesse, Fehlervorbeugung. Erhöhung des Standards an dieser Prozessstelle. Festlegen des neuen Standards
	Start des neuen PTCA-Zyklus

Entscheidend ist, dass die Festlegung eines neuen Standards den nächsten Ausgangspunkt eines neuen Zyklus bildet. Die Durchführung des PTCA-Zyklus ist als Prozess zu begreifen, der nicht endet. Neue Standards sind lediglich als Herausforderung für einen nächsten PTCA-Zyklus zu verstehen, der einen noch besseren Standard hervorbringen soll. Es hier jedoch auf die Einschränkung nach Imai hinzuweisen, der betont, dass sich an den PTCA-Zyklus auch immer eine Phase der Stabilisierung (STCA = Standardisieren, Tun, Check, Aktion) anschließen sollte, in der es zunächst um die Erhaltung eines neu erreichten Standards geht.[149]

2.3.4. Gruppenkonzepte

Einige Vorteile, die sich durch Gruppenarbeit ergeben können, wurden unter Punkt 2.3.2.7. bereits erläutert. Durch die Beteiligung von mehreren Personen kann der Problemfindungs- bzw. Lösungsprozess intensiviert und in qualitativer Hinsicht gesteigert werden. Zudem kann man eine Gruppe als Ideenpool betrachten, in welchem vorhandene Informationen, Erfahrungen und das Wissen aller Beteiligten mit einfließt. Aus diesem Pool ergeben sich unter Umständen wertvolle Verknüpfungen und Lösungsansätze, die schließlich zu Innovationen führen können.[150]

Unterscheiden lassen sich Gruppenkonzepte als Teil der regulären Arbeitszeit und als Ergänzung der regulären Arbeitszeit. Zwei bekannte Beispiele werden unten aufgeführt.

2.3.4.1. Qualitätszirkel

Qualitätszirkel ergänzen die reguläre Arbeit. Es sind Kleingruppen, die auf Dauer angelegt sind. Mitarbeiter einer Hierarchieebene, die über ähnliche Erfah-

---

[149] Vgl. Imai, M.: Kaizen, 1993, S. 90 f.
[150] Vgl. Bumann, A.: Das Vorschlagswesen, 1991, S. 244.

rungswerte verfügen, kommen auf freiwilliger Basis in regelmäßigen Abständen zusammen. Sie analysieren gemeinsam Themen des eigenen Arbeitsbereichs unter Anleitung eines geschulten Moderators und unter Zuhilfenahme von speziellen, zuvor erlernten Problemlösungs- u. Kreativitätstechniken, um Lösungsvorschläge zu erarbeiten und zu präsentieren. Die Moderatorenfunktion wird in der Praxis zumeist von Mitgliedern der Unternehmen wahrgenommen. Nur in seltenen Fällen werden externe, also speziell geschulte, Moderatoren hinzugezogen. Als Ziel gilt eine unternehmensweite Verbesserung der Qualität in der Leistungserstellung zur Befriedigung von Kundenbedürfnissen, aber auch Kostenreduzierung, Verbesserung der Arbeitssicherheit und Arbeitsorganisation.[151]

In großen Unternehmen existieren mehrere Qualitätszirkel. Koordinatoren übernehmen eine Bindegliedfunktion zwischen dem Management und dem Qualitätszirkel. Übergeordnet steht ein Hauptkoordinator, welcher den Kontakt mit einzelnen Koordinatoren und ihren Qualitätszirkeln herstellt. Noch einmal übergeordnet steht schließlich ein Steuerungsteam, in dem aus allen relevanten Unternehmensbereichen Vertreter sitzen und ggf. Mitglieder der Unternehmensleitung. Das Steuerungsteam legt die grundsätzliche Leitlinie fest.[152]

Der Ablauf des Qualitätszirkels folgt dem PTCA-Zyklus (vgl. 2.3.3.) und durchläuft die Phasen: Problemsammlung, Problemanalyse, Erarbeiten von Lösungsalternativen, Bewerten der Lösungsvorschläge, Beschluss über Lösungsvorschläge, Präsentation, Realisation und Kontrolle über die eingeführten Lösungen. Qualitätszirkel gelten als das klassische Gruppenkonzept im Rahmen von KVP.

Merkmale des Qualitätszirkels:
- 5–10 freiwillige Mitglieder aus dem gleichen Arbeitsbereich,
- Themen werden selbst gewählt,
- Leitung durch Moderator und Beratung durch Spezialisten,
- Selbstständige Umsetzung von erarbeiteten Lösungen.

Vorteile des Qualitätszirkels sind die gegenseitige Förderung und das Erlernen von Kooperations-, Kreativitäts- u. Problemlösungstechniken. Das Vorgehen ist ziel- und problemlösungsorientiert. Motivation entsteht durch die kontinuierliche Zusammenarbeit im Kollegium. Ein Qualitätszirkel setzt aber auch hohe Anforderungen an Führungskräfte, denn es wird ein partizipativer Führungsstil vorausgesetzt, damit der Zirkel erfolgreich beendet werden kann. Qualitätszirkel

---

[151] Vgl. Sebestyen, O.: Managementgeheimnis Kaizen, 1994, S. 45.
[152] Vgl. Wuppertaler Kreis e.V.: Ideenmanagement, 1997, S. 27.

2. Genese des Ideenmanagements 67

können nur erfolgreich sein, wenn sie Teil einer auf ständige Verbesserung gerichteten Unternehmenspolitik sind.[153]

2.3.4.2. Teilautonome Arbeitsgruppen

Dieses Gruppenkonzept findet seine Anwendung meist in produzierenden Unternehmen. Die Gruppe übernimmt dabei einen Teil des unternehmerischen Leistungserstellungsprozesses selbstständig (z.b. die Herstellung eines Motors bis hin zur Produktion eines ganzen Autos)[154], indem sie eigenständig organisieren und Aufgaben bewältigen. Die Mitglieder können durch Job-Rotation verschiedene Tätigkeiten übernehmen, was auch im Krankheitsfalle eines Mitarbeiters von Vorteil sein kann. Der Gruppe werden für ihren Arbeitsbereich die notwendigen Handlungs- und Entscheidungsspielräume zur Verfügung gestellt. Aufbau- und Ablauforganisation innerhalb des Aufgabenbereiches der Gruppe werden bis zu einem gewissen Grade selbst erledigt. Die übergeordnete Zielsetzung erfolgt durch die Unternehmensleitung, ebenso wie die Erfolgskontrolle. Tätigkeiten wie Instandhaltung, Qualitätssicherung, Logistik, Urlaubsplanung, Mitarbeiterausbildung und Personalentwicklung werden innerhalb des zugeteilten Aufgabenbereiches selbstständig erledigt.[155] Insbesondere die Übersicht über die Ware wird hier ermöglicht, da die Mitarbeiter nicht nur für einen kleinen Teil der Leistungserstellung verantwortlich sind, sondern innerhalb der Gruppe für einen wesentlichen Teil. So steigt die Identifikation, da sich ein Gesamtzusammenhang erkennen lässt.[156]

In Bezug auf Ideenmanagement wird eine solche Fertigungsgruppe durch anspruchsvolle Produktionsziele dazu angespornt, sich kontinuierlich zu verbessern. Hierzu finden Gespräche in der Gruppe statt, die aufgrund der flexibleren Zeitgestaltung bedarfsgerecht in den Arbeitsablauf eingepasst werden können. Verbesserungsaktivitäten sind also ein fester Bestandteil teilautonomer Arbeitsgruppen.[157]

Merkmale der Teilautonomen Arbeitsgruppe:
- 5–10 Mitglieder aus der gleichen Hierarchieebene,
- Dauerhafte Zusammenarbeit und gemeinsame Problemlösungen in einem Teilbereich der Leistungserstellung,
- Selbstorganisation der Gruppe.

---

[153] Vgl. Wuppertaler Kreis e.V.: Ideenmanagement, 1997, S. 27.
[154] Vgl. Sebestyen, O.: Managementgeheimnis Kaizen, 1994, S. 39.
[155] Vgl. Wuppertaler Kreis e.V.: Ideenmanagement, 1997, S. 101.
[156] Vgl. Wuppertaler Kreis e.V.: Ideenmanagement, 1997, S. 26.
[157] Vgl. Neckel, H.: Modelle des Ideenmanagements, 2004, S. 49.

Ein Vorteil ist die Beseitigung von Problemen durch Mitarbeiter, die sich kontinuierlich mit ihrem Bereich auseinandersetzen. Es ist eine kurzfristige Anpassung an neue Zielvorgaben möglich und auf Störungen kann schnell reagiert werden. Erforderlich sind umfangreiche Qualifikationen der Mitarbeiter bezüglich fachlicher, methodischer, sozialer und persönlicher Kompetenz. Einsetzbar sind solche Gruppen wegen hoher Produktkomplexität oft nur in Teilbereichen.[158]

2.3.5. Innovation in Verbindung mit KVP

Imai vergleicht zwei Managementkonzepte, die Unternehmen zum Erfolg führen. Das japanische Konzept und das westliche Konzept. Wobei Kaizen, als das japanische Konzept, die Art des prozessorientierten Denkens – eine Veränderung in kleinen Schritten ist und der westliche Weg, die Innovation, der Weg des ergebnisorientierten Denkens – eine durch große Fortschritte darstellt. Er gelangt jedoch zu dem Schluss, dass auch bei einer Betonung von Kaizen der Wert von Innovationen nicht außer Acht gelassen werden kann und der Schlüssel für ein wettbewerbsfähiges Fortbestehen eines Unternehmens in einer Mischung der Denkweisen bzw. Instrumentarien liegt.[159]

Eine Innovation kann einen bedeutenden Fortschritt und weitreichende Veränderungen für Unternehmen zur Folge haben und ist für den Erhalt der Wettbewerbsfähigkeit unentbehrlich. Dabei wird die Innovation z.B. dadurch gekennzeichnet, dass sie kurzfristig, aber dramatisch verläuft; große Schritte vollzieht, der zeitliche Rahmen unterbrochen und befristet und die Erfolgschance abrupt und unbeständig ist. Eine Innovation lässt sich mit einem Sieg in einem Kurzstreckenlauf vergleichen. Sie führt zwar zum Erfolg, jedoch kann die Innovation keine kontinuierlichen Spitzenergebnisse gewährleisten. Ohne ein Training, um bei dem Bild zu bleiben, werden bald Konkurrenten das Siegertreppchen besteigen. In der folgenden Tabelle sind die wesentlichen Unterschiede von Innovation und Kaizen aufgeführt.

Bei Betrachtung der Unterschiede wird klar, dass KVP praktisch genau dort ansetzt, wo Innovation aufhört. KVP versucht den erreichten Standard aufrecht zu erhalten und in kleinen Schritten zu verbessern, um so den Verfall, dem eine Innovation ausgesetzt ist, entgegenzuwirken. KVP und Innovation sollten als sich ergänzendes Paar, welche sich nicht gegenseitig ausschließen, sondern ergänzen, gesehen werden.[160]

---

[158] Vgl. Wuppertaler Kreis e.V.: Ideenmanagement, 1997, S. 23.
[159] Vgl. Imai, M.: Kaizen, 1993, S. 15 ff.
[160] Vgl. Japan Human Relations Association, S. 39 ff.

2. Genese des Ideenmanagements

Tabelle 5: Gegenüberstellung von Kaizen und Innovation[161]

	Kaizen	Innovation
1. Effekt	langfristig und andauernd, aber undramatisch	kurzfristig aber dramatisch
2. Tempo	kleine Schritte	große Schritte
3. Zeitlicher Rahmen	kontinuierlich und steigend	unterbrochen und befristet
4. Erfolgschance	gleich bleibend hoch	abrupt und unbeständig
5. Protagonisten	jeder Firmenangestellte	wenige "Auserwähle"
6. Vorgehensweise	kollektivgeist, Gruppenarbeit, Systematik	"Ellbogenverfahren", individuelle Ideen und Anstrengungen
7. Devise	Erhaltung und Verbesserung	Abbruch und Neuaufbau
8. Erfolgsrezept	konventionelles Know-how und jeweiliger Stand der Technik	technologische Errungenschaften, neue Erfindungen, neue Theorien
9. Praktische Voraussetzungen	kleines Investment, großer Einsatz zur Erhaltung	großes Investment, geringer Einsatz zur Erhaltung
10. Erfolgsorientierung	Menschen	Technik
11. Bewertungskriterien	Leistung und Verfahren für bessere Ergebnisse	Profitresultate
12. Vorteil	hervorragend geeignet für langsam ansteigende Wirtschaft	hauptsächlich geeignet für rasch ansteigende Wirtschaft

Während Innovation einen punktuellen Erfolg darstellt, der sich durch starke Konkurrenz und einen sich verschlechternden Standard verringert, handelt es sich beim KVP um ein stetiges, mit Synergieeffekten einhergehendes Bestreben, welches im Laufe der Zeit zum Erfolg führt.[162] Wahren geht soweit zu behaupten, dass KVP als Feintuning von Innovationen eventuell erst große Veränderungen wirksam werden lässt.[163]

Ab dem Zeitpunkt der Etablierung einer Innovation ist sie dem Verfall preisgegeben und schon die Erhaltung des Standards kann nicht ohne zusätzliche Maßnahmen gewährleistet werden. Mit Kaizen (KVP) kann die Innovation über den gesamten Lebenszyklus des Produkts oder der Dienstleistung begleitet werden und so nicht nur zu einer Erhaltung des Standards, sondern auch zu einer

---

[161] Vgl. Imai, M.: Kaizen, 1993, S. 48.
[162] Vgl. Imai, M.: Kaizen, 1993, S. 51.
[163] Vgl. Wahren, H.-K.: Erfolgsfaktor KVP, 1998, S. 10.

70   2. Genese des Ideenmanagements

Verbesserung der Innovation in kleinen Schritten führen. (vgl. folgende Abbildung).

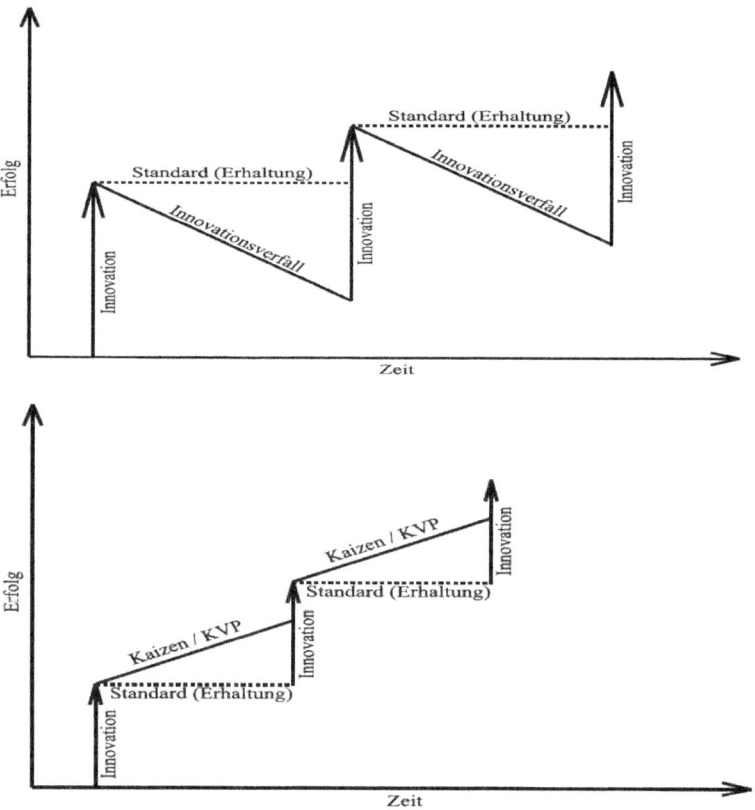

Abbildung 10: Innovation ohne und mit Kaizen[164]

2.4. Ideenmanagement vs. Innovationsmanagement

Einen besonderen Entwicklungsschub erlebt das Ideenmanagement durch die fortlaufende Etablierung des Innovationsmanagements als festen Bestandteil der Unternehmensstrategie in der globalen Wissensgesellschaft. Es ist wichtig, die Begriffe Innovationsmanagement und Ideenmanagement von einander abzu-

---

[164] Vgl. Imai, M.: Kaizen, 1993, S. 51.

grenzen und auf deren Wirkungsweisen zu untersuchen. Als Schlüsselbegriff wird zunächst der Begriff Innovation erläutert. Weitaus wichtiger als eine Separation der Begriffsdefinitionen von Innovations- und Ideenmanagement, ist jedoch das Verständnis des Zusammenspiels dieser Instrumente und ihrer wechselseitigen Nutzen. Beide Instrumente zielen auf die Nutzung der Unternehmensintelligenz ab und bewirken sich gegenseitig.

2.4.1. Der Begriff „Innovation"

Hauschildt beschreibt Innovationen als „im Ergebnis qualitativ neuartige Produkte oder Verfahren, die sich gegenüber dem vorangegangenen Zustand merklich (…) unterscheiden."[165] Zur Abgrenzung des Innovationsgehalts werden verschiedene Dimensionen herangezogen, in denen Fragen gestellt werden. Was ist neu? (Die inhaltliche Dimension); Für wen ist etwas neu? (Die subjektive Dimension); Wo beginnt und wo endet die Neuerung? (Die prozessuale Dimension);[166] Wie neu ist etwas? (Die intensitätsmäßige Dimension).[167] Anhand der Zusammenfassung dieser Dimensionen und ihren Fragen lässt sich bestimmen, wie innovativ etwas ist. Wichtig ist die Tatsache, dass ein reines Hervorbringen von Ideen noch keine Innovation ist. Erst die Nutzung oder der Verkauf machen aus einer Invention (Idee) eine Innovation.[168] Der Vater des Innovationsbegriffs Joseph Schumpeter („Theorie der wirtschaftlichen Entwicklung", 1911) hat es treffend formuliert: Innovation ist die Durchsetzung einer technischen oder organisatorischen Neuerung, nicht allein ihre Erfindung.[169]

Werden Ideenmanagement und Innovationsmanagement unabhängig von einander betrachtet, wird hier ein Aspekt deutlich, wo sie sich von einander unterscheiden. Im Ideenmanagement geht es nicht darum verkaufsfertige Produkte oder Dienstleistungen hervorzubringen, sondern diese durch eine Invention anzustoßen oder einen gegenwärtigen Zustand zu verbessern. Innerhalb des Innovationsprozesses kann Ideenmanagement jedoch als Teilphase verstanden werden, welche primär die Felder der Ideengewinnung-, Erfassung und Speicherung abdeckt (s. Kap. 2.4.3). Auch anhand der Erscheinungsformen von Innovation lässt sich dieser Unterschied veranschaulichen:

- Bei **Produktinnovationen** ist die Neuerung eine absatzfähige Leistung einer Organisation. Sie erlaubt dem Benutzer der Innovation, neue Zwe-

---

[165] Hauschildt, J.: Innovationsmanagement, 1997, S. 6
[166] Vgl. Hauschildt, J.: Innovationsmanagement, 1997, S. 7.
[167] Vgl. Corsten, H; Gössinger, R; Schneider, H.: Grundlagen des Innovationsmanagements, 2006, S. 10 f.
[168] Vgl. Thom, N.; Etienne, M.: Effizientes Innovationsmanagement, 2000, S.1.
[169] Vgl. Vahs, D.; Burmester, R.: Innovationsmanagement, 1999, S. 3 und S. 43.

cke zu erfüllen oder vorhandene Zwecke in einer völlig neuen Art und Weise zu erfüllen. Das Wort Produkt schließt alle marktbezogenen Wirtschaftsgüter materieller und immaterieller Art (also auch Dienstleistungen) mit ein.[170]
- Die **Verfahrensinnovationen** bedeutet eine Veränderung im Prozess der Leistungserstellung. Durch neue Faktorkombination kann die Produktion eines Gutes kostengünstiger, qualitativ hochwertiger, sicherer oder schneller erfolgen.[171] Dabei kann es sich auch um eine Neuerung im kaufmännischen Bereich handeln.
- Die **Sozialinnovation** ist eine bewusst gestaltete Veränderung im Humanbereich. Diese Art der Innovation hat das Ziel, z.B. die Arbeitsplatzattraktivität zu steigern oder eine Stärkung der Mitarbeiteridentifikation mit den Unternehmenszielen zu erwirken.[172] Konkret sind Lohnsysteme, Arbeitszeitmodelle oder Aus- und Weiterbildungsmöglichkeiten zu nennen.

Bei Anblick der Erscheinungsformen der Innovationen wird verständlich, dass das Ideenmanagement mindestens zwei Innovationserscheinungen (Prozess- u. Sozialinnovation) ebenso für sich beansprucht, was die Zielerreichung betrifft. Lediglich die Neuentwicklung von Produkten und Dienstleistungen ist ein erklärtes Ziel des Innovationsmanagements, welches bei der Zielformulierung des Ideenmanagements nicht zu finden ist.

In der Vorgehensweise liegen Ideenmanagement und Innovationsmanagement nahezu auf einer Linie. Das lässt sich am Beispiel Qualitätszirkel bzw. Innovationszirkel verdeutlichen.

Die oben bereits erwähnten Qualitätszirkel, in denen eine kleine Gruppe von Mitarbeitern Probleme löst, die in ihrem Betriebsbereich angefallen sind, sind dem Innovationszirkel sehr ähnlich. Unterschiede liegen in der Zusammensetzung und Themenstellung. Die eigentliche Vorgehensweise bleibt identisch. Den Qualitätszirkeln liegt das Prinzip zugrunde, dass diejenigen, welche in einem Arbeitsbereich arbeiten, diesen auch am besten einschätzen und somit auch verbessern können. Die grundsätzliche Zielrichtung ist die Verbesserung der Leistungsfähigkeit des Unternehmens, was Qualität und Produktivität sowie die Förderung der Motivation betrifft.

Der Innovationszirkel ist eine Abwandlung des Qualitätszirkels. Zusammengesetzt wird der Innovationszirkel, im Gegensatz zum Qualitätszirkel, mit Mit-

---

[170] Vgl. Thom, N.: Effizientes Innovationsmanagement, 1997, S. 7.
[171] Vgl. Hauschildt, J.: Innovationsmanagement, 1997, S. 10.
[172] Vgl. Corsten, H.; Gössinger, R.; Schneider, H.: Grundlagen des Innovationsmanagements, 2006, S. 14.

2. Genese des Ideenmanagements

arbeitern unterschiedlicher Funktionsbereiche und Hierarchieebenen. Die Beteiligten sollen gezielt betriebliche Innovationsmöglichkeiten aufdecken. Innovationszirkel werden eingesetzt, um die Innovationspotentiale der Arbeitnehmer zu erkennen und im Hinblick auf Innovationen zu nutzen. In den Zirkeln werden z.b. Informationen zu Marktsituationen, Bedarfswandel, Entwicklungstendenzen und neuen Technologien gesammelt und Überlegungen angestrengt wie zu reagieren ist. Zur Vermeidung einer einseitig technischen oder absatzwirtschaftlichen Orientierung empfehlen Frey; Fischer; Winzer, dass bei der Zusammenstellung der Teilnehmer auf die Hinzunahme von Mitarbeitern z.B. aus Forschung und Entwicklung und aus Produktion und Vertrieb über mehrere Hierarchiestufen hinweg geachtet werden sollte.[173]

Anhand des Beispiels lässt sich bereits erkennen, dass es nicht zielführend sein kann, die Instrumente Innovationsmanagement und Ideenmanagement getrennt von einander zu betrachten, vielmehr stellt sich die Frage, wie die Instrumente einzuordnen sind, um einen ganzheitlichen Workflow von Invention bis Innovation zu erreichen. Eine derartige Einordnung kann erfolgen, wenn man Innovationsmanagement als den übergeordneten Begriff bzw. das übergeordnete Instrument versteht.

2.4.2. Der Begriff „Innovationsmanagement"

Eine der zentralen Fragestellungen ist in der heutigen Zeit nicht mehr, ob Innovationen notwendig sind, sondern welche Voraussetzungen geschaffen werden müssen, um effizient Innovationen zu ermöglichen und zu realisieren.[174] Die Erfordernis, dass Innovation systematisch vorbereitet, durchgeführt, koordiniert und kontrolliert wird, also effizient gestaltet wird, ergibt sich aus der für Unternehmen generellen Knappheit an finanziellen, materiellen wie auch personellen Ressourcen. Die Ressourcen zielgerichtet einzusetzen ist Aufgabe des Innovationsmanagements, wobei es alle Aktivitäten im Innovationsprozess bis hin zur Markteinführung eines Produkts einschließlich der Unterstützungsfunktion in den Bereichen Personalmanagement, Organisation, Rechnungswesen und Finanzierung mit einbezieht und somit umfassend ist.[175]

Neben diesen Anforderungen sind die folgenden Aufgaben als die wichtigsten des Innovationsmanagements zu nennen:
- Innovationsziele und –strategien festlegen und verfolgen
- Entscheidungen zur Durchführung von Innovationen unter wirtschaftlichen Gesichtspunkten treffen

---

[173] Vgl. Fischer, R.; Frey, D.; Winzer, O.: Mitdenken lohnt sich – für alle!, 1996, S. 28.
[174] Vgl. Thom, N.: Effizientes Innovationsmanagement, 1997, S. 5.
[175] Vgl. Vahs, D.; Burmester, R.: Innovationsmanagement, 1999, S. 45 f.

- Innovationsprozesse planen, steuern und kontrollieren
- Schaffung einer innovationsförderlichen Organisationsstruktur und -kultur durch entsprechende soziale Beziehungen
- Installation eines prozessumfassenden Informationssystems, welches einen möglichst zeitnahen Informationsaustausch zwischen allen Beteiligten und eine flexible Prozesssteuerung ermöglicht.[176]

2.4.3. Innovationsprozess

In der Literatur findet sich eine Vielzahl von Modellen, die den Innovationsprozess in verschiedene Phasen bzw. Aktivitäten einteilen, dabei unterscheidet sich die Anzahl der Abgrenzungen einzelner Stufen teilweise beträchtlich. Begründet wird die Vielfältigkeit zum einen dadurch, dass bestimmte Modelle der allgemeinen Veranschaulichung und leichten Übertragbarkeit dienen sollen und daher einfach gehalten sind. Zum anderen werden auch Phaseneinteilungen vorgenommen, die sich auf einzelne Innovationsbereiche (Sozial-, Prozess-, Verfahrensinnovation) oder auf bestimmte Branchen beziehen.[177]

Das Dreiphasenschema nach Thom (vgl. Abbildung) beschreibt drei Hauptphasen, wobei die Innovationsidee im Mittelpunkt des Prozesses steht. Erarbeitet wird die Idee in der Phase der Ideengenerierung. Es werden Suchfelder bestimmt und aus dem Pool gefundener Ideen Vorschläge abgeleitet. In der Phase der Ideenakzeptierung wird die Idee einer Prüfung unterzogen und eine konkrete Verwirklichung ausgearbeitet, indem Realisierungspläne erstellt werden. In der Phase fällt die Entscheidung für einen zu realisierenden Plan. Die letzte Phase wird durch die Ideenrealisierung repräsentiert und beinhaltet neben der Verwirklichung der neuen Idee auch den Absatz der Idee an einen Adressat und die Akzeptanzkontrolle. Es ist darauf hinzuweisen, dass in dem Modell auf die Darstellung von Rückkopplungen verzichtet wird, auch sind die Phasen in der Reihenfolge zeitlich und logisch strukturiert. In der Realität zeichnet sich ein Innovationsprozess jedoch z.B. durch Überlagerung der einzelnen Phasen und Aktivitäten aus, daher ist eine Trennung unter theoretischem Gesichtspunkt zu betrachten.[178] Im Innovationsprozess kann es ebenso zu Abbrüchen oder Wiederholungen kommen.

---

[176] Vgl Vahs, D.; Burmester, R.: Innovationsmanagement, 1999, S. 48.
[177] Vgl. Schachtner, K.: Ideenmanagement im Produktinnovationsprozess, 2000, S.37.
[178] Vgl. Jacobson, A.: Intelligenz von Unternehmen, 2000, S. 102.

2. Genese des Ideenmanagements

Phasen von Innovationsprozessen		
Hauptphasen		
1 Ideen-generierung	2 Ideen-akzeptierung	3 Ideen-realisierung
Spezifizierung der Hauptphasen		
1.1 Suchfeldbestimmung	2.1 Prüfung der Ideen	3.1 Konkrete Verwirklichung der neuen Idee
1.2 Ideenfindung	2.2 Erstellen von Realisierungsplänen	3.2 Absatz der neuen Idee an Adressat
1.3 Ideenvorschlag	2.3 Entscheidung für einen zu realisierenden Plan	3.3 Akzeptanzkontrolle

Abbildung 11: Dreiphasenmodell des Innovationsprozesses nach Thom[179]

Die Möglichkeit des Abbruchs wurde von Brockhoff berücksichtigt, der zudem zwischen einer geplanten und ungeplanten Innovation differenziert. Eine ungeplante Innovation stellt dabei eine Erfindung dar, die nicht die ursprünglichen Projektziele erfüllt, sondern zufällig entsteht. In weiteren Überlegungen unterscheidet Brockhoff die Innovation im engeren Sinne und im weiteren Sinne. Innovation im weiteren Sinn bezieht sich auf die Durchsetzungsfähigkeit einer Innovation am Markt, welche sich z.B. gegenüber Konkurrenten bewähren muss. In seinem Modell ist der Innovationsprozess nicht mit der Markteinführung beendet, sondern erst mit einer erfolgreichen Diffusion.[180]

Schmietow und Corsten entwickelten ein Phasenmodell, welches die Überlappung der verschiedenen Prozessschritte veranschaulicht und parallel laufende Aktivitäten berücksichtigt. Auch beginnt der Innovationsprozess in dem Modell, im Gegensatz zu den bereits erwähnten, nicht mit Phase der Ideengenerierung, sondern mit einer vorgelagerten Früherkennungsphase.[181]

Ähnlich, in dem Sinne, dass der Ideengenerierung Phasen vorausgehen, verfährt Herzhoff in ihrem Modell. Sie sieht in der Identifikation eines Innovationsbedarfs den Auslöser eines Innovationsprozesses. Dieser Prozess beginnt mit

---

[179] Vgl. Vahs, D.; Burmester, R.: Innovationsmanagement, 1999, S. 84.
[180] Vgl. ebd., S. 85 f.
[181] Vgl. Jacobson, A.: Intelligenz von Unternehmen, 2000, S. 104 f.

der Suche und Identifikation von Innovationsbedarf geht über in die Bestimmung des zu deckenden Innovationsbedarfs bis zur Deckung des Selbigen mit Hilfe der Ideengenerierung-, Bewertung-, Implementierung und schließt mit einer Kontrolle der Innovationsbedarfsdeckung.[182]

Vahs/Burmester haben diese unterschiedlichen Aspekte aufgegriffen und zusammengefasst und ein Modell entwickelt, dass mit der Phase des Innovationsanstoßes beginnt (s. Abbildung).

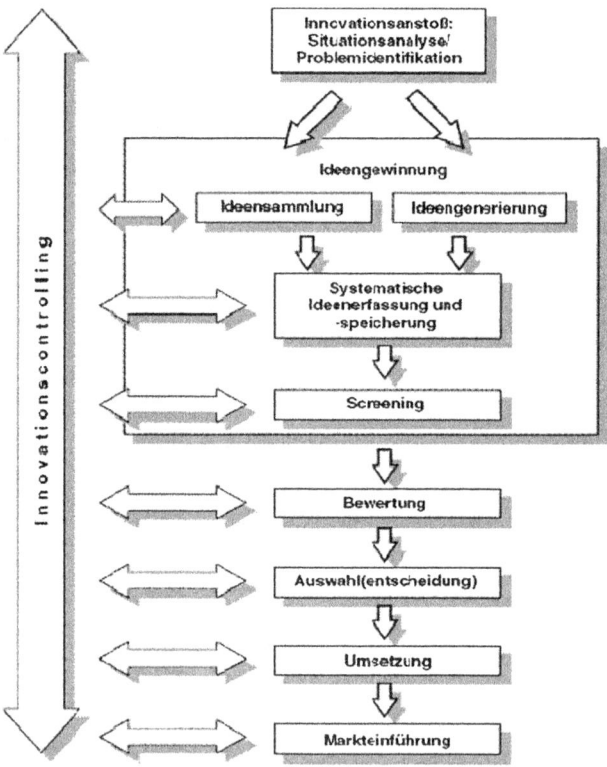

Abbildung 12: Grundschema des Innovationsprozesses nach Vahs/Burmester[183]

In der ersten Phase werden Überlegungen der Früherkennung und Identifikation von Innovationsbedarf gewissermaßen zusammengelegt. Sie weisen im ersten

---

[182] Vgl..Jacobson, A.: Intelligenz von Unternehmen, 2000, S. 105.
[183] Vahs, D.; Burmester, R.: Innovationsmanagement, 1999, S. 131.

Schritt auf die Wahrnehmung des Umfelds und die dort feststellbaren Entwicklungstendenzen hin, die mit Hilfe von Situationsanalysen ermittelt werden. Die Situationsanalyse dient der Ermittlung von Problemen, die sich aus den verändernden Bedingungen des Umfelds und dem Unternehmen selbst ergeben. Der eigentliche Anstoß bzw. Innovationsbedarf entsteht in ihrem Modell aus der Abweichung von dem in der Situationsanalyse ermittelten Ist-Zustand und dem angestrebten Soll-Zustand, der sich in den Unternehmenszielen- und Strategien findet. Die identifizierte Diskrepanz von Soll und Ist (Abweichung) gilt in der Folge als das erkannte Problem, welches einer Lösung zugeführt werden soll und somit als Ausgangspunkt eines zielgerichteten Innovationsprozesses.

Besondere Aufmerksamkeit erfährt in dem Modell die Phase der Ideengenerierung, in welcher gezielte Maßnahmen durchgeführt werden sollen, die der Gewinnung von Problemlösungsvorschlägen dienen. Als Quellen zur Lösung eines identifizierten Problems werden bereits bestehende Ideen von Kunden, Lieferanten, Mitarbeitern sowie Wettbewerbern angeführt, die gesammelt wurden. Eine weitere Quelle wird in der aktiven Ideengenerierung, unter Einsatz von Kreativitätstechniken, also der Entwicklung neuer Lösungsansätze gesehen.

Die entwickelten Ideen werden im nächsten Schritt systematisch in Ideendatenbanken erfasst und gespeichert, mit dem Ziel einen übersichtlichen und standardisierten Ideenpool herzustellen, der eine leichte Handhabung gewährleistet. Die Phase des Screenings soll dafür Sorge tragen, dass die ursprüngliche Problemstellung im Fokus und somit priorisiert bleibt, da in der Phase der Ideengenerierung auch für das akute Problem irrelevante Ideen entstehen können. Screening dient dem Zweck der Selektierung und sorgt dafür, dass sich die Ideen auf das konkrete Suchfeld beziehen. Im Anschluss erfolgt die Ideenbewertung, wobei erfolgversprechende Ideen herausgefiltert werden. Da es hier zu Fehleinschätzungen kommen kann, wird die Bewertung durch das Management bzw. Gremien aus Fach- und Führungskräften empfohlen. Aus den bewerteten Ideen wird eine Auswahl der umzusetzenden Alternativen getroffen und über die Umsetzung einer ausgewählten Alternative entschieden. Letztlich wird der Prozess mit der Umsetzung im Markt (Markteinführung), also der Verfügbarkeit der Innovation beim Kunden geschlossen. Im Modell wird der gesamte Prozess von einem Controlling begleitet. Hierdurch wird eine zentrale Planung, Steuerung, Koordination und Kontrolle gewährleistet, was die systematische und zielorientierte Durchführung des Innovationsprozesses ermöglicht.[184]

---

[184] Vgl. Vahs, D.; Burmester, R.: Innovationsmanagement, 1999, S. 88 ff.

2.4.4. Zusammenspiel zwischen Ideen- und Innovationsmanagement

Im vorangegangenen Kapitel wurde auf das Ideenmanagement als Gestaltungsinstrument eines intelligenten Unternehmens hingewiesen. Ideenmanagement, mit der Aufgabe neues Wissen zu aktivieren oder das Wissen und die Kreativitätspotentiale von internen und externen Akteuren zu erschließen, kann die Abweichung von Unternehmenswissen und Mitarbeiterwissen verringern bzw. die Schnittmenge des zugänglichen Wissens vergrößern. In gleicher Weise ist das Ideenmanagement innerhalb des Innovationsprozesses zu sehen. Wurde im Rahmen des Innovationsprozesses ein Innovationsbedarf ausgemacht z.B. durch Früherkennung, Problem- und Situationsanalyse, beginnt der Prozess des Ideenmanagements, welches sich mit der Ideengenerierung und Ideensammlung befasst, also der Gewinnung von Ideen und so den systematischen Innovationsprozess unterstützt, um das zugängliche Wissen in Bezug auf den Innovationsprozess zu vergrößern.

Wie bereits erwähnt, sind Abgrenzungen von Phasen und Aktivitäten in den verschiedenen Modellen des Innovationsprozesses nur eingeschränkt möglich oder wurden aufgrund unterschiedlicher Betrachtungsweisen uneinheitlich gewählt. Dies gilt in gleicher Weise für die Einordnung des Ideenmanagements in den gesamten Prozess. So ist es als eine Ermessensfrage anzusehen, inwieweit man dem Ideenmanagement weitere Aufgaben oder Phasen zurechnen möchte, wie z.B. Ideenbewertung- und Auswahl.

Stellvertretend für die zahlreichen ähnlichen Ansätze beschreibt Schachtner die theoretische Grenzlinie zwischen dem letzten Ideenprozess, der Ideenauswahl und der in seinem Modell folgenden Projektbildung, mit der Begründung, dass ab diesem Zeitpunkt die Idee nicht mehr im Vordergrund steht.[185] Sobald man sich für eine bestimmte Idee entschieden hat, endet der Geltungsbereich des Ideenmanagements und beginnt das eigentliche Innovationsmanagement, als die „Durchsetzung einer Idee" nach Schumpeter (vgl. Kapitel 2.4.1.).

In diesem Sinn wird die Phase des Ideenmanagements als Bestandteil des Innovationsmanagements in vielen gängigen Lehrbüchern über Innovationsmanagement definiert und spezifiziert (vgl. folgende Tabelle). Demnach ist das Ideenmanagement innerhalb eines Innovationsprozesses eine systematische Arbeit an und mit Ideen (inklusive der Ideengewinnung, -sammlung, -verdichtung und -bewertung) in Bezug auf einen bestimmten Innovationsbedarf.

---

[185] Vgl. Schachtner, K.: Ideenmanagement im Produktinnovationsprozess, 2000, S.39.

2. Genese des Ideenmanagements

Tabelle 6: Methoden und Informationsquellen des Ideenmanagements[186]

	Intern	Extern
Ideen entwickeln und sammeln	• Mitarbeiter • Unternehmensunterlagen (Strategie-/Positionspapiere) • Informationssysteme • Vorschlagswesen (Betriebliches Vorschlagswesen, KVP) • Ideenwettbewerbe • Kundenreklamation • Kreativitätstechiken/Problemlösungstechniken (Brainwriting, Synektik, Brainstorming, Morphologie) • Dokumentenrecherche • Explorative Gespräche • New Venture Teams • Communities of Practice	• Veröffentlichungen • Patente und Schutzrechte • Konkurrenzanalysen (Benchmarks) • Lieferanten • Kunden und Experten Workshops • Kundenbeobachtung • Open Innovation • Benchmarking • Trendforschung • Marktforschung- und Beobachtung • Kongresse, Messen, Referate und Seminare, Tagungen • Medien (Fachliteratur)

Die Sichtweise, dass Ideenmanagement innerhalb des Innovationsprozesses gewissermaßen ein Lieferantendasein fristet und lediglich möglichst viele Ideen in Bezug auf den Innovationsbedarf hervorbringen soll, genügt noch nicht dem Anspruch, Ideenmanagement unter einem ganzheitlichen Ansatz zu betrachten und würde zudem Konzepten, wie dem TQM widersprechen. In unserem Verständnis geht Ideenmanagement inhaltlich über die erste, grundlegende Phase des Innovationsmanagements hinaus. Die Intention des Ideenmanagements, das Wissens- und Kreativitätspotential aller Akteure zu nutzen, bleibt immer bestehen, so auch vor und über den gesamten Innovationsprozess hinweg. Beispielsweise ist es möglich, dass ein Mitarbeiter ein Problem identifiziert und im Rahmen des Vorschlagswesens mitteilt, welches eine Situationsanalyse, Früherkennung oder Suchfeldbestimmung überflüssig macht und eine direkte Initiierung eines Innovationsprozesses darstellt.

Als Beleg für diese These kann eine Studie aus dem Jahr 1996 angeführt werden. Unter 323 Beauftragten für das Ideenmanagement gab die Mehrheit an, dass Innovationen durch Verbesserungsvorschläge angeregt werden. So wurden 99,5 Prozent der Prozessinnovationen, 85,4 Prozent der Produktinnovationen und 88,8 Prozent der Sozialinnovationen durch Verbesserungsvorschläge der

---

[186] Vgl. Vahs, D.; Burmester, R.: Innovationsmanagement, 1999, S. 143.

Mitarbeiter auf den Weg gebracht.[187] Wobei darauf hinzuweisen ist, dass nichts so gefährlich ist, wie eine Idee, wenn es die einzige ist. Es sollten immer mehrere Möglichkeiten in Betracht gezogen werden.[188]

Weiterhin werden immer wieder Ideen im Innovationsprozess benötigt, sowohl im Rahmen der strategischen Planung von Produkt- und Technologieentwicklungen bis hin zur Realisierung und Markteinführung neuer Produkte oder Dienstleistungen als auch in der After-Sales-Phase.[189]

Zusammenfassend kann man sagen, dass Ideenmanagement ein betriebliches Innovationsmanagement nicht ersetzen kann, dennoch sein wesentlicher Teil ist. Durch eine systematische Einbindung in das Innovationsmanagement kann Ideenmanagement zu Innovationen entscheidend beitragen. Im Rahmen des Ideenmanagements können Ideen generiert, verdichtet und bewertet, aber nicht umgesetzt werden.

Im Folgenden werden kurz zwei Methoden vorgestellt, die sich mit der Ideengenerierung und Sammlung von Ideen befassen und so dem Innovationsprozess eine gute Stütze sein können.

2.4.4.1. Ideenwettbewerb

Gerade in großen Unternehmen ist ein Ideenwettbewerb eine erfolgversprechende Möglichkeit der Ideengenerierung. Dabei wird mit einem Ideenwettbewerb nicht nur eine Generierung möglichst vieler Ideen angestrebt, sondern oft auch ein unternehmenskultureller Wandel. So soll mit der Durchführung von Ideenwettbewerben bspw. das Bewusstsein jedes Mitarbeiters bezüglich des Innovationsprozesses sensibilisiert und eine aktive Teilnahme möglichst vieler Akteure herbeigeführt werden.

Das Top Management muss am Anfang eines Ideenwettbewerbs ein Innovationsfeld oder einen Unternehmensbereich auswählen sowie ein Gremium und Kriterien zur Bewertung der Ideen bestimmen. Darüber hinaus sollte ein Zeitplan vereinbart und festgehalten werden. Sodann werden die Mitarbeiter unternehmensweit über die Ziele und die Vorgehensweise des Ideenwettbewerbs unterrichtet, um den Bekanntheitsgrad und somit eine hohe Beteiligung zu erreichen. Den Mitarbeitern sollten, um einen erfolgreichen Verlauf zu gewährleisten, Vorlagen und Hilfestellungen angeboten werden, die sie beim Formulieren und Einbringen ihrer Ideen unterstützen.

Häufig findet die Auswahl der eingereichten Ideen in einem mehrstufigen Prozess statt. Dabei werden die Ideen in einer ersten Stufe grob gefiltert und die

---

[187] Vgl. Wuppertaler Kreis e.V.: Ideenmanagement, 1997, S. 17.
[188] Vgl. Beyer, G.; Beyer M.: Innovations- und Ideenmanagement, 1994, S. 47.
[189] Vgl. Sommerlatte, T.; Beyer, G.; Seidel, G.: Innovationskultur und Ideenmanagement, 2006, S. 384.

verbleibenden Ideen, im Austausch mit den jeweiligen Einreichern, verfeinert. Ähnliche Ideen oder solche die sich ergänzen werden zusammengeführt. Auf dieser Basis erfolgt die Bewertung im zweiten Filter. Danach müssen die noch übrig gebliebenen Ideen von den Einreichern zu Konzepten ausgearbeitet werden, auf die eine Überprüfung der wirtschaftlichen und technischen Machbarkeit durchgeführt werden kann. Der Wettbewerb endet zumeist mit der Vergabe von Preisen für die Ideen, die den größten Erfolg versprechen.

Für einen erfolgreichen Ideenwettbewerb sind drei Faktoren zu berücksichtigen:

- Der Ideenwettbewerb sollte sich immer auf ein klar definiertes Innovationsfeld beziehen. Das gilt auch wenn die Hauptzielsetzung in der Mitarbeitermobilisierung besteht, da sonst die Wirkung des Wettbewerbs verpufft, wenn keine strategische Relevanz ersichtlich ist.
- Um eine Skepsis seitens der Mitarbeiter gegenüber solchen Initiativen zu vermeiden bzw. die Innovationsbereitschaft zu steigern, ist es wichtig über alle Phasen aktive Hilfestellungen und Unterstützung sicherzustellen, welche es den Mitarbeitern leichter machen, sich zu beteiligen.
- Mitentscheidend ist der ausgelobte Preis der Veranstaltung. Es kann förderlich sein, den Siegern Budget und Zeit für die weitere Umsetzung ihrer Idee zu bieten. Anhand der möglichen Preise erkennen die Mitarbeiter, wie ernst es dem Management mit dieser Art von Innovationsförderung wirklich ist.[190]

2.4.4.2. Communities of Practice

Communities of Practice sind ein weiterer Ansatz zur Generierung neuer und qualitativ hochwertiger Ideen.[191] Als die gemeinsame Basis dieser Gemeinschaften gilt ein bestimmter Themenkomplex, mit dem sich alle Mitglieder in unterschiedlichen Zusammenhängen auseinandersetzen. Das gemeinsame Thema und die Zusammensetzung der Gemeinschaft, aus Mitgliedern unterschiedlicher Bereiche, sind die wesentlichen Motivationsfaktoren, sich in die Gemeinschaft einzubringen. Die Mitglieder der Gemeinschaft können sich auch aus Kunden, Lieferanten oder Mitgliedern der Wissenschaftsgemeinschaft rekrutieren. Zunehmend finden sich Unternehmen, die unternehmensintern verteilte Spezialisten und Experten zu bestimmten Fragen oder Themen miteinander vernetzen und häufig auch externe Partner einbinden. Wichtigstes Instrument für die Kommunikation in der Gemeinschaft sind oft Internetplattformen. Ergänzt werden sie

---

[190] Vgl. Sommerlatte, T.; Beyer, G.; Seidel, G.: Innovationskultur und Ideenmanagement, 2006, S. 392.
[191] Die Möglichkeiten einer praktische Gestaltung von Communities in Unternehmen werden im Kapitel 3.3.7.3 ausführlich diskutiert

durch Vortragsreihen oder Konferenzen, auf denen dann eine noch reichhaltigere Kommunikation im direkten Aufeinandertreffen stattfinden kann. In den Communities of Practice werden Rollen und Aufgaben definiert, die sicherstellen, dass die entwickelten Ideen aufgegriffen, dokumentiert und dem Management zur Entscheidungsfindung zugeführt werden. So ist eine Verknüpfung zwischen den Communities of Practice und dem Ideenmanagement gewährleistet.[192]

2.5. Die modernen Ideenmanagementkonzepte

In den letzten Jahren setzt sich in Wissenschaft und Praxis ein Konzept des Ideenmanagements durch, das über die Grenzen des Betrieblichen Vorschlagswesens und Kontinuierlichen Verbesserungsprozesses hinaus geht. Die Notwendigkeit einer systematischen Innovationsarbeit für den langfristigen Erfolg eines Unternehmens unter Bedingungen der zunehmenden globalen Konkurrenz und gesättigten Käufermärkten steigert das Interesse an einer organisierten Ideenarbeit und der optimalen Nutzung von Wissens- und Kreativitätspotenzialen aller Unternehmensakteure.

War früher eine gut funktionierende Forschung- und Entwicklungsabteilung für die Innovationstätigkeit eines Unternehmens ausreichend, so erfordert die moderne Wirtschaftswelt eine optimale Ausgestaltung sämtlicher Produkte, Bereiche und Prozesse, die nur durch eine kontinuierliche Ideenarbeit aller Beteiligten gewährleistet werden kann. Daher ist ein umfassendes, ganzheitliches Ideenmanagementkonzept gefragt, das auf der breiten Basis der Mitarbeiterpotenziale aufbaut und eine systematische, produktive Arbeit mit Ideen ermöglicht.

Im Weiteren werden einige Ansätze über Ideenmanagement aufgezeigt mit dem Ziel einer Annäherung an das ganzheitliche Konzept des Ideenmanagement, das zur Gestaltung eines intelligenten Unternehmens notwendig ist.

2.5.1. Ansätze über Ideenmanagement

Der Begriff „Ideenmanagement" ist nicht einheitlich definiert, häufig verbergen sich unter dem neuen Etikett die alten Inhalte. So haben viele Unternehmen ihre BVW- oder KVP-Institutionen in Ideenmanagement umbenannt. Unternehmen sehen das Ideenmanagement meist als eine informelle, flexible, unbürokratische und administrativ vereinfachte Form des früheren Vorschlagswesens.[193] Die Un-

---

[192] Vgl. Sommerlatte, T.; Beyer, G.; Seidel, G.: Innovationskultur und Ideenmanagement, 2006, S. 393f.
[193] Vgl. Thom, N.: Betriebliches Vorschlagswesen, 2003, S. 152.

ternehmen, die sowohl BVW als auch KVP-Aktivitäten nutzen, fassen beides unter dem Oberbegriff Ideenmanagement zusammen.

Auch in der wissenschaftlichen Literatur werden solche Ansätze vertreten. Nach Thom ist Ideenmanagement eine logische Weiterentwicklung des Vorschlagswesens, indem „eine systemische, an strategische Vorstellungen gekoppelte Koordination mit anderen betrieblichen Instrumenten der Rationalisierung und Innovationsförderung" angestrebt wird.[194] Auch K. Läge definiert BVW, KVP und Qualitätszirkel als Elemente des Ideenmanagements[195] (vgl. weiter folgende Abbildung).

Bei allen diesen Konzepten – BVW, KVP und Qualitätszirkel – geht es grundsätzlich darum, die Ideen der Mitarbeiter zu nutzen, um das Verbesserungspotenzial in Unternehmen zu erkennen. Deswegen liegt es nahe, diese Methoden unter dem Begriff Ideenmanagement zusammen zu fassen. Allerdings ist Ideenmanagement keine bloße Summe von den genannten drei Elementen. Vonlanthen betont die Bedeutung des Ideenmanagement als einer Vorstufe des Innovationsmanagements[196] und weitet es damit über die Verbesserung bestehender auf die neuen Produkte und Prozesse hin aus. Einen weiteren wesentlichen Aspekt hebt Sander hervor, indem er die Managementfunktion des Ideenmanagement im Gegensatz zu dem traditionellen Betrieblichen Vorschlagswesen betont.[197] Es geht nicht nur um spontane Erneuerungen und Verbesserungen, sondern um eine systematische organisierte Arbeit an und mit Ideen.

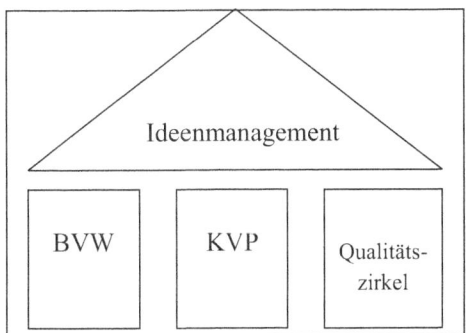

Abbildung 13: Elemente des Ideenmanagements nach K. Läge[198]

---

[194] Thom, N.: Betriebliches Vorschlagswesen, 2003, S.136.
[195] Läge, K.: Ideenmanagement, 2005, S.30.
[196] Vgl. Vonlanthen, J.-M.: Innovationsmanagement in Schweizer Unternehmen, S. 501.
[197] Vgl. Sander, B.: Ein Wake-up Call für Ideenmanager, 1997.
[198] Läge, K.: Ideenmanagement, 2005, S.30.

Viele Autoren weisen auf eine Überschneidung des Ideenmanagements mit anderen systemischen Konzepten hin, vor allem mit dem Human Resource Management (HRM) und Qualitätsmanagement bzw. Total Quality Management (TQM).[199]

Der Zusammenhang mit dem HRM ist offensichtlich, da die Ideenpotenziale der Mitarbeiter und ihre Aktivierung im Mittelpunkt der Betrachtung stehen und ohne HRM-Maßnahmen unmöglich sind. Eine aktive und motivierte Beteiligung möglichst aller Mitarbeiter wird in diesen Ansätzen als eine eminent wichtige Grundvoraussetzung für ein effektives Ideenmanagement betrachtet. „Ein Ideenmanagement funktioniert langfristig nur dann, wenn es bei den Beschäftigten auf Akzeptanz stößt", behaupten Fischer und Breisig.[200] Außerdem wird Ideenmanagement in Unternehmen oft der Personalabteilung zugeordnet, was weitere Verbindungen zwischen Ideenmanagement und HRM schafft.

Andererseits ist die Ideenarbeit in Unternehmen unter anderem auf die Erhöhung der Qualität von Produkten und Prozessen ausgerichtet, was die Überschneidung mit dem Qualitätsmanagement erklärt. Total Quality Management wird als eine ganzheitliche Strategie zur umfassenden, ebenenübergreifenden Produktion qualitativ hochwertiger Produkte beschrieben, bei der jedes einzelne Unternehmensmitglied qualitätsverantwortlich ist, was eine umfassende Einbeziehung der Mitarbeiter und ein hohes Maß an Selbstkontrolle nach sich zieht. In diesem Kontext gehören Qualitätszirkel beiden Konzepten zugleich – dem Ideen- und Qualitätsmanagement.

Geschka schlägt vor, externe Experten, Kunden oder Endnutzer im Rahmen von Kreativ-Workshops in das Ideenmanagement zu integrieren und tendiert zu einem integrierten Ansatz des Ideenmanagements.[201] Sander betont die Notwendigkeit der Einbeziehung von Kunden und Lieferanten in das Ideenmanagement sowie der Harmonisierung von Informations- und Wissensarbeit in Unternehmen im Sinne einer Ideenfabrik.[202]

Es gibt Ansätze, die Ideenmanagement in erster Linie als ein Management der Kreativität in Unternehmen verstehen, die als Schubkraft für globale Wettbewerbstätigkeit unentbehrlich ist. „Neue Ideen und neue Wege müssen im Zeitalter globaler Konkurrenz aktiv gefördert werden. Dadurch bekommt Kreativität eine wirtschaftlich nutzbare Dimension: Kreativität als Grundpotenzial des Menschen, als Ausdruck für Problemlöse- und Kombinationsfähigkeit und als Gestaltungsbedürfnis wird zum Schlüsselfaktor wettbewerbsfähiger Produktion

---

[199] Vgl. Fischer/Breisig: Ideenmanagement, 2000, Läge: Ideenmanagement, 2005 u.a.
[200] Fischer, U.; Breisig, T.: Ideenmanagement., 2000, S. 66.
[201] Vgl. Geschka, H.: Ideenmanagement in Industriemanagement 21(3), 2005, S.30.
[202] Vgl. Sander, B.: Praktische Tipps zur Verbesserung des Ideenmanagements, 2003, S. 199-203.

von Gütern und Dienstleistungen", schreiben A. Blumenschein und I. U. Ehlers.[203] Damit ist die Kreativität gleichzeitig ein persönlicher und ein wirtschaftlicher Wachstumsfaktor. Mithilfe verschiedener Techniken und Instrumente zur Förderung der Kreativität der Belegschaft kann ein Unternehmen sein Kreativitäts- und Innovationspotenzial stärken.

Auch Thom betont die Wichtigkeit der Kreativität für Ideenmanagement, das er als ein integriertes Konzept bezeichnet, welches verschiedene kreativitätsfördernde Methoden zu einem ganzheitlichen System zusammenfasst.[204]

Die Vielfalt der Ideenmanagementansätze deutet auf den Fassettenreichtum des Ideenmanagements hin und dient als Grundlage für ein ganzheitliches Konzept, das in verschiedenen Teilbereichen des Unternehmens angesiedelt werden sollte.

2.5.2. Das Konzept eines ganzheitlichen Ideenmanagements

Das Konzept eines ganzheitlichen Ideenmanagements ist als eine systematische Arbeit an und mit Ideen in Unternehmen zu verstehen. Dabei geht es um Ideen sowohl interner (eigene Belegschaft) als auch externer Wissensträger (relevante Stakeholder), was den zunehmenden Trend zu Wissens- und Innovationskooperationen widerspiegelt. Inhaltlich beziehen sich Ideen auf die bestehenden Produkte und Prozesse (im Sinne eines Kontinuierlichen Verbesserungsprozesses und Vorschlagswesens) und ebenfalls auf die neuen Produkte und Prozesse (im Sinne der ersten Phasen des Innovationsprozesses: Ideengenerierung, -verdichtung und -bewertung, bis zu Umsetzung, wo der eigentliche Innovationsmanagement einsetzt).

Das ganzheitliche Ideenmanagement muss alle drei Ebenen eines Unternehmens umfassen (vgl. Abbildung). Die Basis bilden Wissens- und Kreativitätspotenziale der eigenen Belegschaft und der relevanten Stakeholder (Kunden, Lieferanten, Kooperationspartner, Wissenschaft etc.), wobei möglichst alle Potenziale ausgeschöpft werden sollten. Für die oberste Ebene steht das innovationsorientierte Top Management mit seinen Visionen, Strategien und tatkräftiger Unterstützung des Ideenmanagement. Die wichtigste Rolle spielt allerdings die mittlere Ebene, die eine gut funktionierende Brücke zwischen der Basis und der richtunggebenden Spitze erstellen und dafür Sorge tragen soll, dass die Ideen gesammelt, bewertet und entwickelt, die Wissens- und Kreativitätspotenziale gefördert und vernetzt werden.

---

[203] Blumenschein, A.; Ehlers, I. U.: Ideen managen, 2007, S. 2.
[204] Vgl. Thom, N.: Betriebliches Vorschlagswesen, 2003, S. 151-152.

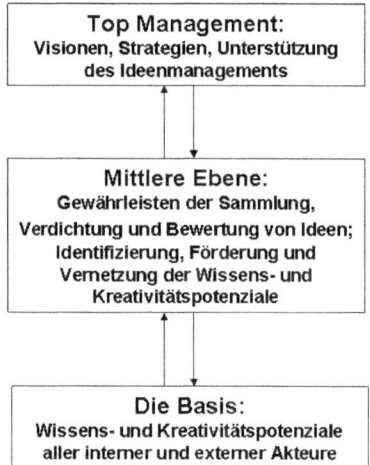

Abbildung 14: Die drei Ebenen des ganzheitlichen Ideenmanagements in Unternehmen

Die Gestaltung dieses Ideenmanagements muss mit der Definition seiner Ziele auf allen drei Ebenen anfangen. Zu den Zielen des Top Managements in Bezug auf das Ideenmanagement zählen:
- Richtung geben, die auf der Grundlage fundierter Zukunfts- und Trendforschung in Form von Visionen, Strategien und Zielen kommuniziert werden soll;
- fördernde Rahmenbedingungen schaffen (Unternehmenskultur gestalten und vorleben, Führungsleitlinien entwickeln und durchsetzen, für eine offene Kommunikation und Vertrauensatmosphäre sorgen etc.) und
- Koordination des ganzen Ideenmanagementprozesses.

Die mittlere Ebene:
- stellt praktische Instrumente für die Sammlung, Entwicklung und Bewertung von Ideen zur Verfügung (Möglichkeiten der Einreichung, Bewertung und Prämierung von Vorschlägen);
- organisiert Kreativitätsseminare, Ideenworkshops, Innovationswettbewerbe etc.;
- fördert Gruppenarbeit und teilautonome Teams;
- ermöglicht Wissens- und Ideenaustausch (Ideendatenbank, Vernetzung, Community).

Die Ziele auf der Basis:
- Identifikation und optimale Nutzung des Innovations- und Verbesserungspotenzials der Belegschaft;
- Identifikation relevanter externer Akteure (Kunden, Lieferanten, Partner, Wissenschaft etc.) und Erschließung derer Potenziale.

Die Einführung eines ganzheitlichen Ideenmanagements in Unternehmen erfordert zahlreiche praktische Maßnahmen, die im nächsten Kapitel ausführlich erläutert werden.

2.5.3. Auswirkungen des ganzheitlichen Ideenmanagements auf die Unternehmensintelligenz

Ein funktionierendes ganzheitliches Ideenmanagement hat positive Auswirkungen auf die Unternehmensintelligenz in ihren drei Teilbereichen: kognitive, soziale und technologische Intelligenz (vgl. Kapitel 1.2).

Die kognitive Teilintelligenz der Handlungseinheit Unternehmen im Sinne einer besseren Anpassungs- und Problemlösungsfähigkeit auf der Basis der Informationsverarbeitungsprozesse wird durch folgende Auswirkungen gesteigert: Die Aktivierung und Erschließung von Wissens- und Kreativitätspotenzialen interner und externer Akteure verbessert die Wahrnehmungs-, Evaluations- und Entscheidungsleistungen des Unternehmens. Die Vernetzung der Potenziale erhöht den Informationsfluss und die Gedächtnisleistungen des Unternehmens, begünstigt Wissensaustausch und -harmonisierung. Die Innovations- und Lernfähigkeit des Unternehmens nimmt zu.

Die Ideen der eigenen Belegschaft, die im Rahmen des Ideenmanagements generiert und erschlossen werden, führen zu Verbesserungen an Produkten und in Prozessen und damit zu Ersparnissen und Rationalisierungen. Der Return on Investment (ROI) des Ideenmanagements wird im Durchschnitt auf fast 1:10 geschätzt.[205]

Zusätzlich werden die Arbeitsbedingungen und das Betriebsklima verbessert. Die Entfaltung der Kreativität und die Freiräume für eigene Ideen verursachen eine steigende Identifikation der Mitarbeiter mit der Aufgabe, der Gruppe und dem Unternehmen als Ganzes.

Ein unternehmensübergreifender Ideenaustausch erzielt enorme Synergiepotenziale. Studien belegen, dass die Unternehmen, die mit externen Akteuren zusammen an Innovationen arbeiten, durchschnittlich um ein Drittel höhere Ein-

---

[205] Vgl. Schlesiger, Ch.: Ich sehe was, was du nicht siehst. Wirtschaftswoche 48/2007, S. 148.

sparungen und eine um ca. 20 Prozent höhere Realisierungsquote im Ideenmanagement haben.[206]

Eine besondere Stellung bei der Steigerung der kognitiven Teilintelligenz nimmt die systematische Trend- und Zukunftsforschung im Rahmen des ganzheitlichen Ideenmanagements ein. Durch die kontinuierliche Beobachtung der Megatrends und die Ableitung von Chancen und Risiken für das Unternehmen und sein Umfeld entstehen erfolgversprechende Ideen und konkurrenzfähige Produkte und Dienstleistungen. Ein Unternehmen wird in die Lage versetzt, seine Zukunft mitzugestalten und zu bestimmen.

Die soziale Teilintelligenz wird durch das ganzheitliche Ideenmanagement ebenfalls gesteigert. In Bezug auf die eigene Belegschaft ist zu erwarten, dass eine systematische, gemeinsame Arbeit an und mit Ideen die Rolle jedes Einzelnen hervorhebt und zur Identifikation und Zusammengehörigkeit im Unternehmen beiträgt. Als Folge kommen höhere (intrinsische) Leistungsmotivation, Arbeitszufriedenheit, Verbundenheit und Loyalität zustande.

Im Außenverhältnis kann man von einer Verbesserung der sozialen Kontakte des Unternehmens mit der Umwelt durch die Einbeziehung externer Akteure sprechen. Die zufriedenen Kunden, die an Entwicklung von Produkten und Dienstleistungen beteiligt werden, steigern den Umsatz und bleiben dem Unternehmen treu, was weitere Vorteile verspricht. Auch die gemeinsame Ideenarbeit mit Lieferanten und Wettbewerbern wird mit Synergieeffekten im Sinne geringere Kosten, bessere Produktqualität und kürzere Entwicklungszeiten belohnt. Die Kooperationen mit der Wissenschaft und Forschung bereichert das Unternehmen durch frische Ideen und theoretisch fundierte Ansätze und steigert seine langfristige Lernfähigkeit.

Eine effizientere Nutzung menschlicher, finanzieller, räumlicher, technischer und Wissensressourcen aufgrund der Einführung des Ideenmanagements führt zur wesentlichen Steigerung der technologischen Intelligenz des Unternehmens. Dabei spielen die Intensivierung der Kommunikation und die umfassende Vernetzung von Wissensträgern eine hervorragende Rolle.

Das Zusammenspiel aller Teilintelligenzen im Rahmen des ganzheitlichen Ideenmanagement ermöglicht ein intelligentes Handeln des Unternehmens in seiner Umwelt und setzt permanente Lernprozesse in Gang.

Die praktischen Schritte zur Gestaltung des ganzheitlichen Ideenmanagement in intelligenten Unternehmen werden im weiteren Kapiteln diskutiert.

---

[206] Vgl. Voigt, K.-I.; Brem, A.: Integriertes Ideenmanagement, 2005, S. 188.

3. Praktische Gestaltung des ganzheitlichen Ideenmanagements

Ein ganzheitliches Ideenmanagement, als eine systematische, koordinierte Arbeit an und mit Ideen für neue technische, wirtschaftliche, organisatorische oder soziale Problemlösungen in Unternehmen, beinhaltet die ersten Phasen des Innovationsmanagements (Gewinnung, Verdichtung und Auswahl von Ideen für neue Produkte und Verfahren) sowie das Betriebliche Vorschlagswesen und die Kontinuierlichen Verbesserungsprozesse in ihrem traditionellen Verständnis.

Ein solches Ideenmanagement hat eine breite Basis – die ganze Belegschaft sowie alle relevanten Stakeholder des Unternehmens sind seine potenziellen Teilnehmer. Die vorhandenen Wissens- und Kreativitätspotenziale interner und externer Akteure sollen identifiziert, aktiviert, genutzt, vernetzt und weiter entwickelt werden. Dieser Prozess bedarf einer Richtungsgebung, die auf der Basis einer systematischen Zukunfts- und Trendforschung und im Einklang mit der gesamten Unternehmensstrategie von dem Top Management entwickelt werden sollte. Darüber hinaus ist eine alltägliche Organisation und Koordination der Ideeneinreichung, -bewertung und -umsetzung notwendig, die als Verbindungsglied zwischen der visionären Ausrichtung von oben und der kontinuierlichen Arbeit auf der Basis dient (vgl. Kapitel 2.5.2).

Die praktischen Maßnahmen für die Gestaltung des ganzheitlichen Ideenmanagements auf diesen drei Ebenen werden in diesem Kapitel ausführlich erläutert. Zunächst wird auf die Basisebene des Ideenmanagements (eigene Belegschaft und relevante Stakeholder des Unternehmens) eingegangen, um die spezifischen Methoden der Erschließung interner und externer Ideenpotenziale aufzuzeigen.

Danach werden die einzelnen Aspekte der Organisation der Ideenarbeit in Unternehmen beleuchtet. Eine entscheidende Rolle spielen dabei das Top Management und die Führungskräfte, die Ideenmanagement als Machtpromotoren unterstützen und als Vorbilder vorleben müssen. Sehr wichtig sind eine optimale organisatorische Eingliederung des Ideenmanagements und eine systematische Zukunfts- und Trendforschung für die Bestimmung seiner strategischen Ausrichtung. Darüber hinaus werden die Einbindung der Ideenmanagementkennzahlen in die Zielvereinbarungen, die Gestaltung der Kommunikation in Bezug auf die Ideenarbeit, die Organisation der Einreichung, Verdichtung und Umsetzung von Ideen sowie die praktische Förderung von Gruppenarbeit und Netzwerken für die Arbeit an und mit Ideen erläutert.

3.1. Erschließung der Ideenpotenziale der eigenen Belegschaft

Die Belegschaft eines Unternehmens ist seine wichtigste Ideenquelle (vgl. Kapitel 1.2.1). Die in Prozesse, Strukturen und Kundenbeziehungen involvierten Mitarbeiter besitzen notwendiges Fachwissen, Kenntnis der Situation sowie praktische Erfahrungen in Bezug auf Produkte, Verfahren und Kunden. Für ein intelligentes Unternehmen sind das Wissen, die Erfahrung und die Unterstützung aller Mitarbeiter aus sämtlichen Unternehmensbereichen von Bedeutung. Nur dann ist es möglich, spezifische Kundenbedürfnisse optimal zu befriedigen, unzureichende Produkt- und Servicequalität wahrzunehmen, interne Prozesse und Abläufe zu optimieren. Ganzheitliches Ideenmanagement soll die Potenziale der Mitarbeiter identifizieren, aktivieren, nutzen, koordinieren und vernetzen.

Wissen und Kreativität der Belegschaft haben drei charakteristische Eigenschaften, die ihr Management in Unternehmen erschwert:
- sie lassen sich nicht erzwingen, sondern können nur freiwillig, bei entsprechenden Rahmenbedingungen, dem Unternehmen zur Verfügung gestellt werden;
- sie haben ihre Bedeutung nur im Kontext einer bestimmten Strategie – erst ein Zweck macht ein Wissen oder eine Idee bedeutsam und nützlich;
- der Großteil des Wissens- und Ideenpotenzials existiert zunächst als implizites Wissen, was seine Identifizierung und Nutzung schwierig macht.

Weder Kapital, noch Technik bringt neue Ideen hervor. Nur der Mensch ist ideenfähig. Allerdings sind Unternehmen, in denen intelligente Menschen arbeiten, nicht automatisch intelligente Unternehmen. Nur ein systematisches Management kann Wissen und Ideen in kollektive Fähigkeiten und schließlich in die wirtschaftlichen Ergebnisse verwandeln.

Ein gutes Ideenmanagement kann beinahe aus jedem Mitarbeiter einen Erfinder und Innovator machen, wenn es Wissen, Kreativität und Talente der Individuen wertschätzt und durch Freiräume für Initiative und effiziente Motivation zur Entfaltung bringt. Zugleich können Ideenpotenziale durch anspruchslose Aufgaben, autoritäre Eingriffe und Routine erstickt werden. Um diese Potenziale freizusetzen, sollten geistlose Tätigkeiten und überflüssige Hierarchien abgebaut werden. „Um aus dem Wissensschatz der Mitarbeiter schöpfen zu können, müssen Unternehmen einen Rahmen schaffen, der es gestattet, privates Wissen öffentlich und implizites Wissen explizit werden zu lassen", – schreibt dazu T. A. Stewart.[207]

---

[207] Stewart, T. A.: Der vierte Produktionsfaktor, 1998, S. 95.

Für eine Aktivierung des Wissens- und Ideenpotenzials der Mitarbeiter müssen die aus der Theorie der Handlungskompetenz bekannten Determinanten des Handelns vorhanden sein: Sollen, Dürfen, Können und Wollen. Daraus ergeben sich vier Faktoren für die Erschließung interner Ideenpotenziale: Zielsetzung, Ermächtigung, Befähigung und Motivation der Mitarbeiter zur Ideenarbeit (vgl. Tabelle).

Tabelle 7: Faktoren für die Erschließung interner Ideenpotenziale

Determinanten des Handelns	Faktoren des Ideenmanagement
Sollen	Zielsetzung: Vision, Ziele, Strategien, Beauftragung der Mitarbeiter zur Ideenfindung
Dürfen	Ermächtigung: Übertragung von Verantwortung und Macht, Erschaffen von Zeit- und Freiräumen
Können	Befähigung: Ausbildung der Kompetenzen (Kreativitätstechniken), kreativitätsfördernde Bedingungen und Ermöglichung der Einreichung von Ideen
Wollen	Motivation: Stärkung intrinsischer Motivation, Schaffen von Anreizen, Identifikation und Zugehörigkeit, Anerkennung und Wertschätzung der Ideenarbeit

Nur ein Mitarbeiter, der sich an eine ansprechende Vision und klare Strategie ausrichten kann, der bei der Ideenfindung und –umsetzung mitwirken darf, der imstande und kompetent sowie motiviert ist, wird sein Wissen teilen und seine Kreativität entfalten. Einzelne Dimensionen und Maßnahmen des praktischen Ideenmanagements werden im Weiteren einzeln erläutert.

3.1.1. Zielsetzung

Die Zielsetzung hat die Aufgabe, ein richtunggebendes Spannungsfeld für die Ideenarbeit der Belegschaft zu schaffen. Sie beginnt mit einer verständlichen, ansprechenden Vision des Unternehmens, die Identifikation und Engagement der Mitarbeiter fördert und die Rolle jedes Einzelnen in dem großen Ganzen hervorhebt. Darauf basierend sollte eine transparente und konkrete Zielsetzung des Ideenmanagements entwickelt werden, die als wirksames Instrument der Beauftragung der Mitarbeiter zur Ideenarbeit dienen soll.

3.1.1.1. Die Bedeutung der Unternehmensvision für Ideenmanagement

Eine Unternehmensvision beschreibt ein erwünschtes Zukunftsbild des Unternehmens, das zugleich realistisch und visionär ist. Visionen haben eine richtungweisende Wirkung, begeistern für eine neue Wirklichkeit und explizieren die vorherrschenden Werte eines Unternehmens.

Vahs und Burmester belegen die Rolle von ambitionierten Visionen mit den Beispielen vieler Innovationspioniere der Technikgeschichte:
- Gottlieb Daimler sah den Hauptzweck seines Unternehmens nicht allein in der Herstellung von Autos, sondern in der Erreichung des Ziels, dass sich die Menschen schneller und bequemer fortbewegen können;
- Die Vision von Henry Ford „ein Auto für jedermann" zu bauen hat zur Entwicklung des Erfolgsmodells „Tin Lizzy" Anfang des 20. Jahrhunderts geführt und dient auch heute noch dem zweitgrößten Automobilkonzern der Welt als ein der Strategie übergeordnetes Leitbild. [208]

Eine Vision muss grundsätzlich die Fragen beantworten, wie das Unternehmen in der Zukunft sein soll und welche Kernkompetenzen und Werte dafür notwendig sind. Einige Beispiele von Visionsformulierungen großer Unternehmen werden nun beispielhaft aufgeführt und verglichen.

Der Konzern Bayer, mit über 106 Tausend Mitarbeitern auf allen Kontinenten, formuliert seinen Slogan in einem prägnanten Satz: Science For A Better Life.[209] Das vor kurzem eingeführte Leitbild wird als Richtschnur für die Gesamtstrategie bezeichnet, das den Aktionären, Kunden, der Öffentlichkeit und vor allem den Mitarbeitern den Rahmen für ihr Denken und Handeln erklären, Orientierung geben und Begeisterung wecken sowie zum Erfolg des Unternehmens beitragen soll. Die Unternehmensvision lautet: „Bayer ist ein weltweit tätiges Unternehmen mit Kernkompetenzen auf den Gebieten Gesundheit, Ernährung und hochwertige Materialien. Mit unseren Produkten und Dienstleistungen wollen wir den Menschen nützen und zur Verbesserung der Lebensqualität beitragen. Gleichzeitig wollen wir Werte schaffen durch Innovation, Wachstum und eine hohe Ertragskraft."[210]

Der Automobilhersteller Audi mit über 52 Tausend Beschäftigten präsentiert als Vision: „Wir bauen für Sie Automobile mit Erfolg und Leidenschaft: Unsere Erfolgsfaktoren sind Begeisterungsfähigkeit, Kreativität und Einsatzbereitschaft. Die Wünsche und Emotionen unserer Kunden bestimmen unser Handeln auf

---

[208] Vgl. Vahs, D.; Burmester, R.: Innovationsmanagement, 1999, S. 100
[209] Vgl. www.bayer.de/de/Bayer-Leitbild.pdfx (28.01.08)
[210] www.bayer.de/de/Profil-und-Organisation.aspx (28.01.08)

dem Weg zur Innovations-Führerschaft. Audi setzt neue Standards – im Sinne des Markenanspruchs "Vorsprung durch Technik".[211]

Siemens, einer der weltweit größten Firmen der Elektrotechnik und Elektronik mit rund 475 Tausend Mitarbeiter, setzt in seiner Vision auf Innovation und die Fähigkeit, Zukunftstrends zu erkennen: „Der Erfolg unseres Unternehmens steht in engem Zusammenhang mit den Antworten, die wir auf wichtige Fragen unserer Zeit geben – bei der ressourcensparenden Produktion industrieller Güter genauso wie im Umwelt- und Klimaschutz und im Gesundheitswesen. Innovationen sind der Kern unserer Antworten. Nur engagierte und exzellent ausgebildete Mitarbeiter machen aus Erfindungen erfolgreiche Produkte und Lösungen. Die Steigerung des Werts unseres Unternehmens und der langfristige Erfolg beim Kunden sind der Beweis, dass wir die richtigen Antworten auf die wichtigen Fragen unserer Zeit geben."[212]

Diese Beispiele zeigen, dass Unternehmensvisionen immer exemplarisch sind, was mit der Branchenzugehörigkeit, Unternehmenskultur und Tradition zusammenhängt. Trotz dieser Vielfalt sind bestimmte unternehmensübergreifende Trends erkennbar: rein ökonomische Formulierungen (Umsatz, Gewinn, Marktanteil etc.) kommen praktisch nicht vor, es geht überwiegend um den Nutzen für die Gesellschaft und Kunden sowie um Innovation und Potenziale der Mitarbeiter, die als das wichtigste Kapital eines Unternehmens anerkannt werden.

Viele Unternehmen integrieren direkte Aussagen über Innovation und Ideenarbeit in ihre Vision, um ihre Bedeutung zu betonen.

Das Familienunternehmen Boehringer Ingelheim mit über 38 Tausend Mitarbeitern weltweit gehört zu den TOP 10 der Pharmabranche in Deutschland. 1993 hat das Unternehmen eine neue Vision mit dem Motto "Value through Innovation – Werte schaffen durch Innovation" entwickelt und implementiert. Diese Vision legt die Ziele und den Rahmen für die Zukunft des Unternehmens fest und dient weltweit als Leitfaden und Orientierungsrahmen: „In einer wettbewerbsorientierten und sich ständig wandelnden Welt verändern sich auch Produkte, Dienstleistungen und Unternehmen in immer kürzeren Abständen. Für einen kontinuierlichen Erfolg muss ein Unternehmen in seinen Kernkompetenzen Mitbewerbern überlegen sein und sich ständig weiterentwickeln. Die Mitarbeiter von Boehringer Ingelheim arbeiten in aller Welt intensiv an der Erforschung und Entwicklung neuer und innovativer Medikamente. Es ist das Ziel aller Mitarbei-

---

[211] www.audi.de/audi/de/de2/unternehmen.html (28.01.08)
[212] http://w1.siemens.com/annual/07/ pool /download/pdf/d07_00_gb2007.pdf (28.01.08)

ter, durch Innovation auf allen Unternehmensebenen den Wert der Produkte für die Kunden zu steigern."[213]

Auch der Konzern Bayer konkretisiert unter der Überschrift „Unsere Werte" seine oben zitierte Vision und nimmt Bezug auf die Rolle der Mitarbeiter und ihrer Kreativität: „Mit ihrem großen Wissen und ihrer Innovationskraft wollen unsere Mitarbeiter in der ganzen Welt auf der Basis gemeinsamer Werte die Zukunft aktiv mitgestalten. Unsere Struktur bietet die Voraussetzung für ein großes Maß an Eigenverantwortung und unternehmerisches Handeln. Wir ermutigen und motivieren unsere Mitarbeiter, ihre Kreativität und ihre Fähigkeiten für den gemeinsamen Erfolg einzubringen, und fördern ihre berufliche und persönliche Weiterentwicklung."[214]

Für eine konsequente Implementierung des Ideenmanagements in die Unternehmensstrategie sollte in den Unternehmensgrundsätzen oder -leitbildern betont werden, dass Engagement und Ideenarbeit der Mitarbeiter für die Erreichung von Wirtschaftlichkeits-, Humanisierungs-, Innovations- und Personalentwicklungszielen des Unternehmens entscheidend sind.

3.1.1.2. Strategien und Ziele des Ideenmanagements

Auf der Basis der Unternehmensvision sollen konkrete Strategien und -ziele in Bezug auf Ideenmanagement formuliert werden, die eine Beauftragung der Mitarbeiter zur Ideenfindung bezwecken.

Strategien und Ziele des Ideenmanagements stehen in einem Zusammenspiel mit der Unternehmensstrategie. Nach Neckel ist Ideenmanagement den allgemeinen Unternehmenszielen untergeordnet und soll helfen, diese zu erreichen, und es ist die Aufgabe der Unternehmensleitung zu klären, welche Bedeutung ein erfolgreiches Ideenmanagement in diesem Zusammenhang einnimmt.[215] Das Konzept des ganzheitlichen Ideenmanagements setzt im Gegensatz dazu eine führende Rolle der Ideenarbeit in der Organisationsentwicklung und bei der Steigerung der Unternehmensintelligenz voraus. In diesem Kontext ist Ideenmanagement nicht nur eine unterstützende Maßnahme, sondern ein wesentlicher Teil der Unternehmensstrategie. Deswegen sollte Ideenmanagement eigene Ziele haben, die mit der allgemeinen Zielsetzung des Unternehmens verknüpft sind.

Die Ziele des ganzheitlichen Ideenmanagements sind vielfältig und variieren je nach strategischer Ausrichtung und aktuellen Prioritäten des Unternehmens. Zu den wichtigsten Zielen gehören:

---

[213] www.boehringer-ingelheim.de/unternehmensprofil/vision/werteinnov.htm (28.01.08)
[214] www.bayer.de/de/Bayer-Leitbild.pdfx (28.01.08)
[215] Vgl. Neckel, H.: Modelle des Ideenmanagements, S. 24 f.

3. Praktische Gestaltung des ganzheitlichen Ideenmanagements 95

- Generierung von Ideen für neue und Verbesserung von bestehenden Produkten;
- Rationalisierung der Prozesse (Reduzierung der Durchlaufzeiten, Komplexität in der Fertigung, Instandhaltungskosten und Fehlerquote; Steigerung der Produktivität und Stückzahlen etc.);
- Sicherung und Erhöhung der Qualität;
- Einsparungen von Ressourcen;
- Führungskräfte- und Personalentwicklung;
- Verbesserung von Arbeitsbedingungen, Arbeitsplatzsicherheit, sozialen Beziehungen und Arbeitsklima;
- Förderung der Motivation, Teamarbeit, Identifikation mit dem Unternehmen;
- Freisetzung von Leistungsreserven und Förderung der Kreativität der Mitarbeiter durch erhöhtes Verantwortungsbewusstsein.

Es ist wichtig, dass die Ziele des Ideenmanagements für alle Beteiligte transparent sind. Führungskräfte und Mitarbeiter müssen über die Ziele informiert sein und diese mit den eigenen Wertvorstellungen in Einklang bringen können.[216] Dazu gibt Bullinger an: „Je mehr Möglichkeiten die Mitarbeiter seitens des Unternehmens geboten bekommen ihre persönlichen Zielsetzungen mit denen des Unternehmens abzustimmen, desto größer ist die Wahrscheinlichkeit, dass die Firma überleben und erfolgreich am Markt bestehen kann."[217] Zur Vermeidung von Zielkonflikten im Zusammenhang mit Ideenmanagement ist der Grundsatz anzufügen, „dass alles, was dem Unternehmen nützt, auch dem Mitarbeiter nützt."[218] Beide Parteien verfolgen im Grunde die gleichen Ziele. Das Unternehmen ist an einer langfristigen Wettbewerbsfähigkeit interessiert und verfolgt dabei Effekte der Rationalisierung und Produktivitätssteigerung, was von den Mitarbeitern als Nachteil empfunden werden kann. Dabei sollten die Mitarbeiter nicht verkennen, dass nur leistungsstarke Unternehmen einen dauerhaften Arbeitsplatz und dauerhaft gute Arbeitsbedingungen sichern können.

Neben allgemeinen Formulierungen, die in den Unternehmensleitsätzen und Präambeln der Betriebsvereinbarungen zum Ideenmanagement vorkommen, sollen betriebsindividuelle, konkrete Zielsetzungen erarbeitet werden. Diese Ziele können einmal pro Jahr zwischen Unternehmensleitung, Ideenmanagement und Betriebsrat vereinbart werden. Die Zielsetzungen sollen möglichst konkret und quantitativ sein, um eine einfache Überprüfung ihres Erreichungsgrades zu er-

---

[216] Vgl. Thom, N.: Betriebliches Vorschlagswesen, 1996, S. 56.
[217] Bullinger, H.-J.: Erfolgsfaktor Mitarbeiter, 1996, S. 10.
[218] Vgl. Neckel, H.: Modelle des Ideenmanagements, 2004, S. 31.

lauben. Zugleich dienen solche Ziele den Mitarbeitern als Ansatzpunkte für tatsächlich notwendige Verbesserungen. D. Anic schlägt zu diesem Zweck die Aufstellung einer „Top-Ten-Liste" von betrieblichen Problemen vor, die als Grundlage der Zielformulierung für Ideenmanagement herangezogen werden könnte, wobei im Interesse einer möglichst exakten Problembearbeitung auch nichts gegen abteilungsspezifische Zielsetzungen spricht.[219] Nach Thom, kann die Vorschlagsqualität durch klare Zielformulierungen deutlich erhöht werden.[220]

Traditionell unterscheidet man zwischen ökonomischen und mitarbeiterbezogenen Zielen des Ideenmanagements, wobei die letzteren besonders schwer quantifizierbar sind. Als Beispiele für betriebsindividuelle, konkrete ökonomische Zielsetzungen des Ideenmanagements nennt Anic beispielsweise „die Verringerung der Rüstdauer um bestimmte Zeiten, die Verbesserung der Qualität innerhalb bestimmter Toleranzgrößen, die Reduzierung von Ausschuss um einen festgelegten Prozentsatz oder die Verringerung von Durchlaufzeiten bestimmter Prozesse etc."[221] Beispiele für mitarbeiterbezogene Ziele sind: „die Steigerung der Eigenverantwortung und Selbstständigkeit, z.B. durch Übernahme regelmäßiger Wartungs- und Instandhaltungsarbeiten der Qualitätssicherung, die Vermeidung gesundheitlich belastender oder eintöniger Tätigkeiten, die bessere Gestaltung von Arbeitsplätzen und Pausenräumen oder auch die Verbesserung der Beziehung zum Vorgesetzten."[222] Die Erreichung dieser Ziele sollte mithilfe regelmäßiger anonymer Mitarbeiterbefragungen und persönlicher Gespräche überprüft werden.

Mit ansprechenden Visionen und klaren Zielsetzungen in Bezug auf das Ideenmanagement soll erreicht werden, dass sich alle Unternehmensakteure angesprochen fühlen, mit ihren Ideen zur Lösung gemeinsamer Probleme beizutragen. Die ganze Belegschaft soll zur Ideenarbeit beauftragt werden.

Als integrierte Kennzahlen des Ideenmanagements dienen traditionelle Kriterien Beteiligungs- und Vorschlagsquote, die den Grad der Involviertheit der Belegschaft in die Ideenarbeit einschätzen. Darüber hinaus können Umsetzungsquote und Einsparungshöhe jährlicher Verbesserungsvorschläge als Zusatzkriterien benutzt werden. Die Summe dieser Kriterien ermöglicht die Abschätzung der Effizienz des Ideenmanagements.

Zahlreiche Unternehmen praktizieren eine Operationalisierung der Ziele des Ideenmanagements und verbinden die Zielsetzungen der Ideenarbeit mit dem

---

[219] Vgl. Anic, D.: Ideenmanagement, 2001, S. 227.
[220] Vgl. Thom, N.: Betriebliches Vorschlagswesen, 1996, S. 51.
[221] Anic, D.: Ideenmanagement, 2001, S. 227-228.
[222] Ebd., S. 228.

allgemeinen betrieblichen Zielsystem, beispielsweise in Form von Zielvereinbarungen oder einer Balanced Scorecard. Praktische Umsetzungsmöglichkeiten, Vor- und Nachteile dieser Instrumente werden im Kapitel 3.3.4 diskutiert.

3.1.2. Ermächtigung

Zur Ermächtigung zählen zwei Aspekte: die Übertragung von Verantwortung und Macht, oder Partizipation, sowie das Erschaffen von Freiräumen für die Ideenarbeit.

3.1.2.1. Übertragung von Verantwortung und Macht

Durch die zunehmende Beschäftigung von qualifizierten Fachkräften, immer engere Spezialisierung und steigende Bedeutung des Wissens in Unternehmen, verändert sich die Rolle jedes einzelnen Mitarbeiters. Die Manager sind oft nicht mehr imstande, die Tätigkeiten ihrer Mitarbeiter zu verstehen, zu kontrollieren und zu leiten und müssen deshalb immer mehr aus Weisungsbefugten zu Koordinatoren werden. Die nach der Bezeichnung von T. A. Stewart „schlauen Untergebenen", die bestimmte Dinge besser können als ihr Vorgesetzter, „planen, organisieren und führen einzelne Aufgaben ihrer Tätigkeitsfelder selbst aus".[223] Man spricht häufig von einem partnerschaftlichen Verhältnis zwischen Arbeitgeber und Arbeitnehmer, von Werten, Ermächtigung, Teamarbeit und Freiräumen für Initiative, da diese Faktoren Wissens- und Kreativitätspotenziale der Mitarbeiter entfesseln können.

Aber nicht nur das Fachwissen von Hochqualifizierten, sondern auch Sachverstand, Erfahrungen oder Kundenbeziehungen jedes einzelnen Mitarbeiters bilden Ideenquellen des Unternehmens.

Insofern ist es wichtig, die ganze Belegschaft zur Ideenfindung zu ermächtigen, was eine Übertragung von Verantwortung und Macht, ein Erschaffen von Zeit- und Freiräumen bedeutet. Bullinger und Engel bezeichnen es als „Autorisierung" und zählen dazu: eine technische Ausstattung, die den Mitarbeitern die Chance zu experimentieren und die organisatorische Freiheit, neue Ideen weiterzuentwickeln und auch durchzusetzen gibt, oder Aufgaben wie der Aufbau eines Netzwerks mit externen Experten, wo Ideen eingebracht und ausgetauscht werden können."[224]

Die Übertragung von Verantwortung und Macht bedeutet, dass die Mitarbeiter an dem Entscheidungsprozess, an der Zielsetzung, Arbeitsgestaltung sowie Verantwortung für die Ergebnisse und Qualität der Arbeit beteiligt werden. Die-

---

[223] Stewart, T. A.: Der vierte Produktionsfaktor, 1998, S. 61.
[224] Vgl. Bullinger, H.-J.; Engel, K.: Best Innovator, 2006, S. 47.

se Partizipation hat eine starke motivierende und identifizierende Wirkung (vgl. Kapitel 3.1.4.1.) und setzt kooperative Führungspraktiken voraus. Wird eine höhere Selbstständigkeit und kreatives Denken der Mitarbeiter gefordert, so müssen die Führungskräfte ihre Rollenvorstellungen überprüfen und gegebenenfalls vom autoritären bzw. patriarchalischen zum kooperativen, delegativen oder sogar teilautonomen Führungsstil wechseln. Allerdings ist eine solche Umstellung des Führungsverhaltens ein langwieriger Prozess, und es wäre illusorisch mit einer schnellen, schmerzlosen Veränderung zu rechnen. Man sollte diese Umstellung langfristig planen und durch Trainingsprogramme und Workshops für die Führungskräfte sowie durch eine gezielte Umgestaltung der Unternehmenskultur unterstützen.

Wunderer unterscheidet zwei Dimensionen, die das Kontinuum der Führungsstile bilden:

- Partizipation, oder Autonomie der Mitarbeiter, die den Grad ihrer Entscheidungsbeteiligung beschreibt, und
- Wechselseitige Kooperation zwischen Führungskräften und Mitarbeitern, die die zwischenmenschliche Qualität der Führungsbeziehung charakterisiert, insbesondere das Ausmaß an wechselseitigem Vertrauen, gegenseitiger Unterstützung und Akzeptanz.[225]

Verschiedene Kombinationen dieser zwei Kriterien ergeben ein Führungsstilkontinuum und die grundsätzlichen Führungsstile, die im Weiteren hinsichtlich ihrer Auswirkungen auf die Ideenarbeit analysiert werden (s. weiter folgende Abbildung).

Mit dem zunehmenden Grad der Partizipation wächst die Entscheidungskompetenz der Mitarbeiter, die bei dem kooperativen Führungsstil an der Entscheidungsfindung beteiligt werden, bei dem delegativen selbst entscheiden, nachdem der Vorgesetzte Ziele und Probleme aufgezeigt hat, und bei dem teilautonomen allein entscheiden, während die Rolle des Vorgesetzten auf die eines Koordinators reduziert wird. Mit dem zunehmenden Grad der wechselseitigen Kooperation nimmt die Qualität zwischenmenschlicher Beziehungen zwischen dem Führenden und der Gruppe/den Geführten zu: gegenseitige Unterstützung, Intensität der Interaktion und des Vertrauens. Den höchsten Punkt erreicht bei dieser Dimension die kooperative Führung, die Kommunikation, Offenheit, Verständnis und Toleranz, solidarisches Verhalten, konstruktive Konfliktregelung sowie Kompromiss- und Konsensbereitschaft bedeutet. Von einer Führungskraft werden eine hohe soziale Kompetenz und ein großer Zeitaufwand verlangt, um den Anforderungen der kooperativen Führung gerecht zu werden. In diesem Sinn ist

---

[225] Wunderer, R.: Führung und Zusammenarbeit, 2006, S. 210.

der kooperative Führungsstil im Vergleich mit anderen Stilen das sozial anspruchsvollste Konzept, da es reife Persönlichkeiten auf den Seiten der Führenden und Geführten erfordert, die eine entsprechende Beziehung aufbauen und aufrechterhalten können.

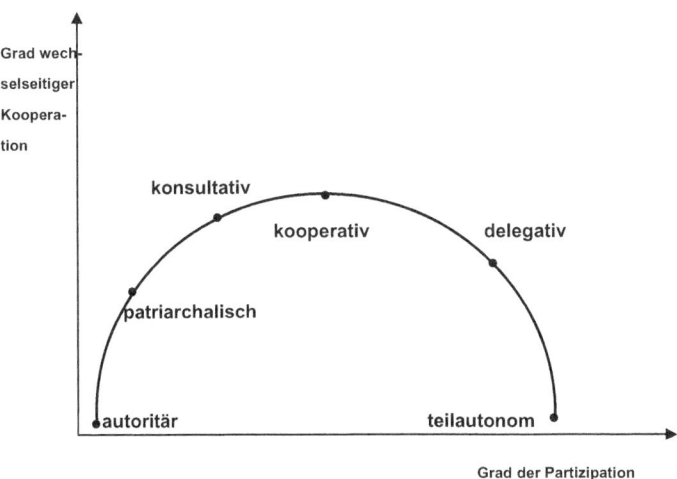

Abbildung 15: Führungsstiltypologie nach Wunderer[226]

Bei dem delegativen und teilautonomen Führungsstil sind die Anforderungen an die Beziehungsqualität und soziale Kompetenz geringer, als bei der kooperativen Führung. Allerdings wird es bei dem hohen Grad der Autonomie von Mitarbeitern erwartet, dass sie mit der Entscheidungsfreiheit umgehen können, was eine fachliche und persönliche Reife voraussetzt. Delegative und teilautonome Führung sind in erster Linie für hochqualifizierte und eigenständige Mitarbeiter geeignet und werden in der Wissensgesellschaft, mit ihren Anforderungen an Flexibilität und Innovation, weiterhin an Bedeutung gewinnen.

In Bezug auf die Ideenarbeit sind alle drei Führungsstile (kooperativer, delegativer und teilautonomer) fördernd, da sie mit einem positiven Menschenbild, einer hohen Autonomie und Freiräumen für Kreativität einhergehen. Die Wahl des optimalen Führungsstils wird durch den Reifegrad und die Sozialkompetenz der Führungskräfte und Mitarbeiter begründet.

Kooperative, delegative oder teilautonome Führung bieten den Mitarbeitern Partizipationsmöglichkeiten, basieren auf dem Delegationsprinzip, indem mög-

---

[226] Wunderer, R.: Führung und Zusammenarbeit, 2006, S. 210.

lichst anspruchsvolle Aufgaben übertragen werden, ermöglichen Selbst- statt Fremdkontrolle und setzen eine offene Kommunikation voraus. Die Mitarbeiter werden ernst genommen und als gleichberechtigte Partner angesehen. Unter diesen Bedingungen sind sie bereit, von sich aus Verbesserungsvorschläge einzubringen.

Kreativität und Ideen sollen durch die Wertschätzung jedes Einzelnen, seiner Talente und Potenziale, aber auch durch rechtzeitige und ernsthafte Rückmeldung der Führungskraft, wozu auch konstruktive Kritik gehört, alltäglich unterstützt werden. Eine schnelle Reaktion auf eingereichte Vorschläge ist außerordentlich wichtig. Ein begründetes Feedback, auch bei Ablehnungen, spielt im Ideenmanagement eine entscheidende Rolle. Eine verspätete Reaktion, fehlende Begründung, überhebliche Haltung oder Schweigen von der Seite der Führungskraft sind echte Ideenkiller, da sie den Einreicher beleidigen und sein Engagement untergraben.

3.1.2.2. Erschaffen von Zeit- und Freiräumen für Ideenarbeit

Nur indem mit Appellen an die Zukunft und neue Entwicklungen gedacht wird, können keine brauchbaren Ergebnisse erzielt werden, wenn die Mitarbeiter keine Zeit- und Freiräume für Ideenarbeit erhalten.

Routinenaufgaben und Terminsachen nehmen die ganze Arbeitszeit in Anspruch und lassen keinen Raum für Ideen und Kreativität. Es muss Zeit und Raum für die individuelle Reflexion während der Arbeitszeit geben. „Wo der Mitarbeiter durch seine starke Beanspruchung keine Gelegenheit für einen Moment der Muße findet, wird er auch kaum über Übergeordnetes nachdenken und deshalb auch keine Ideen hervorbringen. Tugenden wie Ordnung und Disziplin, die im gleichförmigen Tagesgeschäft durchaus ihre Berechtigung haben, können im Ideenwesen kontraproduktiv wirken, da hier gerade in der kreativen Abwechselung interessante Impulse für Neues entstehen können."[227]

Möchte ein Unternehmen Kreativitätspotenziale seiner Mitarbeiter ausschöpfen, solle es sie mit einer Gelegenheit und einem Budget zum Experimentieren und Ausprobieren ermutigen. Dafür sind persönliche Freiräume im Arbeitsalltag und Unterstützung durch Vorgesetzten absolut notwendig.

In der Unternehmenspraxis werden verschiedene Formen der Freiräume für Ideenarbeit praktiziert. Google hat beispielsweise eine so genannte „20-Prozent-Regel", wonach seine Mitarbeiter ein Fünftel ihrer Arbeitszeit (einen Tag pro Woche) an neuen Ideen arbeiten können. Marissa Meyer, zuständig für das In-

---

[227] Stern, T.; Jaberg, H.: Erfolgreiches Innovationsmanagement, 2005, S. 112-113.

novationsmanagement bei Google berichtet, dass die Hälfte aller Innovationen im zweiten Halbjahr 2005 aus dieser 20% Arbeitszeitregel stammen. [228]

Bei der Firma 3M erhalten die FuE-Mitarbeiter 15 Prozent ihrer Arbeitszeit zur freien Verfügung, um eigene Ideen voranzutreiben – wobei diese Quote nur als symbolischer Anhaltspunkt zu verstehen ist und keiner Kontrolle unterliegt. [229]

Selbstverständlich kann man nicht von jedem Mitarbeiter Kreativität erwarten und verlangen, und es wäre falsch, allen pauschal Zeit zur Ideengenerierung zu gewähren. Andererseits, dürfen die fähigen und motivierten Ideengeber an Zeitmangel nicht scheitern. Regelmäßige Mitarbeitergespräche und die Berücksichtigung individueller Potenziale und Motive der Mitarbeiter durch die Führungskraft könnten angemessene Auswege aus diesem Dilemma sein.

Die „InnoChampion"-Initiative der Henkel KGaA zeigt eine mögliche Lösung: einzelnen besonders innovativen Mitarbeitern wird es erlaubt, den Großteil ihrer Zeit in ein selbstgewähltes Projekt zu investieren. Die Freiheit der Enterpreneurs unterstützt den ganzheitlichen Ansatz des Innovationsmanagements. [230]

Weiterhin können Ideenworkshops und -werkstätten dazu beitragen, dass die Mitarbeiter abseits ihres Tagesgeschäftes ihren Ideen freien Lauf lassen und diese mit Kollegen und dem verantwortlichen Management diskutieren können.

Bemerkenswert sind die Erfahrungen der SAP AG, die im Ideemanagement eine Balance zwischen Kreativität und Disziplin anstrebt, worunter eine Kombination aus Freiräumen für neue Ideen und einer systematischen Erfassung der Ideen verstanden wird. Um die Räume für Kreativität zu schaffen, werden regelmäßig zweitägige Think-Tank-Konferenzen, abwechselnd an verschiedenen Standorten (in den USA, Indien, Bulgarien, Deutschland) organisiert. In enger Kooperation mit den Managern vor Ort werden Ideenkreise identifiziert und die Schwerpunktthemen festgelegt. Am ersten Tag treffen sich Teilnehmer zum Brainstorming zum Schwerpunktthema, anschließend werden Arbeitsgruppen gebildet, die über einzelne Aspekte diskutieren und zum Schluss ihre Ergebnisse präsentieren. Am zweiten Tag diskutieren die Teilnehmer die in den Arbeitsgruppen entstandenen Vorschläge, bewerten diese und präsentieren die besten Ideen dem Management vor Ort. [231]

Bei arbeitsorganisatorisch integrierten Formen des Ideenmanagements ist die Beschäftigung mit neuen Ideen ein unmittelbarer Bestandteil der alltäglichen

---

[228] Vgl. Innovationsmanagement Online auf www.i-m-o.info/index, Best Practice (14.02.08)
[229] Stern, T.; Jaberg, H.: Erfolgreiches Innovationsmanagement, 2005, S. 103.
[230] Vgl. Bullinger, H.-J.; Engel, K.: Best Innovator, 2006, S. 52.
[231] Heuser, L.: Ideenmanagement und Corporate Venturing – Fallbeispiel SAP, 2006, S. 278.

Arbeit, wie wöchentliche Teamgespräche bei Arbeitsgruppen. Diese Gespräche haben unter anderen die Funktion, zum Nachdenken über die Verbesserungsmöglichkeiten anzuregen.

3.1.3. Befähigung

Zu dem Faktor Befähigung gehören die Ausbildung von Kompetenzen der Unternehmensakteure zur Ideenarbeit mithilfe von Kreativitätstechniken und Schulungen und das Schaffen von kreativitätsfördernden Bedingungen und Kultur. Darüber hinaus sollte eine möglichst einfache und unbürokratische Einreichung von Ideen gewährleistet werden, die im Kapitel 3.3.6 thematisiert wird.

3.1.3.1. Kreativitäts- und Kommunikationskompetenzen

Die Ausbildung von Kompetenzen für Ideenarbeit hat das Ziel, Denkschwierigkeiten (Kreativitätsmangel) und Kommunikationsschwierigkeiten zu überwinden. Denkschwierigkeiten liegen dann vor, wenn die Idee für einen Vorschlag fehlt. Solche Denkschwierigkeiten können auf Kritiklosigkeit und Einfallslosigkeit beruhen. Kritiklosigkeit bedeutet, dass eine kritische Betrachtung des Betriebsgeschehens ausbleibt. Man spricht auch von der sog. Betriebsblindheit. Einfallslosigkeit bedeutet, dass zwar Mängel festgestellt werden, jedoch konstruktive Verbesserungsvorschläge ausbleiben. Artikulations- und Kommunikationsschwierigkeiten können dazu führen, dass wichtige Vorschläge im Verborgenen bleiben. Eine mangelhafte Ausbildung der Fähigkeiten, die zur Einreichung nötig sind, ist hier als Hauptgrund zu sehen.

Da die Kreativität eine wichtige Unternehmensressource und zugleich eine allgemeine menschliche Fähigkeit darstellt (vgl. Kapitel 1.3.2.4.), ist es wichtig, die Kreativitätspotenziale aller Unternehmensakteure zu erkennen und zu fördern.

Eine neue Idee ist das Ergebnis eines kreativen Prozesses, sie muss neu (dem Einreicher und dem Unternehmen zuvor unbekannt) und nützlich (ökonomisch verwertbar) sein. Der kreative Prozess entsteht aus der Kombination des divergenten und konvergenten Denkens. Das divergente Denken findet, im Gegensatz zum konvergenten, ungewöhnliche Lösungen für neuartige, schlecht strukturierte Probleme. Aber auch gesammelte Erfahrungen, verfügbare Informationen, bekannte Zusammenhänge spielen im Prozess der Ideenarbeit eine wichtige Rolle.

Jeder Mitarbeiter des Unternehmens besitzt seine eigenen, einmaligen Erfahrungen und Phantasie, die für das Unternehmen von Bedeutung sind. In den meisten Unternehmen bleiben viele Kreativitätspotenziale unentdeckt und ungenutzt. Durch eine gezielte Aktivierung der Kreativität und die Schaffung günstiger Bedingungen für ihre Entfaltung könnte ein wesentlicher Nutzen erzielt werden.

Für eine unmittelbare Aktivierung der Kreativität werden in der Praxis verschiedene Kreativitätstechniken eingesetzt, überwiegend in den Bereichen Marketing, Forschung und Entwicklung. Sie sind ebenfalls für die Ideenarbeit in anderen Bereichen sinnvoll, da Kreativitätspotenziale durch einen systematischen Einsatz von Kreativitätstechniken erschlossen und gesteigert werden können. Als besonders geeignet sind Gruppensitzungen in Form von Ideenwerkstätten und Qualitätszirkeln zu nennen.

Insgesamt sind ca. 100 verschiedene Kreativitätstechniken bekannt. Sie geben jedoch keine Garantie dafür, dass bei ihrem Einsatz optimale Lösungen gefunden werden, steigern allerdings die Wahrscheinlichkeit der Generierung von guten Ideen.

Je nach Problemstellung können verschiedene Techniken zum Einsatz kommen. Einen Überblick über die Möglichkeiten mit typischen Anwendungsbeispielen gibt weiter folgende Tabelle.

In der praktischen Ideenarbeit werden überwiegend Brainstorming und Brainwriting sowie Ishikawa Diagramm und morphologische Matrix verwendet.

Beim Brainstorming werden Problemlösungen in einer kleinen, moderierten Gruppe durch freies Assoziieren einzelner Teilnehmer gefunden. Die optimale Gruppengröße beträgt fünf bis sieben Personen, die nach Möglichkeit divers hinsichtlich der Fachrichtung, Position, Alter und Geschlecht sein sollten. Je mehr Betrachtungsperspektiven im Spiel sind, desto kreativer sind die Ideen. Ein erfahrener Moderator sollte die Sitzung steuern, aber nicht zu sehr dominieren. Wichtig ist, dass in der ersten Phase der Ideengenerierung keine Kritik geäußert wird, um den Ideen freien Lauf zu geben. Man lässt sich von den Ideen anderer Teilnehmer inspirieren. Quantität geht zunächst vor Qualität. Abschließend werden die Ideen sortiert und in Bezug auf ihre Realisierbarkeit und Wirtschaftlichkeit gemeinsam bewertet, beispielsweise als „unmittelbar umsetzbar", „bedingt umsetzbar" oder „unbrauchbar". Als Hilfestellung für diese Bewertung kann eine Matrix mit den Kriterien Marktattraktivität und Implementierungsaufwand benutzt werden, um die einzelnen Ideen zu positionieren und mit einander zu vergleichen.[232]

---

[232] Wittmann, R.G.; Leimbeck, A.; Tomp, E.: Innovation erfolgreich steuern, 2006, S. 63.

Tabelle 8: Problemtypen und geeignete Kreativitätstechniken[233]

Problemtyp	Beschreibung	Beispiel	Empfohlene Technik
1. Ideensammlung	Alternativen für einen bestimmten Zweck werden gesucht	Bilder für eine Broschüre; Geschenkideen	Brainstorming
2. Vorgehensproblem	Es wird der Weg gesucht, ein bestimmtes Ergebnis zu erreichen	Identifizierung relevanter Kundenprobleme	Kartenumlauftechnik
3. Verbesserungsaufgaben	Ein bestehendes Konzept, Produkt, Vorgehen soll verbessert werden	Relaunch eines Kosmetikprodukts; Wertanalyse	Attribute Listing, Brainstorming bzw. Brainwriting
4. Anwendungssuche	Es sind Anwendungsmöglichkeiten einer neuen Technologie zu finden.	Wofür kann ein neuer Werkstoff eingesetzt? eine neue Software genutzt werden?	Brainstorming, Kartenumlauftechnik
5. Verhaltensänderungen bewirken	Menschen sollen zu einem neuen Verhalten beeinflusst werden.	Wie können wir erreichen, dass sich die Mitarbeiter stärker mit dem Unternehmen identifizieren?	Kartenumlauftechnik, Mindmapping, Reizwortanalyse
6. Namensfindung	Finden eines Namens	Namen für ein neues Produkt oder ein Event	Brainstorming, Morphologische Matrix
7. Sloganfindung	Slogan für einen bestimmten Zweck	Slogan für einen neuen Prospekt	Ringtauschtechnik
8. Aufmerksamkeit wecken	Ungewöhnliche Ideen mit hohem Aufmerksamkeits- oder Überraschungseffekt	Neues Werbekonzept	Reizwortanalyse, Visuelle Konfrontation
9. Lösungsfindung (Erfindungsproblem)	Ein (technisches) Problem soll in neuer Weise gelöst werden.	Ein neuer Koffer	Reizwortanalyse, Visuelle Konfrontation, TRIZ
10. Systemkonzeptentwicklung	Ein komplexes Problem, das aus mehreren zusammenwirkenden Komponenten besteht	Entwicklung eines Sicherheitssystems; Strategieentwicklung	Morphologische Matrix
11. Erklärungsproblem	Eine Erklärung für ein Phänomen, ein Ergebnis oder einen Effekt ist zu finden	Gründe für Marktanteilsrückgang finden; Qualitätsmängel klären und beseitigen	Nicht in einem Zug lösbar. Nach der Voranalyse ergibt sich ein Problem vom Typ 1-10

---

[233] Geschka, H.: Kreativitätstechniken und Methoden der Ideenbewertung, 2006, S. 234-235.

3. Praktische Gestaltung des ganzheitlichen Ideenmanagements   105

Im Gegensatz zum Brainstorming werden beim Brainwriting von jedem Teilnehmer schriftliche Vorschläge erarbeitet. Die bewerte Methode wird auch als 635-Methode bezeichnet. Sechs Personen erhalten ein Formular mit der Fragestellung und schreiben drei Lösungsvorschläge innerhalb von fünf Minuten auf. Danach wird das Blatt an den nächsten Teilnehmer gereicht, der sich von den aufgeschriebenen Ideen inspirieren lässt und fügt weitere drei Vorschläge hinzu. Es können ganz neue oder ergänzte Ideen anderer Teilnehmer sein. Der Vorgang wird sechsmal wiederholt. Zum Schluss werden die aufgelisteten Ideen durch die Gruppe bewertet. Die Formulare werden wieder unter den Teilnehmern verteilt und jeder darf die drei besten Ideen kennzeichnen.[234]

Das Ishikawa Diagramm (s. Abbildung) ist eine bildhafte Darstellung der Ursache und Wirkung für ein bestimmtes Problem und eignet sich zur Identifikation der wahrscheinlichen Problemursachen und zur Ermittlung von möglichen Lösungen. Ausgehend von einer konkreten Aufgabenstellung werden alle potenziellen Haupt- und Nebenursachen systematisch erfasst und mithilfe von Pfeilen ihren Wirkungen zugeordnet.

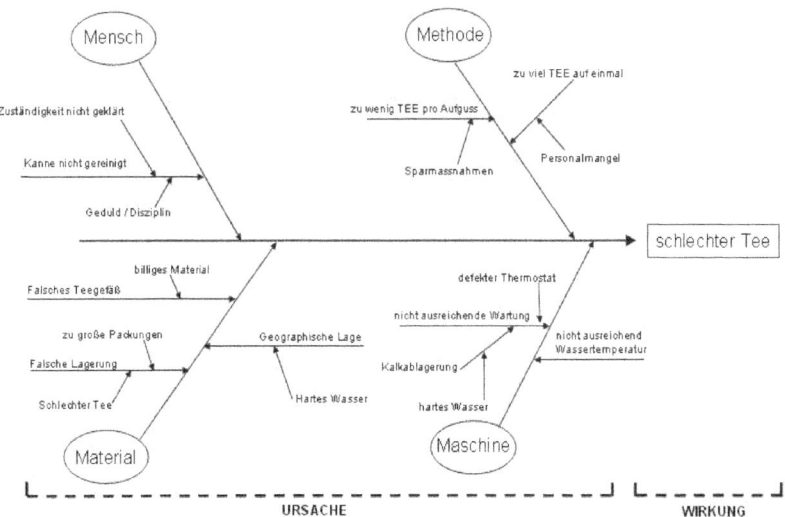

Abbildung 16: Beispiel für eine Ishikawa Diagramm[235]

---

[234] Wittmann, R.G.; Leimbeck, A.; Tomp, E.: Innovation erfolgreich steuern, 2006, S. 64.
[235] Quelle: www.werkstoffoberflaeche.de/Werkstoff-Seiten/Loesungen/Methoden/Ishikawa

106 3. Praktische Gestaltung des ganzheitlichen Ideenmanagements

Ein Ishikawa Diagramm kann in der praktischen Ideenarbeit vor allem als Grundlage zur Diskussion sowie als eine Hilfestellung zur systematischen Betrachtung benutzt werden.

Eine morphologische Matrix versucht ebenfalls ein Problem zu systematisieren, indem sie es in seine charakteristischen Komponenten zerlegt wird. Man bildet eine Matrix mit den Eigenschaftsparametern des Problems und ihren möglichen Ausprägungen. Als Parameter gelten die wichtigsten Eigenschaften des Objektes. Durch die Kombination verschiedener Ausprägungen je nach Parameter können zahlreiche Lösungsvarianten erzeugt werden, unter denen auch brauchbare sein können.

Man empfiehlt eine morphologische Matrix für die Entwicklung von technisch komplexen Produkten, insbesondere wenn ein Produkt entwickelt oder verbessert werden und dabei gewährleistet sein soll, dass alle wesentlichen Gesichtspunkte erfasst sind.[236] Ein Beispiel solcher Fragestellung: Es sollte eine neue Kaffeemaschine entwickelt werden. Als Gestaltungsparameter können Wasserspeicher, Energiequelle, Heißwassertransport, Extraktion und Trennung definiert werden. Zu jedem Parameter werden in einem kreativen Prozess möglichst viele Ausprägungen gesucht (s. Abbildung).

Parameter	Ausprägung				
	1	2	3	4	5
Wasserspeicher	Behälter integriert	Behälter fremd			
Energiequelle	Netz	Akku	Mikrowelle	Induktion	Gas
Heißwassertransport	Steigrohr	Schwerkraft	Pumpe	von Hand	kein
Extraktion	Filter	Patrone	Beutel	offenes Gemisch	
Trennung	keine	Absetzen	Filter	zentrifugal	elektromagnetisch

Abbildung 17: Morphologische Matrix für eine neue Kaffeemaschine[237]

---

[236] Wittmann, R.G.; Leimbeck, A.; Tomp, E.: Innovation erfolgreich steuern, 2006, S. 56.
[237] Vgl. König, M.; Völker, R.: Innovationsmanagement in der Industrie, 2002, S. 80.

3. Praktische Gestaltung des ganzheitlichen Ideenmanagements 107

Die Kombinationen verschiedener Ausprägungen werden hinsichtlich definierter Auswahlkriterien (z.b. Design, Wirtschaftlichkeit, technische Durchführbarkeit) bewertet, um anschließend die optimale Lösung zu wählen.
Allerdings kann eine morphologische Matrix auch anders eingesetzt werden, wie im weiter folgenden Beispiel.

	Zielgruppen			
Anwendungszweck	Babys	Alte Menschen	Autofahrer	Sportler
Make up	i	I		i
Schönheitskorrektur		I	i	
Wundbehandlung	b		i	
Körperreinigung	b		i	
Geruchsbindung	b		i	
i = interessant; b = bekannt				

Abbildung 18: Morphologische Matrix für Hautcreme[238]

Diese Matrix stellt Anwendungszwecke des Produktes Hautcreme den Zielgruppen gegenüber, um mögliche Kombinationen darzustellen. Die bekannten Kombinationen werden dadurch ersichtlich, Leerfelder zeigen noch nicht genutzte Kombinationen, die in Bezug auf nutzbare Möglichkeiten überprüft werden sollen. Einige der Kombinationen werden als interessant bewertet und weiter verfolgt.

Da die Arbeit an neuen Ideen neben den Fachkompetenzen spezielle Sozialkompetenzen wie Koordinations- und Kommunikationskompetenz erfordert, sollten diese in speziellen Schulungen gefördert werden.

Im Rahmen der systematischen Weiterbildung sollte man fachliche und überfachliche Schulungen anbieten, die Teamarbeit-, Kooperations- und Kommunikationsfähigkeiten fördern. Es können interne und externe Weiterbildungen und spezielle Veranstaltungen sein. Einige Autoren finden es ebenfalls nützlich, Mitarbeiter über Zielsystem des Unternehmens, Grundlagen der Gewinn- und Kostenrechnung zu informieren, um Nicht-Kaufleuten das Mitdenken und -reden in betriebswirtschaftlichen Zusammenhängen zu ermöglichen.[239]

---

[238] Birker, K.: Führungsstile und Entscheidungsmethoden, 1997, S. 162.
[239] Vgl. Stern, T.; Jaberg, H.: Erfolgreiches Innovationsmanagement, 2005, S. 49.

Viele Unternehmen konzipieren spezielle Trainingsseminare für Projektleiter und Ideenarbeiter, um deren Koordinations-, Teamarbeits- und Kommunikationsfähigkeiten zu schulen. Wichtig ist eine individuelle Ausrichtung der Schulungen, wobei die Anforderungen des Arbeitsbereichs, tatsächliche Kenntnisse der Teilnehmer sowie die Entwicklungswünsche der Mitarbeiter und des Unternehmens berücksichtigt werden sollten. Eine effiziente Schulung für Ideenarbeit sollte weniger theoretisch, sondern möglichst nah mit der internen Problematik des Unternehmens oder Arbeitsbereichs verknüpft sein. Gruppenschulungen sind effizienter als Einzelschulungen, da die Mitglieder eines Teams Zusammenhalt und gemeinsames Lösen von Problemen üben können.

Idealerweise sollte Weiterbildung für Ideenarbeit in das gesamte Weiterbildungsprogramm des Unternehmens integriert werden, in dem regelmäßige Schulungen für alle Mitarbeiter vorgesehen sind. Um die relevanten Inhalte der Weiterbildung anzubieten und Motivation zum Lernen zu steigern, sollte man auf individuelle Wünsche der Mitarbeiter oder Teams eingehen. Diese Wünsche könnten in regelmäßigen Mitarbeiter- oder Gruppengesprächen ermittelt oder in Form von speziellen „Schulungs-Wunschzetteln" erfasst werden.

3.1.3.2. Kreativitätsfördernde Arbeitsbedingungen und Kultur

Neben dem Einsatz von Techniken kann die Steigerung der Kreativität der Mitarbeiter durch die Gestaltung kreativitätsfördernder Arbeitsbedingungen erreicht werden. Dazu zählen:

- Permanente Qualifizierung der Beschäftigten, da die qualifizierten Fachkräfte Probleme und Mangel in Produkten und Prozessen eher erkennen und artikulieren können;
- Kontinuierliche Weiterbildungsmaßnahmen für alle Beschäftigte, um Lernfähigkeit und Veränderungsbereitschaft aufrecht zu erhalten;
- Offene Kommunikation von Erfolgen, Problemen und Entwicklungen im Unternehmen, um eventuellen kreativen Gedanken der Mitarbeiter eine Richtung zu geben;
- Möglichst geringer Formalisierungs-, Standardisierungs- und Routinisierungsgrad der Aufgabenstellung;
- Verringerung der Spezialisierung und Arbeitsteilung durch eine Erweiterung des Handlungs- und Gestaltungsspielraums durch job rotation, job enlargement, job enrichment und Gruppenarbeit;
- Informationsaustausch zwischen Abteilungen und Arbeitsteams, um betriebliche Zusammenhänge zu erkennen sowie das Wissen über die Entwicklungen, vor- und nachgelagerter Prozesse zu erlangen;
- Interdisziplinäre und allgemein gemischte (in Bezug auf Herkunft, Geschlecht, Alter, Ausbildung etc.) Teams, um eine Vielfalt an Betrachtungsperspektiven und Meinungen zu erreichen;

3. Praktische Gestaltung des ganzheitlichen Ideenmanagements 109

- Kreativitätsfördernde Unternehmenskultur: angstfreie Atmosphäre, gutes soziales Klima, Offenheit, Vertrauen, Fehlertoleranz, Wertschätzung jedes Einzelnen und partnerschaftliches Verhältnis.

Zahlreiche Untersuchungen belegen die Bedeutung der Unternehmenskultur für Innovationen und den Erfolg von Unternehmen. Eine Studie von Ernst aus dem Jahr 2003 zeigt, dass Kulturen, in denen Eigenschaften wie Kreativität, Flexibilität, Unternehmertum, Risikobereitschaft und eine auf das Hervorbringen von Innovationen ausgerichtete Firmenstrategie besonders stark ausgeprägt sind, innovativer und damit auch erfolgreicher in Bezug auf Wachstum, Profitabilität und Zielerreichung sind.[240]

Damit Mitarbeiter bereitwillig ihre Kreativität und Ideen einbringen, sollte als Grundlage eine offene und kommunikationsfreundliche Unternehmenskultur geschaffen werden. Führungskräfte sind gefordert einen kooperativen, partnerschaftlichen Führungsstil umzusetzen, der eine Entfaltung von Selbstverantwortung und Kreativität der Mitarbeiter gestattet. Ein solcher Führungsstil bedingt, dass sich auch die Unternehmensleitung klar zu dieser Kultur bekennt und sie aktiv unterstützt. Erforderlich ist eine Integration des Ideenmanagements in die Unternehmensphilosophie und in das Zielsystem.[241]

Thom betont, dass „ohne eine Unternehmungskultur, in welcher der Veränderungsbereitschaft und dem Streben nach innovatorischen Leistungen eine hohe Position in der gültigen Werteordnung zukommt" sich auch das Wirkungspotential aller weiteren Ideenmanagement-Instrumente nicht gänzlich entfalten kann.[242]

Da Unternehmenskultur auf Traditionen und Erfahrungen basiert und nur schwer zu verändern ist, sollte man mit einer langfristigen Überzeugungsarbeit rechnen. Einige Unternehmen versuchen im Rahmen einer Kampagne spezielle Regeln für Führungskräfte und Mitarbeiter zu etablieren, um eine ideenfördernde Kultur zu entwickeln (s. folgende Tabelle). Allerdings darf eine solche Kampagne nicht als einmalige Maßnahme betrachtet werden, sondern als ein Schritt in einem mühsamen, langfristigen Veränderungsprozess.

---

[240] Vgl. Ernst, H.: Unternehmenskultur und Innovationserfolg, 2003, S. 23-45.
[241] Vgl. Wuppertaler Kreis e.V.: Ideenmanagement, S. 6 f.
[242] Vgl. Thom, N.: Betriebliches Vorschlagswesen, S. 53 f.

3. Praktische Gestaltung des ganzheitlichen Ideenmanagements

Tabelle 9: Regeln für Führungskräfte und Mitarbeiter zur Förderung einer ideenfreundlichen Unternehmenskultur[243]

Regeln für Führungskräfte	Regeln für Mitarbeiter
Formuliere eine klare und verständliche Strategie und beziehe die Mitarbeiter in die Formulierung ein. Sporne die Leistungsbereitschaft der Mitarbeiter an, indem du eine Richtung angibst, die Sinn hat. Sei ein Vorbild. Zeige Engagement, beweise Mut. Setze Energie und Talente frei und fördere Innovationen. Schaffe Werte für alle strategischen Stakeholder: Kunden, Anteileigner, Gesellschaft. Schaffe ein Umfeld, in dem jeder Mitarbeiter sein Bestes geben kann. Wähle Mitarbeiter aus, die besser sind als du selbst, nutze ihre Talente und gib ihnen die Möglichkeit, sich zu entwickeln.	Sei neugierig genug, um immer wieder neue Erfahrungen sammeln zu wollen. Lerne aus den unterschiedlichen Perspektiven zu blicken, experimentiere in deinem Aufgabenbereich. Entwickle ein Gespür für die Marktentwicklungen und ein Bewusstsein der Zusammenhänge im Unternehmen. Erkenne auch die an, deren persönliches Engagement sich eher im Verborgenen vollzieht. Berate dich mit anderen, bringe alle möglichen Gesichtspunkte ins Spiel, prüfe sie auf ihre Plausibilität und gewinne Akzeptanz bei den Betroffenen. Halte Optionen auch nach getroffener Entscheidung offen. Berücksichtige die Eigeninteressen anderer in der gleichen Weise, wie die eigenen. Sei offen für Unvorhersehbares, rechne mit dem Zufall, lass den Dingen Zeit.

Aufgrund verschiedener Quellen und Untersuchungen können folgende Empfehlungen für die Gestaltung einer ideenfördernden Kultur formuliert werden:

- Lernbereitschaft, ständige Verbesserungen und Offenheit in den Leitlinien verankern, anstreben und kommunizieren;
- möglichst geringe Hierarchien und Statusunterschiede;
- offene Kommunikation pflegen, einen freien Zugang zu Informationen für jeden Mitarbeiter des Unternehmens gewährleisten;
- einen kooperativen, delegativen oder teilautonomen Führungsstil deklarieren und praktizieren;
- jeden einzelnen Mitarbeiter mit seinen besonderen Eigenschaften und Talenten wertschätzen;
- Vertrauen zwischen allen Unternehmensakteuren fördern;

---

[243] Hinterhuber, H.; Stadler, Ch.: Innovationsfördernde Rahmenbedingungen schaffen, 2006, S. 89-90.

3. Praktische Gestaltung des ganzheitlichen Ideenmanagements   111

- Kooperationsbereitschaft, Gruppenarbeit und Teamgeist stärken;
- eine bereich- und teamübergreifende Kommunikation ermöglichen;
- Handlungsspielräume für individuelle Ideenarbeit der Mitarbeiter gewähren, indem man ihnen Möglichkeit und Zeit für kreative Prozesse gibt;
- besonders innovative Mitarbeiter mit Ressourcen, Auszeichnungen, Lob, Prämierung u.ä. unterstützen;
- mit Fehlern und Konflikten konstruktiv umgehen, Fehlschläge und Misserfolge akzeptieren;
- Angstfreiheit gewähren: Angst der Mitarbeiter vor dem Einkommensverlust, vor Kurzarbeit bis hin zum Arbeitsplatzverlust muss durch offene Kommunikation und Überzeugung reduziert werden.

3.1.4. Motivation

Das Konzept eines ganzheitlichen Ideenmanagements geht von einem positiven Menschenbild aus und setzt voraus, dass jeder Mensch in Abhängigkeit von seinen individuellen Bedürfnissen intrinsisch motiviert ist, wobei unter anderen die Bedürfnisse nach Leistung, Lernen, Zugehörigkeit, Teilnahme und Selbstverwirklichung entscheidend sind. Diese Bedürfnisse machen es möglich, dass die Mitarbeiter sich freiwillig für die Ideenarbeit engagieren, wobei sie die Freiräume für Initiative und Kreativität, die Möglichkeiten für Selbstorganisation und Verantwortung nutzen, ihre Kompetenzen ausbauen, sich mit der gemeinsamen Aufgabe und mit dem Kollektiv identifizieren.

Zugleich ist es die Aufgabe des Unternehmens und des Managements, situative Gegebenheiten (Anreize) zu schaffen, um die intrinsischen Potenziale der Mitarbeiter zu nutzen. Die Anreize sollen die Möglichkeiten zur Bedürfnisbefriedigung aufzeigen und bestimmte Verhaltensweisen fördern.[244] Dass Mitarbeiter ihre Kreativität und ihr Ideenpotential mitteilen, darf nicht als selbstverständlich angesehen werden. Die Annahme über grundsätzlich intrinsische Motivation macht Anerkennung der Leistung, Wertschätzung und Auszeichnung auf keinem Fall überflüssig. Eine engagierte Beteiligung an der Ideenarbeit kann nur von Mitarbeitern erwartet werden, die ihren Einsatz angemessen honoriert und prämiert wissen. Wäre das nicht der Fall würde sich der Mitarbeiter ausgebeutet fühlen und sich nicht weiter an Verbesserungsprozessen beteiligen.

Nach Herzberg ist die intrinsische Motivation durch die Arbeit an sich, Leistungserfolg, Anerkennung, Verantwortung, Aufstieg und Selbstverwirklichungsmöglichkeiten für die Leistung und Zufriedenheit entscheidend, während

---

[244] Ausführlicher zum Zusammenspiel intrinsischer und extrinsischer Motivation s. Franken, S.: Verhaltensorientierte Führung, 2007, Kapitel 8.

die Entlohnung an sich nicht motivieren kann und keine Zufriedenheit verursacht. Folglich ist es für eine engagierte Ideenarbeit notwendig, eine dauerhafte intrinsische Motivation zu schaffen, anstatt wie im traditionellen BVW allein auf die extrinsische Anreize zu setzen.

3.1.4.1. Intrinsische Motivation zur Ideenarbeit

Intrinsische Motivation geht davon aus, dass die Arbeit aus sich heraus belohnend wirken kann. Dafür müssen entsprechende organisatorische Bedingungen geschaffen werden, so dass die Bedürfnisse der Mitarbeiter durch die Arbeitsinhalte selbst befriedigt werden.

Der Stellenwert der Arbeit in unserer Gesellschaft nimmt zu, es wird nur die Arbeit innerlich akzeptiert, die eine gewisse Befriedigung bringt und den Fähigkeiten und Neigungen einer Person entspricht. Werden die Bedürfnisse des Einzelnen nicht im Arbeitsleben erfüllt, so sucht er nach Befriedigung in seiner Freizeit, was oft zugleich einen Dienst nach Vorschrift oder sogar innere Kündigung bedeutet. Von diesen Phänomenen sind in erster Linie leistungsfähige, engagierte Mitarbeiter betroffen, die keine fördernden Bedingungen für ihre Entfaltung finden. Häufig sind daran bürokratische Strukturen, hochgradige Arbeitsteilung und vorprogrammierte Arbeitsabläufe schuldig.

Eine interessante, erfüllende Tätigkeit in Kombination mit der Möglichkeit, Zeit und Arbeitsorganisation selbst zu gestalten, ermöglicht Eigenverantwortung und Selbstverwirklichung. Aktive Teilnahme an Zielsetzungen und Entscheidungen vermittelt das Gefühl der Zugehörigkeit und Identifikation. Von großer Bedeutung für die Motivation zur Ideengenerierung sind sinnvolle, ganzheitliche Arbeitsaufgaben, bei denen dem Mitarbeiter die großen Sinnzusammenhänge und seine eigene Rolle im Gesamtergebnis klar sind.

In diesem Sinn kann Ideenarbeit an sich zum Motivationsfaktor werden. Das Vorschlagswesen ermöglicht es einem Mitarbeiter, sein Arbeitsgebiet zu überschreiten, über die Zusammenhänge nachzudenken, sich am Unternehmensgeschehen aktiv zu beteiligen. Die Beteiligung am Ideenmanagement bietet jedem Einzelnen eine Chance, die eigenen Fähigkeiten zu entfalten und unter Beweis zu stellen.

Insbesondere bei monotonen, routinisierten Tätigkeiten ermöglicht Ideenarbeit die Erfüllung intrinsischer Bedürfnisse nach Leistungserfolg, Anerkennung, Selbstachtung, sinnvoller Tätigkeit, Verantwortung und Entfaltung. Als besonders motivierend bezeichnet Anic das Erreichen selbstgesteckter Ziele: das Gefühl, aufgrund der fachlichen Befähigung etwas Außergewöhnliches geleistet zu haben, ist ein wichtiges Leistungsmotiv und trägt zur Arbeitszufriedenheit bei.[245]

---

[245] Vgl. Anic, D.: Ideenmanagement, 2001, S. 191.

Es ist wichtig, den Einreichern eine Möglichkeit zu geben, sich an der praktischen Umsetzung ihrer Vorschläge zu beteiligen. So bekommen die engagierten Mitarbeiter das Gefühl, dass ihre Ideenarbeit direkte Auswirkungen auf das Unternehmen und auf ihre persönliche Arbeitssituation hat. Die Einreicher müssen während der Realisierung ihrer Ideen immer die Gelegenheit haben, mitzureden und mitzuentscheiden.

Als ein weiterer Motivationsfaktor kann die Partizipation angesehen werden. Oft empfindet ein Individuum seine Einordnung in das System Unternehmen als Verlust seiner Autonomie, was zur Entfremdung führen kann. Um dem vorzubeugen, wird in vielen Unternehmen Partizipation praktiziert, die Mitarbeiter zu Mitunternehmern macht. Die Partizipation gibt den Mitarbeitern die Möglichkeit, ihre Vorstellungen und Wünsche in Bezug auf Veränderungsprozesse einzubringen und aktiviert Innovationspotenziale und Veränderungsbereitschaft. Das unternehmerische Denken wird geweckt, was die Ideenarbeit weiterhin begünstigt. Das Gefühl, etwas im Unternehmen oder seinen Prozessen verändert zu haben, stärkt Selbstwertschätzung und befriedigt das Geltungsbedürfnis einer Person. Zugleich wird die Selbstverwirklichung und Persönlichkeitsentwicklung des Mitarbeiters ermöglicht. So kommt es zu einer Wechselwirkung von Partizipation und Ideenarbeit, die sich gegenseitig verstärken.

Ähnliche Prozesse sind für das Zusammenspiel zwischen Identifikation und Ideenarbeit kennzeichnend. Der beste Weg, die Identifikation der Mitarbeiter mit dem Unternehmen zu stärken, ist es, sie um Rat und nach Verbesserungsvorschlägen für das Unternehmensgeschehen zu fragen. Ernst genommen zu werden, eigene Ideen einbringen und umsetzen zu dürfen – das sind die wichtigen Voraussetzungen für die Identifikation, Loyalität und Verbundenheit. Das gleiche gilt auch umgekehrt: je höher die Identifikation, desto ausgeprägter ist die Bereitschaft der Mitarbeiter, sich für die Situation und Probleme des Unternehmens zu interessieren und im Ideenmanagementprozess zu engagieren.

3.1.4.2. Extrinsische Motivation zur Ideenarbeit

Bei der extrinsischen Motivation geht es um die materiellen und nichtmateriellen Anreize. Eine aktive Beteiligung am Ideenmanagement muss sich für die Mitarbeiter lohnen. Dies sollte sich darin ausdrücken, dass die erbrachte Leistung in Form von Geld-, Sach- u. Sonderprämien (z.B. Freizeit) anerkannt wird.[246] Die am häufigsten eingesetzte Prämie ist die Geldprämie, aber auch der Einsatz einer Sachprämie kann besondere Motivation hervorrufen. Hier können Mitarbeiter individuell angesprochen werden. So hat ein Reisegutschein oder ein Wellnessurlaub für viele eine größere Motivationswirkung, als eine Geldprämie.

---

[246] Vgl. Bumann, Das Vorschlagswesen, S. 212.

Wie die Vorstellungen diesbezüglich sind, muss in Befragungen oder Einzelgesprächen in Erfahrung gebracht werden, wenn man ein individuelles System stützen möchte. Monetäre Anreizsysteme können nach Zahl, Inhalt und Umfang von erbrachten Ideen gestaffelt oder in Form einmaliger Zulagen gewährt werden.

Die nicht-materiellen Anreize sind mit der Anerkennung der kreativen Mitarbeit verbunden. Der Wuppertaler Kreis geht davon aus, dass diese Vergütungsform „in unseren Breiten einen weniger hohen Stellenwert besitzt, als eine Prämierung."[247] Andere Autoren z.B. Bumann und Thom räumen der Prämierungsform zumindest eine ansteigende Bedeutung ein. Einig ist man sich in dem Punkt, dass sie einen Stellenwert hat. Zum Ausdruck kann diese Vergütungsform z.B. durch Belobigung von der Unternehmensleitung, die Nennung in der Mitarbeiterzeitschrift oder am schwarzen Brett kommen. Auch dass der Einreicher als Kandidat für weitere Aufgaben bzw. Stellungen identifiziert wird, ist eine Möglichkeit. Nicht-monetäre Anreizsysteme bestehen in der Anerkennung der Mitarbeiter: die Verleihung eines Expertenstatus, eine erhöhte Reputation durch interne Veröffentlichung und Lob für die gezeigte Leistung oder die Ermöglichung von mehr Selbstverwirklichung im Unternehmen.

Ideen der Mitarbeiter sollen innerhalb des Unternehmens breit kommuniziert werden, was in Form von Ideenmessen organisiert werden kann. Darüber hinaus sollte ein interner Newsletter organisiert werden, der über alle Themen rund um das Ideenmanagement informiert und regelmäßig neue Projekte und Erfindungen darstellt. Ein Ideenwettbewerb ist ein weiteres effektives Instrument. Personalentwicklungsmaßnahmen wie interne und externe Weiterbildungskurse werden ebenfalls als wichtige immaterielle Anreize betrachtet, ebenso gelten spezielle Preise wie ein Ideenpokal als motivationsfördernde Anreize nichtmaterieller Art.[248]

Viele Best Innovator Unternehmen haben laut Bullinger und Engel ein ausgeklügeltes Incentive-System und prämieren an jährlich stattfindenden „Innovationstagen" die besten Ideen ihrer Mitarbeiter durch eine Auszeichnung im Mitarbeiterkreis und präsentieren zugleich intern interessante neue Ideen.[249] „Die besten Unternehmen halten darüber hinaus die Motivation der Mitarbeiter und der Teams dadurch aufrecht, dass sie die Beteiligten an allen Meilensteinen des Projektes belohnen, denn gerade bei langjährigen Innovationsprojekten durchlaufen nicht alle Mitarbeiter alle Phasen. Deshalb werden Meilensteine benutzt, um das

---

[247] Vgl. Wuppertaler Kreis e.V.: Ideenmanagement, S. 63.
[248] Vgl. Bumann, Das Vorschlagswesen, S. 229 f.
[249] Vgl. Bullinger, H.-J.; Engel, K.: Best Innovator, 2006, S. 44.

Erreichte und die Freigabe zu feiern, den Zeitpunkt also, an dem das Team mit der nächsten Phase beginnen kann."²⁵⁰

Als wirksame Instrumente der Motivation zur Ideenarbeit können Management by Objectives und die Balanced Scorecard benutzt werden. Die praktischen Möglichkeiten ihres Einsatzes werden im Kapitel 3.3.4 ausführlich diskutiert.

Das Fehlen der Motivation zur Ideenarbeit wird in den so genannten Willensbarrieren erkennbar, worunter Gleichgültigkeit und Ressentiments gegenüber dem Betriebsgeschehen und Änderungswiderstände verstanden werden. Gleichgültigkeit zeigt sich in der fehlenden Bereitschaft zu kreativer Arbeit. Zusätzlichen Aufgaben und Aktivitäten begegnet man mit Desinteresse. Ebenso zeigt sich Gleichgültigkeit in einer geringen Identifikation mit der Berufstätigkeit. Ressentiments (feindselige Einstellung) gegenüber dem Betrieb sind grundsätzliche Interessengegensätze. Manche Mitarbeiter befürchten, vom Unternehmen ausgebeutet zu werden und sind außerdem misstrauisch gegenüber dem Ideenmanagement aufgrund konkreter schlechter Erfahrungen z.B. wegen Ideendiebstahl. Der Änderungswiderstand zeigt sich in der fehlenden Bereitschaft, Verbesserungsvorschläge unvoreingenommen zu prüfen und an einer schnellen Realisierung mitzuwirken.²⁵¹

3.2. Erschließung externer Ideenquellen

Intelligente Unternehmen lernen von anderen. Sie studieren die Produkte und Verfahren von Best Practice Unternehmen, sind für die Ideen und Anregungen offen. Eine konsequente Einbeziehung externer Ideenquellen (Kunden, Endverbraucher, Lieferanten, Aktionäre, Händler, Wissenschaftler etc.) in den Ideenfindungsprozess bringt einem Unternehmen wesentliche Vorteile (vgl. Kapitel 1.2.2). So kann eine Entwicklung von Ideen, die an den Konsumenten vorbeizielen oder für den Markt zu früh kommen, rechtzeitig verhindert werden. Darüber hinaus können hohe Entwicklungskosten und Risiken unter Kooperationspartnern geteilt werden. Heidack und Brinkmann weisen zudem auf die Gefahren eines Betriebsblindheit-Effekts hin, die durch eine Ausweitung des Teilnehmerkreises verhindert werden könnte: „Wir wissen, dass die eigene Wahrnehmung im Betrieb durch Gewohnheit abstumpft und durch Betriebsblindheit sicherlich viele Verbesserungen nicht zustande kommen. Somit würde ein fort-

---

[250] Bullinger, H.-J.; Engel, K.: Best Innovator, 2006, S. 143.
[251] Vgl. Thom, N.: Betriebliches Vorschlagswesen, 2003, S. 48.

schrittliches Vorschlagswesen, das Kunden, Zulieferer und Bürger einbezieht, großen Nutzen bringen."²⁵²

Als einzelne Schritte der Erschließung externer Ideenquellen werden ihre Identifikation, Nutzung und Vernetzung verstanden. In diesem Prozess sollen die relevanten Stakeholder festgelegt werden, deren Wissen und Kreativität zur Intelligenz des Unternehmens beitragen können. Je nach Wissensträger werden verschiedene Formen der Erschließung bzw. Kooperation gewählt.

Man kann nach Bumann zwischen einer Ausweitung des Teilnehmerkreises im engen (Pensionäre, Praktikanten, Werkstudenten, Auftragsarbeiter, Besucher etc.) und im weiten Sinn (Lieferanten, Kunden und Zwischenhändler etc.) unterscheiden. Beide Formen bringen einem Unternehmen einen zusätzlichen Nutzen.

Der Systemansatz über Problemlösungskreativität von Csikszentmihalyi zeigt das ganze Spektrum möglicher Ideenquellen für ein intelligentes Unternehmen (s. folgende Abbildung).

Neue Ideen entstehen im Unternehmen aus dem verteilten Wissen, das neu kombiniert wird. Innovation und die Durchsetzung neuartiger Problemlösungen erfordert die Fähigkeiten vieler kreativer Individuen und ist zugleich von dem funktionierenden Zusammenspiel mit verschiedenen Feldern (Märkte, Branchen) und Communities (verschiedene Disziplinen und Spezialisten) abhängig. Die Felder tragen zu der wirtschaftlichen Durchsetzung der neuen Lösung bei, die Communities – zu ihrer fachlichen Anerkennung. Eine wichtige Rolle spielt in diesem komplexen Prozess die Problemdefinition im Sinne Kundenbedürfnisse, gesellschaftliche Anforderungen, politische Prioritäten etc.²⁵³

Insofern ist es offensichtlich, dass ein intelligentes Unternehmen in diesem Spannungsfeld alle Ideenquellen nutzen muss, wobei die Kunden als die wichtigste Zielgruppe jedes Unternehmens eine besondere Stellung einnehmen. Im Weiteren werden die praktischen Möglichkeiten der Erschließung externer Ideenpotenziale genauer betrachtet.

---

[252] Heidack, C.; Brinkmann, E.O.: Unternehmenssicherung durch Ideenmanagement, 1987, S. 149.
[253] Vgl. Gerybadze, A.: Kreativität und Ideenfindung auf Auslandsmärkten, 2006, S. 106-107.

3. Praktische Gestaltung des ganzheitlichen Ideenmanagements 117

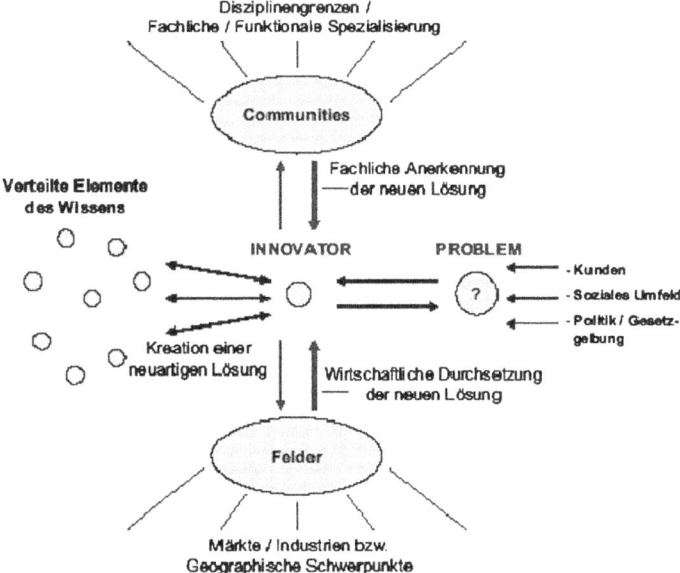

Abbildung 19: Systemansatz Problemlösungskreativität nach Csikszentmihalyi[254]

3.2.1. Mit Kunden zu Innovation

„Mit Kunden zu Innovation" heißt das Motto vieler Unternehmen. Die Zusammenarbeit mit dem eigenen Kunden hat unter anderen einen wesentlichen Vorteil: jede Investition in Forschung und Entwicklung ist umso rentabler, wenn es bereits einen Kunden für das zu entwickelnde Produkt gibt. Ein weiterer Vorteil der Einbeziehung des Kunden in den Entwicklungsprozess ist die Möglichkeit, von ihm ein Feedback zu erhalten, noch bevor sich kostspielige Fehler einschleichen.

Reichwald und Piller definieren entscheidende Erfolgsfaktoren der Kundenorientierung im Innovationsprozess, die es ermöglichen, die Wünsche der Kunden optimal zu befriedigen und erfolgreich zu sein (vgl. folgende Abbildung).

---

[254] Gerybadze, A.: Kreativität und Ideenfindung auf Auslandsmärkten, 2006, S. 106.

118 3. Praktische Gestaltung des ganzheitlichen Ideenmanagements

Erfolgsfaktoren einer Kundenorientierung im Innovationsprozess	
■ Sammlung von Marktinformationen	■ Kundenbezug in allen Innovationsphasen
■ Einsatz von Test-Märkten	■ Intensive Marktforschung
■ Verstehen von Kundenwünschen	■ Verstehen des Konsumentenverhaltens
■ Kenntnis der Preissensitivität	■ Kundenorientierter Market-Launch
■ Testmarkt für Prototypen	■ Frühe go-/no-go Entscheidungen

Abbildung 20: Erfolgsfaktoren der Kundenorientierung im Innovationsprozess[255]

Nur ein Unternehmen, das aktuelle Kundenbedürfnisse und die Beweggründe des Kundenverhaltens zu verstehen vermag, kann in modernen globalen, konkurrenzgeprägten Käufermärkten bestehen. Nach Angaben wissenschaftlicher Untersuchungen sind 50 bis 80 Prozent aller gescheiterten Innovationen auf fehlende Kundenorientierung zurückzuführen.[256]

Zu den gängigen Methoden zur Erfassung von Kundenwünschen und -bedürfnissen zählen:

- Auswertung schriftlicher Quellen (branchenbezogene Veröffentlichungen, Kundenbeschwerden und -anfragen, Reklamationen, Verkäuferberichte);
- Befragung von Kunden (und Nicht-Kunden) (durch Marktforschungsinstitute, schriftlich, telefonisch oder persönlich),
- Besuch oder Einladung von Kunden (Einladung einzelner Kunden, Besuch der Kunden am Einsatzort des Produktes, Nutzung des Rahmens von Kundenschulungen, Kundenworkshops, Kundenstammtische, Kundenbeiräte);
- Beobachtung von Kunden bei typischen Abläufen (beim Einkauf, Produktnutzung, Reparatur – Videoaufnahmen, Live-Beobachtung);
- Mitarbeiter in die Lage der Kunden versetzen (Simulation des Kundenverhaltens, Praktika bei Kunden, Mitarbeiter sind selbst Kunden) sowie
- Zusammenarbeit mit Kunden bei der Entwicklung neuer Produkte und Prozesse.[257]

Typisch für die Henkel KGaA ist die Fokussierung auf die Entwicklung von Produkten, die dem Verbraucher einen im Vergleich zu den Wettbewerbern noch deutlicheren Nutzen und Qualitätsvorsprung bieten. Der Innovationsmanager J. Wuhrmann bei Henkel sagt dazu: „Der Kunde und seine Bedürfnisse sind

---

[255] Reichwald, R.; Piller, F.: Interaktive Wertschöpfung, 2006, S. 107.
[256] Vgl. Stern, T.; Jaberg, H.: Erfolgreiches Innovationsmanagement, 2005, S. 127.
[257] Vgl. ebd., S. 129.

3. Praktische Gestaltung des ganzheitlichen Ideenmanagements   119

und bleiben der Innovationsmotor des Unternehmens. Die Erforschung dieser Kundenbedürfnisse verdient die gleiche Aufmerksamkeit wie die technologische Unterstützung von Neuentwicklungen."[258]

Procter&Gamble nutzt gezielt das Wissen seiner Kunden, um sein Angebot kontinuierlich zu verbessern. Im Jahr 2002 waren die Kunden für 10 Prozent aller Innovationen des Unternehmens verantwortlich und das Ziel lautet, diesen Anteil in den nächsten fünf Jahren auf 50 Prozent zu erhöhen.[259]

Eine wirksame Methode der Ideengewinnung durch Kunden ist eine Analyse von Kundenanwendungsprozessen (s. Abbildung).

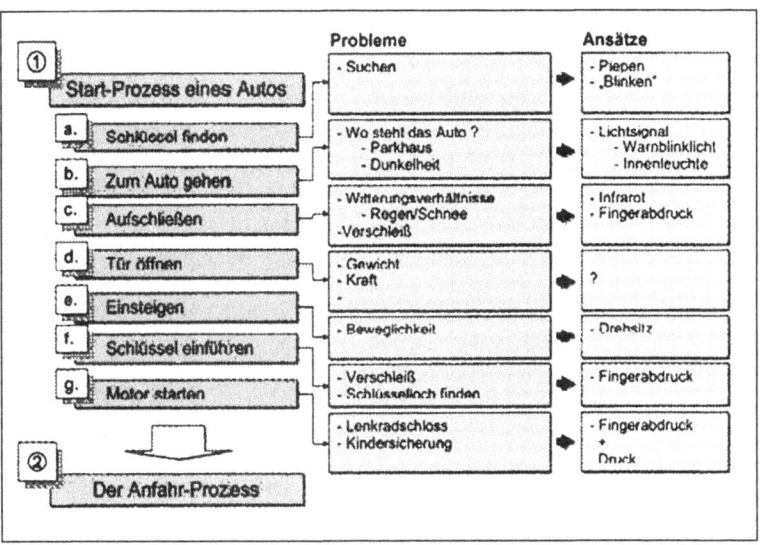

Abbildung 21: Produktideen durch Analyse des Kundenanwendungsprozesses[260]

Es geht darum, die Probleme der Anwendung bei der Beobachtung des Kunden zu erkennen, wofür der Anwendungsprozess in möglichst kleine Schritte zerlegt werden sollte. Danach wird für jedes Problem mit Hilfe von Kreativitätstechniken[261] nach Lösungen gesucht.

---

[258] Vgl. Bullinger, H.-J.; Engel, K.: Best Innovator, 2006, S. 52.
[259] Gassmann, O.; Enkel, E.: Open Innovation, in: zfo 3/2006, S. 135.
[260] König, M.; Völker, R.: Innovationsmanagement in der Industrie, 2002, S. 82.
[261] zu Anwendung von Kreativitätstechniken s. Kapitel 3.1.3.1.

Der Waagenbauer Mettler Toledo entwickelt seine neuen Produkte mit Hilfe eines interessanten Verfahrens: ein Projektteam aus Verkäufern, Ingenieuren und Mitarbeitern aus der Produktion arbeitet zwei bis vier Wochen bei einem Kunden, zum Beispiel einer Großbäckerei vor Ort. Ein Ingenieur weiß nicht, was der Kunde braucht und was die Fabrik produzieren kann. Ein Verkäufer weiß nicht, was technisch möglich ist. Und der Kunde weiß nicht, was er von Produkten des Unternehmens gebrauchen könnte. Aber alle zusammen finden sie eine Lösung.[262]

Der beste Weg den Kunden zu verstehen (und zugleich zu binden) ist, ihn zu einem Partner, zum Mitgestalter der Produkte zu machen. Eine Analyse der Best Practices im Innovationsmanagement hat gezeigt, dass die innovativsten Unternehmen (wie 3M ESPE, BMW, Henkel, Siemens) eine starke Kundenorientierung aufweisen und ihre Kunden nicht nur in der Phase der Ideengenerierung, sondern auch während des kompletten Innovationsprozesses mit einbeziehen.[263]

Zahlreiche Unternehmen haben eine neue Form der Offenheit gegenüber den Kunden etabliert, indem sie Kunden-Workshops und offene Innovationstage veranstalten oder ihren Kunden einen Zugang zu ihren Computersystemen und Support-Datenbanken gewähren. Internetportale und Weblogs[264] dienen vielen Großunternehmen als ein praktikables Instrument für einen offenen Meinungsaustausch zwischen Kunden und Unternehmen oder unter den Kunden. Das Ergebnis: besserer Service, neue Ideen und Informationen sowie ein Gefühl der Verbundenheit unter den Kunden und mit dem Unternehmen.

Als Beispiel kann die Öffnung des Innovationsprozesses bei IBM dienen. Im Industry Solution Lab in Zürich Rüschlikon werden die Ideen der Kunden gezielt erschlossen: es werden rund 350 Kundenworkshops im Jahr durchgeführt und 50 bis 100 gemeinsame Forschungsprojekte, Projektangebote, integrierte Lösungen und neu entwickelte Technologien vorgestellt. Auf den „Innovation Days" werden führende Wissenschaftler, Lieferanten, Kunden und potenzielle Partner dazu eingeladen, externen Input zu den Forschungsaktivitäten des Unternehmens zu geben, um so eine Diskussion über gemeinsame Interessen zu stimulieren und neu aufkommende Geschäftsfelder frühzeitig zu erkennen.[265]

Noch weiter geht der US-amerikanische T-Shirt Hersteller Threadless, der mit großem Erfolg bedruckte T-Shirts verkauft, die von seinen Kunden designt werden. Zwei Gründer und ihre 20 Mitarbeiter verkaufen mehr als 50.000 T-Shirts und erwirtschaften mehrere Einhunderttausend Dollar pro Monat. Sie schaffen

---

[262] Vgl. Fuchs, J.; Stolorz, C.: Produktionsfaktor Intelligenz, 2001, S. 114.
[263] Becker, S.; Reinhardt, I.: Best Practices im Innovationsmanagement, in: zfo5/2006, S. 259, 261.
[264] ausführlich s. Kapitel 3.3.7.4.
[265] Gassmann, O.; Enkel, E.: Open Innovation, in: zfo 3/2006, S. 133.

dies, da alle wesentlichen wertschöpfenden Aufgaben an die Kunden ausgelagert sind. Die Kunden designen die T-Shirts und machen Verbesserungsvorschläge zu den Entwürfen anderer, screenen und bewerten alle Entwürfe und wählen diejenigen aus, die aus der Konzeption in die Produktion gehen sollen. Sie übernehmen dabei das Marktrisiko, da sie sich zum Kauf eines Wunsch-T-Shirts (moralisch) verpflichten. Die Kunden übernehmen die Werbung, stellen die Models und Photographen für die Katalogfotos und werben neue Kunden. Die Kunden fühlen sich dabei aber nicht etwa ausgenutzt, sondern zeigen im Gegensatz große Begeisterung für das Unternehmen, das ihnen diese Mitwirkung ermöglicht. Threadless selbst fokussiert sich auf die Bereitstellung und Weiternetwicklung einer Interaktionsplattform, auf der die Interaktion mit und zwischen ihren Kunden abläuft. Das Unternehmen definiert die Spielregeln, honoriert erfolgreiche Kunden-Designer und steuert den eigentlichen materiellen Leistungserstellungsprozess (Herstellung und Distribution).[266]

Eine weitere Möglichkeit besteht darin, spezielle Ideenteams mit den Vertretern der Hauptkunden zu bilden, um gemeinsam an neuen Produkten zu arbeiten. Steward empfiehlt mit Hauptkunden Teams mit Vertretern aus Logistik, Marketing, Buchhaltung, strategischer Planung und anderen Abteilungen zu bilden, da „das Wissen und der Sachverstand der Kundenvertreter in diesen Teams hilft Ihnen zu verstehen, was Ihr Kunde will, womit er sein Geld verdient und welchen Zusatznutzen Sie ihm bieten können."[267]

Reichwald und Piller unterscheiden zwischen zwei Formen der zielgerichteten Integration von Kunden in die Innovationstätigkeit: Mass Customization (Zusammenarbeit zwischen Unternehmen und Kunden, die sich auf Wertschöpfungsaktivitäten im operativen Produktionsprozess bezieht und auf die Entwicklung eines individualisierten Produktes für einen Abnehmer abzielt) und Open Innovation (Zusammenarbeit zwischen Unternehmen und Kunden, die sich auf Wertschöpfungsaktivitäten im Innovationsprozess bezieht und auf die Entwicklung neuer Produkte für eine breite Kundschaft abzielt).[268] Ein intelligentes Unternehmen sollte beide Formen der Kooperation mit Kunden nutzen.

Die Methode der Mass Customization, wobei der Kunde in die späteren Produktentwicklungsphasen integriert wird, um seine Wünsche individuell umzusetzen, ist sehr vorteilhaft. Als Mass Customization wird die Produktion von Gütern und Leistungen bezeichnet, welche die unterschiedlichen Bedürfnisse jedes einzelnen Kunden treffen, mit der Effizienz einer vergleichbaren Massenproduktion. Grundlage des Wertschöpfungsprozesses ist dabei ein Co-Design-

---

[266] Reichwald, R.; Piller, F.: Interaktive Wertschöpfung, 2006, S. 2.
[267] Stewart, T. A.: Der vierte Produktionsfaktor, 1998, S. 160.
[268] Reichwald, R.; Piller, F.: Interaktive Wertschöpfung, 2006, S. 9.

Prozess zur Definition der individuellen Leistung in Interaktion zwischen Anbieter und Nutzer.[269]

Als typisches Beispiel kann das Mass-Customization-Programm von Adidas aufgeführt werden. In speziellen Einzelhandelsgeschäften oder bei ausgesuchten Veranstaltungen können die Kunden individualisierte Schuhe erwerben, die sie in Bezug auf Passform, Funktion und Design selbst anpassen. Mit Hilfe eines Fußscanners werden die Füße des Kunden gescannt und die genaue Länge, Breite und Druckverteilung jedes Fußes bestimmt. Der Kunde wird dabei von einem geschulten Experten beraten, der alle Informationen zusammen mit persönlichen Passform-Vorlieben in einen Computer eingibt. Der Kunde wählt selbst Farbelemente und Materialien. Der Preis liegt dabei etwa 30 Prozent über dem des Standardschuhs, die Lieferzeit beträgt drei Wochen.[270]

Während Mass-Customization bereits seit Langem bekannt und breit praktiziert wird, ist Open Innovation für viele Unternehmen ein neues Phänomen mit enormen Zukunftschancen.

Für eine erfolgreiche Integration von Kunden in die Ideengenerierung und Entwicklung von neuen Produkten (Open Innovation) ist das Lead User Konzept empfehlenswert. Lead User sind besonders fortschrittliche Kunden, deren Bedürfnisse den Anforderungen des Marktes voraus sind, und die sich einen besonders hohen Nutzen von einer Problemlösung versprechen. Der Begriff bezieht sich sowohl auf Geschäfts- (Unternehmen) als auch auf Privatkunden.

Lead User sind besonders innovativ, da sie durch ihre eigene Motivation zur Ideengenerierung angetrieben werden – sie entwickeln ein Produkt für den eigenen Bedarf. Darüber hinaus besitzen sie spezifische Fähigkeiten und Expertenkenntnisse in Bezug auf ein bestimmtes Fachgebiet oder Produkt. So werden ausgewählte Lead User oft von Software- und Computerspielproduzenten als Testpersonen in der Entwicklungsphase eingesetzt, um ihre Kritik und Vorschläge rechtzeitig zu integrieren und die Marktchancen eines neuen Produktes zu erhöhen.

Lead User können sowohl als Einzelpersonen, als auch im Rahmen von Gruppen und informellen Communities engagiert werden. Im letzteren Fall ist die Nutzung des Internet als Medium zum Informationsaustausch geeignet. Die Lead User können auch direkt in die Produktentwicklung einbezogen werden, wobei sie an einem speziellen Innovations-Workshop beteiligt werden.

Das Unternehmen „Siemens Medical Solutions", das im Wettbewerb Best Innovator ausgezeichnet wurde, arbeitet eng mit Kunden zusammen. Als führender Anbieter von Magnet-Resonanz-Tomographen hat Siemens Medical bereits

---

[269] Reichwald, R.; Piller, F.: Interaktive Wertschöpfung, 2006, S. 199.
[270] Vgl. ebd., S. 192.

3. Praktische Gestaltung des ganzheitlichen Ideenmanagements 123

in der Produktdefinitionsphase mit umfangreichen Marktumfragen das Design und künftige Funktionen des Produktes festgelegt. In der Konzeptphase wurden über 300 Kundeninterviews durchgeführt, um die Anforderungen an das künftige Produkt zu identifizieren. In den Hauptmärkten USA, Asien und Europa wurden mit Lead-User-Fokusgruppen Workshops organisiert. Führende Radiologen und Kliniken wurden im Umgang mit dem Produkt beobachtet. Nachdem die drei besten Konzepte ausgewählt und Prototypen gebaut wurden, hat man eine spezielle „Wohlfühlstudie" mit 170 freiwilligen Patienten durchgeführt.[271]

Die praktischen Schritte zur Identifizierung und Einbindung von Lead Usern können in Form eines Prozesses dargestellt werden (s. Abbildung).

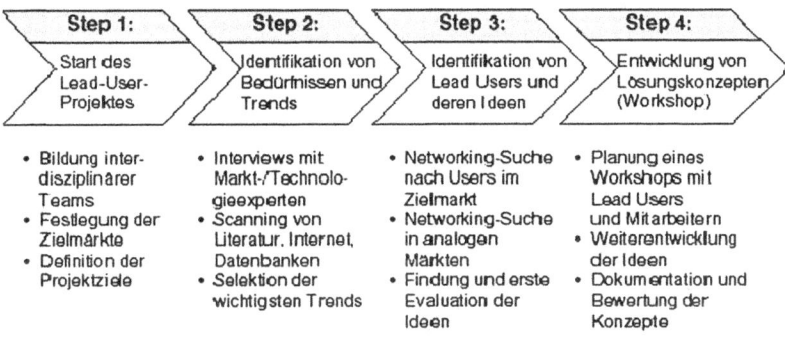

Abbildung 22: Prozess zur Identifizierung und Einbindung von Lead Users[272]

Das Projekt beginnt mit der Bildung eines interdisziplinären Teams (Personen aus Marketing, Vertrieb, F&E, Produktion), das die Suchfelder für neue Ideen bestimmen soll. Im zweiten Schritt werden relevante Trends und Entwicklungen analysiert und Informationen gesammelt. Die dritte Phase beschäftigt sich mit der Identifikation von Lead Usern und ihren Ideen. Im vierten Schritt werden in einem dreitägigen Workshop mit Lead Usern zusammen Produktkonzepte entwickelt. Abschließend sollen die erarbeitenden Ideen vorbewertet und entsprechenden Entscheidungsträgern im Unternehmen präsentiert werden.

Ein praktisches Beispiel für die Anwendung des beschriebenen Prozesses stammt von dem führenden Hersteller von Befestigungsprodukten für die Bau-

---

[271] Vgl. Bullinger, H.-J.; Engel, K.: Best Innovator, 2006, S. 152.
[272] Herstatt, C.: Lead Users im Innovationsprozess, 2006, S. 255.

industrie HILTI. Die erste Anwendung des Lead-User-Konzeptes wurde im Suchfeld der Befestigung von Rohrleitungen (Wasser, Klima, Sanitär) und Lüftungsschächten in Gebäuden durchgeführt. Die Trendanalyse, die gemeinsam mit Planungsingenieuren gemacht wurde, ergab einen hohen Bedarf für ein flexibles und einfach handhabbares Befestigungssystem für eine schnelle Montage. Aus einer Gruppe von über 150 Anwendern wurden 14 Lead User ausgewählt. Einige hatten bereits, in Ermangelung funktionstüchtiger Systeme, eigene Lösungen aus Einzelkomponenten verschiedener Hersteller konstruiert. Aus dem Workshop ging ein Konzept für ein innovatives Befestigungssystem hervor, das kurze Zeit später patentiert wurde. Die daraus entwickelten Produkte waren die Grundlage für den neuen Geschäftsbereich Montagetechnik und sind fester Bestandteil des erfolgreichen HILTI-Verkaufsprogramms.[273]

Mit dem Internet sind für Unternehmen neue Möglichkeiten des kostengünstigen und informellen Wissensaustauschs mit Kunden entstanden. So hat sich ein neues Phänomen entwickelt – die interaktive Wertschöpfung, bei der es sich um eine bewusste, arbeitsteilige Zusammenarbeit zwischen Anbieterunternehmen und Kunden handelt, in der der Kunde eine aktive und freiwillige Rolle in der Wertschöpfung spielt.[274]

Inwieweit sind Kunden bereit, sich an der Produktentwicklung zu beteiligen? Viele Autoren berichten über den so genannten Free revealing-Effekt, wobei viele Kunden ihr Wissen unter bewusstem Verzicht auf Gegenleistung sowie Eigentums- und Verfügungsrechte an andere Akteure, insbesondere den Hersteller, weitergeben.[275] Als Gründe dafür werden vermutet: Erwartung der Produktnutzung und Verbesserung, Stolz auf eigene Leistung, Spaß an der Tätigkeit, guter Ruf in der Community. Aber auch materielle Anreize wie Honorare und Geschenke können die Bereitschaft zur Ideenzusammenarbeit fördern.

Die gezielte Integration der Kunden in die Ideenarbeit (vor allem in Form von Open Innovation) bringt dem Unternehmen folgende Vorteile:
- Es werden Kundenbedürfnisse und innovative Lösungen identifiziert, die den Markttrends voraus sind;
- Zugleich können künftige Marktentwicklungen ermittelt werden;
- Marktrisiken werden rechtzeitig erkannt;
- Verbesserung der Produktqualität durch Kundenorientierung;
- Bindung der Kunden an das Unternehmen.

---

[273] Herstatt, C.: Lead Users im Innovationsprozess, 2006, S. 259.
[274] Reichwald, R.; Piller, F.: Interaktive Wertschöpfung, 2006, S. 41.
[275] Ebd., S. 72f.

Allerdings stößt die Kundenorientierung bei der Ideenfindung auf ihre Grenzen. Die Konzentration auf Kundenwünsche kann meistens nur kurzfristig Erfolg versprechend sein, weil Kunden oft nur Probleme artikulieren, die echten Bedürfnisse bleiben ohne gezielte Recherche im Hintergrund. Kunden können nur das äußern, wovon sie eine Vorstellung haben, während grundlegende Innovationen sich dadurch auszeichnen, dass sie bisher weitgehend unbekannte Leistungsmerkmale oder Funktionsweisen besitzen.[276] Vor 20 Jahren hätte kein Kunde ein Handy oder Internet-Shopping verlangt. Erst die technischen Möglichkeiten haben diese Bedürfnisse geschaffen. In diesem Sinn hat sich ein Vorstand von Sony so geäußert: „Die Verbraucher wissen nicht, was möglich ist, wir hingegen wissen es. Anstatt also im großen Stil Marktforschung zu betreiben, modifizieren wir unsere Vorstellungen von einem Produkt und seinem Verwendungszweck und versuchen, einen Markt dafür zu schaffen, indem wir Verbraucher erziehen und mit ihnen sprechen".[277]

Deswegen sollte sich ein intelligentes Unternehmen nicht zu eng auf die Kundenbedürfnisse und -wünsche fokussieren, sondern auch die nicht explizit geäußerten Bedürfnisse erkennen, die Nicht-Kunden mit einbeziehen und zusätzlich andere Ideenquellen nutzen.

Es ist wichtig, die Widerstände und Vorbehalte der Nicht-Kunden genauer unter die Lupe zu nehmen, um aus den Nicht-Kunden Kunden zu machen. Die Schlüsselfrage, die man sich stellen sollte, lautet: Warum eigentlich kaufen sie mein Produkt oder meine Dienstleistung nicht?[278]

Das Geschäft mit Nicht-Kunden könnte in folgenden Schritten organisiert werden (vgl. folgende Abbildung):[279]
- Die Ursachen verstehen (Ist das Produkt bzw. die Dienstleistung zu teuer? Zu zeitaufwändig? Schwer zu bekommen? Schwierig zu handhaben? Benötigt zu viel Platz?)
- Die Vorbehalte sammeln (Ist das Produkt bzw. die Dienstleistung nicht „gesund" genug? Zu wenig mobil? Für ältere Kunden nicht geeignet? Für Frauen nicht geeignet? Zu standardisiert, wenig individuell?)
- Das Potenzial einschätzen – einschätzen, hinter welchen Vorbehalten und Ursachen das größte Kundenpotenzial verborgen ist.
- Innovationen entwickeln – an diesen Punkten weiter denken und Ideen formulieren.

---

[276] Vgl. König, M.; Völker, R.: Innovationsmanagement in der Industrie, 2002, S. 85.
[277] Ebd.
[278] Vgl. Horx, M.; Huber, J.; Steinle, A.; Wenzel, E.: Zukunft machen, 2007, S. 99, 102.
[279] Ebd., S. 103.

126　　　3. Praktische Gestaltung des ganzheitlichen Ideenmanagements

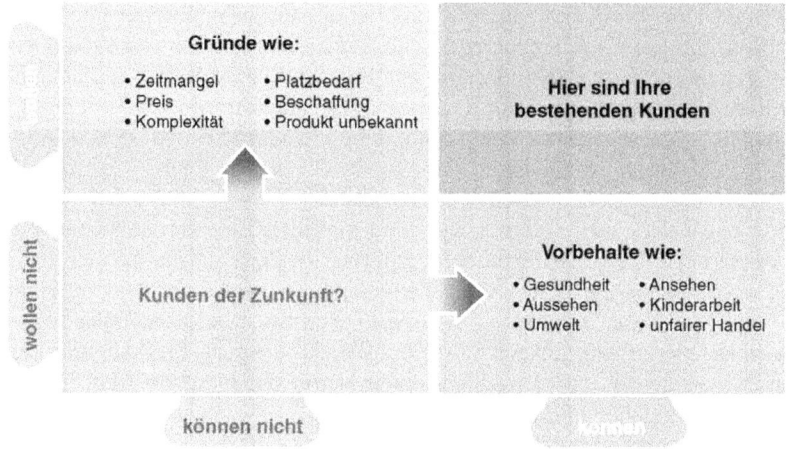

Abbildung 23: Wege zum Nicht-Kunden[280]

Ein erfolgreiches Beispiel, aus den Widerständen und Vorbehalten des Konsumenten ein neues Produkt zu kreieren, liefert Starbucks Konzept. Junge Businessleute, die traditionelle Cafes mit Spitzendecken und Blümchentassen langweilig und altmodisch finden, gehen gerne zu Starbucks, einem Ort zum Wohlfühlen, wo sie in Gemeinschaft oder allein sein, ihre iPods mit neuen Titeln bestücken oder im Internet surfen und ihre Mails abarbeiten können.[281]

3.2.2. Unternehmenskooperationen in der Ideenarbeit

Gemeinsame Forschungs- und Entwicklungsaktivitäten mit anderen Unternehmen in Form von Strategischen Allianzen, Arbeitsgemeinschaften, Joint Ventures oder Innovationsnetzwerken sind seit einer langen Zeit bekannt, insbesondere in den innovationsintensiven Branchen wie Biotechnologie, IT-, Elektronik-, Automobilindustrie und andere. Solche unternehmensübergreifende Zusammenarbeit ermöglicht es, Entwicklungskosten und Risiken zu senken und Innovationszyklen zu verkürzen. Der Entwicklungstrend geht weiter in Richtung von globalen Innovationsnetzwerken mit Lieferanten, mit dem Handel und mit Konkurrenten bis hin zur Vision eines virtuellen Unternehmens.

---

[280] Horx, M.; Huber, J.; Steinle, A.; Wenzel, E.: Zukunft machen, 2007, S. 102.
[281] Vgl. ebd., S. 99.

Ein Innovationsnetzwerk setzt auf eine interaktive Beziehung zwischen einem Herstellerunternehmen und seinen Zulieferern, Kunden und anderen Stakeholdern. Der Erfolg der Innovationstätigkeit ist in großem Ausmaß von der Fähigkeit des Unternehmens abhängig, entlang aller Phasen des Innovationsprozesses verteilte Problemlösungsprozesse mit externen Akteuren einzugehen, derer Ziel eine Rekombination vorhandenen Wissens aus verschiedenen Quellen zu neuem Wissen ist.[282]

Die Unternehmenspraxis zeigt, dass neue Ideen insbesondere in den so genannten Innovations-Clustern, einer regionalen Anhäufung von Firmen einer Branche, vorangetrieben werden. Das bekannteste Beispiel ist Silicon Valley. Auch in Deutschland haben sich ähnliche Innovations-Cluster bei der Zusammenarbeit von Staat, Wissenschaft und Industrie entwickelt, wie beispielsweise das Nanoelektronik-Cluster um Dresden. Durch die Kooperation der Unternehmen AMD und Infineon mit der Fraunhofer-Gesellschaft, gefördert vom Staat, ist ein Standort für die Produktion hochkomplexer Chips mit über 20 Tausend Arbeitsplätzen entstanden.[283]

Zugleich wissen Unternehmen, die in Strategischen Allianzen oder Innovationsnetzwerken engagiert sind, wie wichtig für eine erfolgreiche Kooperation die Balance von Nehmen und Geben ist. In diesem Sinn ist es wichtig, eine Win-Win-Situation für alle Beteiligten zu schaffen. Die intrinsische Motivation der Partner und das gegenseitige Vertrauen sind die wichtigsten Voraussetzungen für eine gelungene Kooperation. Außerdem ist ein funktionierender Wissensaustausch notwendig, in dem beide Partner externes Wissen aufnehmen und nutzen und ihr eigenes Wissen teilen.

Zu den Inhalten der Kooperationen bei der Ideenfindung gehören:
- Durchführung von gemeinsamen Studien,
- gezielte Problemidentifikation durch Zusammenarbeit mit der Zielgruppe,
- Arbeitskreise und Projektgruppen zur gezielten Problemlösung,
- gemeinsame Brainstorming-Sessions,
- Einrichtung gemeinsamer Ideenpools sowie
- gemeinsame Machbarkeitsstudien und Risiko- und Attraktivitätsbewertung.[284]

Folglich ergeben sich aus den Unternehmenskooperationen in Bezug auf die Ideenarbeit vielfältige positive Effekte, die von Herstatt, Buse und Napp wie folgt zusammengefasst werden: es können mehr und bessere Ideen generiert

---

[282] Vgl. Reichwald, R.; Piller, F.: Interaktive Wertschöpfung, 2006, S. 117.
[283] Vgl. Bullinger, H.-J.; Engel, K.: Best Innovator, 2006, S. 54.
[284] Vgl. Herstatt, C.; Buse, S.; Napp, J.: Kooperationen in den frühen Phasen des Innovationsprozesses, 2007, S. 34.

(Qualitätsaspekte), Entwicklungskosten reduziert und Risiken minimiert (Kostenaspekte) sowie Entwicklungszeit gekürzt werden (Zeitaspekte) (s. Abbildung).[285]

Abbildung 24: Positive Effekte der Unternehmenskooperationen in der Ideenarbeit[286]

Ein Unternehmen kann in vertikaler, horizontaler und diagonaler Richtung kooperieren. Unter Kooperationen in vertikaler Richtung werden diejenige entlang der Wertschöpfungskette (mit Zulieferern oder Kunden bzw. Handel) gemeint. Horizontal kann mit Unternehmen auf derselben Wertschöpfungsstufe innerhalb des Branchenumfeldes, d.h. mit Wettbewerbern kooperiert werden. Diagonale Kooperationen erfolgen mit Hochschulen, Forschungseinrichtungen (z.B. Helmholtz-Zentren, Institute der Fraunhofer-Gesellschaft oder der Max-Planck-Gesellschaft) und branchenfremden Unternehmen.

---

[285] Vgl. Herstatt, C.; Buse, S.; Napp, J.: Kooperationen in den frühen Phasen des Innovationsprozesses, 2007, S. 30.
[286] Ebd.

3.2.2.1. Vertikale Kooperationen

Die Zusammenarbeit mit Zulieferern bei der Ideengewinnung bietet die Möglichkeiten, die Produktqualität zu verbessern und Entwicklungszeiten zu reduzieren sowie Kosten zu senken. Kaum jemand außerhalb des Unternehmens kennt die Produkt- und Prozessbestandteile besser als die Lieferanten. Sie sind meist für über 50 Prozent des Wertes eines Produktes verantwortlich.[287] Dies hängt mit der fortschreitenden Reduzierung der Fertigungstiefe bei den Herstellern und der damit verbundenen Know how Verlagerung hin zu Zulieferern zusammen.[288] So kann der Einbezug von Lieferanten in der Ideenphase zu zusätzlichen Problemlösungsansätzen führen und das Lieferantenwissen in Bezug auf andere Kunden kann unter Umständen genutzt werden. Insbesondere bei komplexen Produkten mit einem erwarteten hohen Fremdleistungsanteil kann die Kompetenz von Zulieferern schon in den frühen Phasen genutzt werden.

Die Ideen der Lieferanten können entweder im internen Bereich (z.B. Verbesserung der Kommunikation, produktspezifische Optimierungen wie Verpackung etc.) oder im übergreifenden Bereich liegen (beispielsweise durch den Einsatz einer anderen Komponente des Lieferanten, welche für das spezifische Produkt Kosteneinsparungen ermöglicht). Darüber hinaus können dadurch wichtige strategische Markt- und Kontaktinformationen erschlossen werden, die den Zugang zu wichtigen Netzwerken ermöglichen.[289]

BMW bringt beispielsweise „bei seinen „Zündfunken" genannten Innovationstagen Mitarbeiter verschiedener Unternehmensbereiche und Zulieferer zusammen, um über das Potenzial und die Einsatzmöglichkeiten neuer Technologien zu diskutieren."[290]

3.2.2.2. Horizontale Kooperationen

Auch wenn diese Kooperationsrichtung Schwierigkeiten wie die Gefahr des Know-how-Abflusses beinhaltet, bietet die Zusammenarbeit mit Wettbewerbern verschiedene Vorteile. So können gemeinsame Entwicklungs- oder Marktforschungsaufträge an Dritte vergeben werden, von denen alle Kooperationspartner profitieren und die von Einzelunternehmen nicht zu finanzieren wären. Denkbar ist auch die Entwicklung eines gemeinsamen Produktes innerhalb der Ideen- und

---

[287] Vgl. König, M.; Völker, R.: Innovationsmanagement in der Industrie, 2002, S. 108.
[288] Vgl. Voigt, K.-I.; Brem, A.: Integriertes Ideenmanagement, 2005, S. 189.
[289] Vgl. ebd., S. 190.
[290] Vgl. Bullinger, H.-J.; Engel, K.: Best Innovator, 2006, S. 44.

Konzeptphase oder die gemeinschaftliche Nutzung von F&E-Ressourcen und Austausch von Personal.[291]

Besonders verbreitet sind folgende Methoden der Ideenintegration von Wettbewerbern:
- Analyse von Wettbewerberprodukten („Reverse Engineering");
- Entwicklungskooperationen, z.B. für eine gemeinsame Entwicklung von wichtigen Komponenten eines Produktes wie Motor bei Pkw;
- Ideen- oder Innovationsnetzwerke mit Wettbewerbern zu bestimmten Themen;
- Benchmarking – Vergleich eigener Stärken und Schwächen mit denen von erfolgreichen Wettbewerbern, Suche nach Best Practice in der Branche.

Allianzen mit den Konkurrenten können einen wertvollen Input für neue Ideen liefern. Als anschauliche Beispiele dienen die Unternehmen Canon und HP, die ihre Kräfte für die Entwicklung von Druckern vereinigt haben.[292]

Bekannt ist auch die Zusammenarbeit verschiedener Autohersteller an der Entwicklung von neuen Motoren. Beispielsweise, entwickelt BMW die Motoren für kleinere Modelle in Zusammenarbeit mit dem französischen Wettbewerber Peugeot, um Kosten zu sparen. Der Konzern strebt weitere Kooperationen an, derzeit laufen Verhandlungen mit anderen Herstellern über die gemeinsame Nutzung von Komponenten und Motoren.[293]

Durch die Kooperationen mit den Wettbewerben werden nicht nur unternehmens- und sogar branchenübergreifende Ideen erschlossen, sondern auch die Chancen für die Verbreitung von Standards und das Multiplizieren von Technologien erhöht.

Ein aktuelles Beispiel bezieht sich auf die Blu-ray Disc, ein digitales optisches Speichermedium, das neben HD-DVD und VMD als ein Nachfolger der DVD bezeichnet wird. Man kann von einem Formatkrieg zwischen Blu-ray Disc und HD-DVD sprechen. Welches Format gewinnen wird, hängt von Unternehmenskooperationen zwischen den Herstellern von Abspielgeräten ab. Zurzeit gehören zu dem Blu-ray-Konsortium die meisten wichtigen Firmen (Daewoo, Denon, Funai, JVC, LG, Loewe, Lite-On, Mitsubishi, Panasonic, Philips, Pio-

---

[291] Herstatt, C.; Buse, S.; Napp, J.: Kooperationen in den frühen Phasen des Innovationsprozesses, 2007, S. 35.
[292] Gassmann, O.; Enkel, E.: Open Innovation, in: zfo 3/2006, S. 136.
[293] Vgl. BMW will sechs Milliarden Euro einsparen, Mitteilung von 06.02.08 auf www.manager-magazin.de /unternehmen/artikel

neer, Samsung, Sharp und Sony), sodass die Chancen der Blu-ray Disc sehr gut aussehen.[294]

3.2.2.3. Diagonale Kooperationen

Hierbei steht der Transfer von in der Forschung generiertem Know how in die Industrieunternehmen im Mittelpunkt. Aber auch weniger technologieorientierte Kooperationen wie Beauftragung von Instituten oder Hochschulen mit Marktforschung oder Testaufgaben, können nützlich sein. Die Zusammenarbeit mit Hochschulen verspricht auf der einen Seite eine Auseinandersetzung mit der modernen Wissenschaft und auf der anderen Seite – frischen Blick und kollektive Intelligenz der Studenten.

Darüber hinaus kann mit branchenfremden Unternehmen in unterschiedlichen Bereichen kooperiert werden, was bei einer interdisziplinären Ausrichtung besondere Synergieeffekte birgt.

IBM ist beispielsweise an mehreren Hunderten von Forschungsprojekten beteiligt: allein das IBM Solution Lab in Zürich arbeitet mit 80 Universitäten und in mehr als 20 öffentlich geförderten Forschungsprojekten.[295]

Immer wichtiger wird für Unternehmen die Ideenfindung auf Auslandsmärkten. Das gilt nicht nur für die Global Player, die Synergiepotenziale verschiedener Standorte nutzen und Innovationsaktivitäten gezielt in herausfordernde Auslandsmärkte verlagern. Alle Unternehmen können aus Erfahrungen anderer Länder und Kulturen lernen und Ideen schöpfen. Zu den praktischen Maßnahmen zählen: Gewinnung von Mitarbeiter mit einer internationalen Erfahrung oder einem Migrationshintergrund, Teilnahme an Kongressen und Messen sowie Unternehmensbesuche im Ausland, Zusammenarbeit mit Lieferanten aus anderen Ländern usw.

Die BMW Group unterhält Verbindungen zu international anerkannten wissenschaftlichen Einrichtungen, wie Fraunhofer- und Max-Planck-Gesellschaft sowie zu Hochschulen und Universitäten in der ganzen Welt. Dies ist besonders im Bereich der Grundlagenforschung von Nutzen, da Forschungskooperationen die Möglichkeit bieten, eigene Ressourcen gezielter einzusetzen sowie technische und wirtschaftliche Risiken zu verteilen.[296]

Der Weltmarkt- und Technologieführer bei Lasern und Lasersystemen Trumpf hat seinen ersten Laser-Prototypen in Zusammenarbeit mit einem Team der Deutschen Forschungs- und Versuchsanstalt für Luft- und Raumfahrt und ein funktionsfähiges Produkt – in Kooperation mit der Technischen Hochschule

---

[294] Vgl. www.blu-ray.com (07.02.08)
[295] Gassmann, O.; Enkel, E.: Open Innovation, in: zfo 3/2006, S. 133.
[296] Vgl. www.bmwgroup.com/d/nav/index.html, Forschung&Entwicklung (07.02.08)

132 3. Praktische Gestaltung des ganzheitlichen Ideenmanagements

Darmstadt entwickelt.[297] Der Aufbau einer an den Bedürfnissen der Industrie ausgerichteten Forschungslandschaft hat wesentlich dazu beigetragen, dass deutsche Unternehmen auf dem Gebiet der lasergestützten Werkzeugmaschinen einen Weltmarktanteil von 30 Prozent erobert haben, schreiben Bullinger/Engel, und betonen damit die Bedeutung enger Zusammenarbeit der Unternehmen bei der Entwicklung neuer Ideen mit universitären und Forschungseinrichtungen.[298]

3.2.2.4. Lösung aus dem Internet

Auch eine unspezifische, breite Suche nach neuen Ideen unabhängig von ihrer Quelle, breitet sich in der Unternehmenspraxis aus und gibt einem Unternehmen neue Chancen. Viele Großunternehmen unterhalten eigene (oder in Zusammenarbeit mit anderen Unternehmen) Ideenplattformen oder Blogs im Internet.

Die BMW Group integriert kompetente Zulieferer und Systementwickler über die „Virtuelle Innovations-Agentur" (VIA) in Forschungsvorhaben. Die VIA bietet jedem Interessenten im Internet eine direkte Plattform zur Kommunikation an.[299]

Um einen externen Zugang zu Anregungen und innovativen Ideen zu erhalten, hat sich Henkel dem webbasierten Forum „InnoCentive" angeschlossen, das Experten großer Unternehmen aus aller Welt für die gemeinsame Arbeit an wichtigen Forschungsthemen untereinander und mit Top-Wissenschaftlern verbindet. Der Service bietet ein Online-Forum, in dem die Großunternehmen wissenschaftliche Innovationen durch finanzielle Anreize fördern und belohnen können. Dafür geben die Unternehmen Aufgaben und Problemstellungen auf der Website ein und warten darauf, dass andere Unternehmen Lösungen anbieten. Dafür werden Belohnungen bis zu 200 Tausend USD geboten. Die suchenden Unternehmen müssen eine geringe Gebühr für die Einstellung der Aufgabe an das Online-Forum entrichten.[300]

3.3. Praktische Organisation des Ideenmanagements

Das moderne Verständnis des Ideenmanagements als Managementkonzept (vgl. Kapitel 2.5.1) betont, dass die Erneuerungen und Verbesserungen in Unternehmen nicht dem Zufall überlassen werden dürfen, sondern systematisch und gezielt koordiniert werden sollen. Das ganzheitliche Ideenmanagement in intelli-

---

[297] Vgl. Bullinger, H.-J.; Engel, K.: Best Innovator, 2006, S. 34-35.
[298] Vgl. ebd., S. 35.
[299] Vgl. www.bmwgroup.com/d/nav/index.html, Forschung&Entwicklung (07.02.08)
[300] Gassmann, O.; Enkel, E.: Open Innovation, in: zfo 3/2006, S. 135.

genten Unternehmen versteht die Ideen nicht als Ausnahme, sondern als Regel, als eine Leistung, die von jedem erwartet werden kann. Und die optimale Organisation der alltäglichen Ideenarbeit spielt dabei eine ausschlaggebende Rolle. Um die individuellen Intelligenzen interner und externer Akteure im Interesse des gesamten Unternehmens optimal zu nutzen, sollte die praktische Organisation des ganzheitlichen Ideenmanagements Zukunfts- und Unternehmensstrategie, Innovationsarbeit und kontinuierliche Verbesserungen von Produkten und Prozessen zu einem dynamischen Netzwerk, zu einer kollektiven Intelligenz verbinden. Die Verknüpfung von Ideenarbeit an neuen Produkten (als Vorstufe des Innovationsmanagements) mit der an bestehenden Produkten und Prozessen (traditionelle Instrumente BVW und KVP) durch eine gemeinsame Zielsetzung und einen regelmäßigen Wissensaustausch würde enorme Synergieeffekte erzielen. Kontinuierliche Verbesserung trägt zur Weiterentwicklung des Unternehmens in kleinen Schritten bei und unterstützt die strategischen Innovationen, wobei kleine Veränderungen oft eine Vorstufe für große Sprünge bilden. Kontinuierliche Verbesserung mobilisiert die Wissens- und Kreativitätspotenziale der Mitarbeiter. Und schließlich kann durch die Verknüpfung der Ideenarbeit an neuen und an bestehenden Produkten und Prozessen das Konzept des permanent lernenden Unternehmens realisiert werden.

Eine solche Verknüpfung bedarf folgender Voraussetzungen:
- die richtungweisende Rolle des (Top) Managements, das zu Ideenarbeit steht und als Promotor fungiert,
- optimale organisatorische Eingliederung des Ideenmanagements;
- die systematische Zukunfts- und Trendforschung, die der Ideengenerierung vorausgeht;
- die Einbindung der Ideenarbeit in die Zielvereinbarungen;
- eine aktive Kommunikationspolitik in Bezug auf Ideenarbeit;
- ein möglichst einfacher und unbürokratischer Prozess der Ideeneinreichung, -verdichtung und -bewahrung (Ideendatenbank);
- Organisation und Förderung von Gruppenarbeit und Netzwerken für Ideenarbeit.

Diese Voraussetzungen und ihre praktische Umsetzung werden im Weiteren erläutert.

3.3.1. Die Rolle der Manager in der Ideenarbeit

Die Führungskräfte aller Ebenen spielen in der Ideenarbeit in Unternehmen eine entscheidende Rolle. Ihre Leistung besteht in der Gestaltung einer Vision, die die Richtung angibt, Sinn macht und von den Mitarbeitern geteilt wird, sowie in der Vorbildfunktion der Führenden, die Engagement und Mut beweisen, Energien freisetzen, Talente und Ideen fördern und die Werte vorleben müssen, die sie vertreten.[301] Engagement und Begeisterung der Führungskräfte sollten eine Vorbildwirkung erzielen und die Belegschaft zur Ideengenerierung und -einreichung motivieren. In Unternehmen, wo die Führungskräfte an dem Ideenmanagement nicht interessiert sind und keine motivierenden Signale senden findet keine kontinuierliche Ideenarbeit statt. Vom Top Management werden in erster Linie Visionen, Zielsetzung, Ressourcen und Kommunikationspolitik für Ideenmanagement erwartet, während die Führungskräfte der mittleren und unteren Ebene für die alltägliche Ideenarbeit verantwortlich sind.

Eine richtungsgebende Rolle der Geschäftsführung im Ideenmanagement ist äußerst wichtig. Thom bezeichnet eine klare und nachhaltige Unterstützung seitens des Top Managements als Schlüsselfaktor für den Erfolg des Ideenmanagements.[302] Das Top Management verfügt aufgrund formaler Autorität über legitimierte Macht und sollte als Machtpromotor für Ideenmanagement dienen. Zu seinen Funktionen gehören:

- Visionen und Gesamtstrategie für das Unternehmen in Verbindung mit Ideenmanagement aufgrund einer systematischen Zukunftsforschung entwickeln;
- Gemeinsam mit Verantwortlichen für Ideenmanagement Ziele und Prioritäten für Ideenmanagement setzen;
- Notwendige Ressourcen jeder Art zur Verfügung stellen;
- Personalentscheidungen in Bezug auf Ideenmanagement treffen;
- eine aktive Kommunikationspolitik für Ideenarbeit gewährleisten;
- für ideenfördernde, vertrauensvolle Bedingungen und Unternehmenskultur sorgen.

Über die Rolle von Visionen und strategischen Zielen für Ideenarbeit wurde bereits im Kapitel 3.1.1 diskutiert. Visionen und Ziele geben dem Ideenmanagement seine langfristige Ausrichtung, schaffen ein Spannungsfeld für die Kreativität aller Akteure. Es ist die Aufgabe des Top Managements, eine klare, authentische, glaubwürdige Zukunftsperspektive zu entwickeln, in der Chancen und Risiken des geplanten Weges einkalkuliert sind.

Das Management sollte jede Kommunikationsgelegenheit nutzen, um die Bedeutung der Ideenarbeit zu unterstreichen, die Champions zu rühmen, auf die Problemstellungen und den Handlungsbedarf für Verbesserungen hinzuweisen. „Reden, reden, reden" sollte die Devise des Top Managements im Ideenmanagement sein. Nicht weniger wichtig ist es, ein offenes Ohr für die Bedürfnisse

---

[301] Vgl. Hinterhuber, H.; Stadler, Ch.: Innovationsfördernde Rahmenbedingungen schaffen, 2006, S. 92.
[302] Vgl. Thom, N.: Betriebliches Vorschlagswesen, 1996, S. 83.

3. Praktische Gestaltung des ganzheitlichen Ideenmanagements 135

und Probleme an der Basis zu haben: zu schauen, dass man mit den Leuten in Kontakt bleibt, dass man genau weiß, wo der Schuh drückt, wo man vielleicht etwas anpassen soll. Dafür sollten Manager so viel wie möglich vor Ort sein.

Eine symbolische und stark motivierende Wirkung hat beispielsweise eine persönliche Auszeichnung ideenengagierter Mitarbeiter durch hochrangige Führungskräfte direkt am Arbeitsplatz der Ideengeber. Ebenfalls empfehlenswert sind regelmäßige, von Top Managern initiierte und organisierte Veranstaltungen, auf denen erfolgreiche Vorschläge, engagierte Einreicher und Gutachter prämiert und geehrt werden. Bei den Widerständen infolge von Neuerungen und Umgestaltungen sollten Manager die Durchsetzung wertvoller Ideen tatkräftig unterstützen und gegebenenfalls als Schlichter agieren.

Um die Wichtigkeit der Ideenarbeit in Unternehmen zu betonen, ist es angebracht, das Ideenmanagement in die Leitlinien des Unternehmens zu integrieren und in das betriebliche Zielsystem einzubinden. Dafür sollte ebenfalls das Top Management Sorge tragen. Zugleich soll die Veränderungsbereitschaft von oben glaubwürdig vorgelebt werden.

Auch die Gestaltung einer fördernden, auf Vertrauen und Fehlertoleranz basierenden Unternehmenskultur obliegt in erster Linie der Unternehmensleitung. Alle Strategien, Strukturen und Systeme einschließlich des Verhaltens von Mitarbeitern, Teams und Netzwerken sollten auf die Ideengenerierung ausgerichtet werden. Die Förderung der Ideenpotenziale und Kreativität sollte zur Chefsache erklärt und Ideenarbeit zu einer Selbstverständlichkeit werden. Thom betont die Notwendigkeit, dass das Management die deklarierte Kultur aktiv vorlebt: „Eine Kultur, in der offen kommuniziert wird, die unternehmerisches Denken fördert und in der Fehler von Mitarbeitenden als Teil eines Lernprozesses angesehen werden, unterstützt Einsatzbereitschaft und Motivation. Führungskräfte, die uneingeschränkt hinter der Idee des Betrieblichen Vorschlagswesens stehen und sie für alle Mitarbeiter sichtbar praktizieren, wirken als Promotoren, als Förderer und Begleiter der Vorschlagseinreicher auf dem Weg von einer Idee zur realisierbaren Verbesserung."[303]

Nicht nur das Top Management, sondern auch die mittleren und unteren Führungskräfte eines Unternehmens sind für den Erfolg des Ideenmanagements verantwortlich. Die mittleren und unteren Manager sind in die unmittelbare, alltägliche Ideenarbeit an der Basis involviert, indem sie sich mit der Begutachtung und Realisierung der Vorschläge beschäftigen und eine aktivierende Rolle bei der Ausschöpfung der Ideenpotenziale der Mitarbeiter übernehmen. In diesem Prozess haben Führungsstil und Führungsinstrumente dieser Manager eine enorme Bedeutung. Ideen gedeihen nur dort, wo ein partnerschaftliches Verhält-

---

[303] Vgl. Fiedler-Winter, R.: Ideenmanagement – Mitarbeitervorschläge als Schlüssel zum Erfolg, 2001, S. 60.

nis, Freiräume für Initiative und Selbstständigkeit sowie eine positive Arbeitsatmosphäre vorherrschen.

Eine Führungskraft sollte der jeweils erste Ansprechpartner des Ideeneinreichers sein, das heißt, dass jeder Vorschlag zuerst mit ihr besprochen wird. Sie hilft bei der Formulierung und optimiert mit einem konstruktiven, kritischen Feedback den Vorschlag, sodass die Idee auch unternehmensgerecht eingebracht werden kann. Nach Meinung von W. Werner, Geschäftsführer des Deutschen Instituts für Betriebswirtschaft, zählen zu den Aufgaben der Führungskräfte in der Ideenarbeit: zuhören können, Ideen einfordern und optimieren, Ziele vereinbaren und motivieren.[304]

Als Bedingungen für eine erfolgreiche Einbindung der Führungskräfte in das Ideenmanagement können folgende genannt werden:
- ausgeprägtes Bewusstsein für die Wichtigkeit der Ideenarbeit – die Führungskräfte müssen das Ideenmanagement selber wollen;
- praktische Einbindung der Ideenmanagementziele in das betriebliche Zielsystem – so werden die Führungskräfte verpflichtet, ihre individuellen, mit der Unternehmensleitung vereinbarten Ideenarbeit-Ziele an ihre Untergebenen zu kommunizieren und mit ihnen eigene Zielvereinbarungen in Bezug auf Ideen abzuschließen, die Zielerreichung regelmäßig zu überprüfen und gegebenenfalls Korrekturen vorzunehmen;
- hohe soziale Kompetenz der Führungskräfte, die eine offene Kommunikation, partnerschaftliches Verhältnis, Delegation, Freiräume für Initiative, Vertrauen sowie eine ideenfördernde und angstfreie Arbeitsatmosphäre ermöglicht.

Die Rolle des Vorgesetzten als des wichtigsten Ansprechpartners bildet im Ideenmanagement einen Problembereich. Wenn man sich vorstellt, ein Mitarbeiter wendet sich an seinen Vorgesetzten, dessen Bedeutung das Unternehmen als erste Anlaufstelle für alle Mitarbeiterideen immer wieder herausstellt, und dieser Vorgesetzte lässt dann ein ablehnendes Verhalten erkennen, so ist jeder Ansatz von Anfang an zum Scheitern verurteilt. Das gilt sowohl für ablehnende Worte, als auch für eine ablehnende Körpersprache. Genauso schädlich können Killerargumente, wie „das ist zu teuer" oder „das haben wir schon probiert" sein. Um solche für die Ideenarbeit absolut tödliche Verhaltensweisen der Führungskräfte zu verhindern, sollte man mit den Managern aller Ebenen Workshops und Trainings in Bezug auf das Ideenmanagement durchführen und eine gezielte Motivation der Führungskräfte schaffen, beispielsweise, durch ihre Beteiligung an den

---

[304] Vgl. Fiedler-Winter, R.: Ideenmanagement – Mitarbeitervorschläge als Schlüssel zum Erfolg, 2001, S. 48.

Prämien oder mithilfe von Zielvereinbarungssystemen, in die Ideenkennzahlen integriert werden (vgl. Kapitel 3.3.4).

Um den hohen Anforderungen des ganzheitlichen Ideenmanagement gerecht zu werden, brauchen Führungskräfte aller Ebenen systematische Weiterbildung und einen kreativen, offenen Erfahrungsaustausch untereinander.

Diesen Weg geht der japanische Elektronikproduzent Hitachi, der sich als ein lernendes Unternehmen präsentiert. Der Konzern hat zu diesem Zweck ein spezielles firmeneigenes Institut für Weiterbildung von Führungskräften gegründet. Es gibt Trainingsprogramme für sämtliche Führungsebenen, vom Nachwuchs bis zu obersten Geschäftsleitung. Die angebotenen Programme dauern eine Woche bis vierzehn Tage und werden in Gruppen mit 16–20 Managern durchgeführt. Die zentralen Trainingsziele sind:

- Abklären der Managementkonzepte. Die Führungskräfte müssen sich die drei wichtigsten Verhaltensleitlinien des Unternehmens bewusst machen: Harmonie, Aufrichtigkeit und Pioniergeist und erkennen, dass der Kunde an erster Stelle steht. Sie müssen ihr eigenes Führungsprofil entwickeln und die Entwicklung ihrer Mitarbeiter fördern.
- Förderung von Unternehmergeist und innovativem Denken. Hitachi setzt auf Kreativität und Produkte mit Pfiff, um sich von der Konkurrenz abzusetzen.
- Entwicklung einer breitgefächerten Weltsicht. Sie dient dazu, Hitachis Auslandsgeschäfte voranzubringen. Politik, Kultur, Religion und Volkswirtschaftslehre verschiedener Länder stehen auf dem Stundenplan der Führungskräfte.
- Konsensfähigkeit und Entwicklung einer gemeinsamen strategischen Marschrichtung. Damit bietet man auch nach außen hin ein Bild der Konformität und Zusammengehörigkeit. Das ist insbesondere für die zahlreichen Niederlassungen und Tochtergesellschaften von Hitachi wichtig.
- Verbesserung der allgemeinen Fähigkeiten. Dazu gehören Bereiche wie Management, Marketing, Finanzen, Personalmanagement etc.[305]

Nur wenn die Führungskräfte eines Unternehmens ein lebenslanges Lernen und das Streben nach kontinuierlichen Verbesserungen vorleben, wird sich das ganzheitliche Ideenmanagement etablieren können.

3.3.2. Organisatorische Eingliederung des Ideenmanagements

Viele Unternehmen stehen heute vor der Herausforderung, ein ganzheitliches Ideenmanagement zu etablieren, um alle vorhandenen Kreativitätspotenziale als

---

[305] Vgl. McGill, M.E.; Slocum, J.W.: Das intelligente Unternehmen, 1996, S. 192-193.

Zukunftschance zu nutzen. Dabei gibt es verschiedene Modelle der praktischen Organisation des Ideenmanagements.

Aus den früheren Ausführungen über die Genese des Ideenmanagements (vgl. Kap. 2) ist klar geworden, dass ein ganzheitliches Ideenmanagement bestimmte Elemente des traditionellen BVW (in Form eines dezentralen Vorschlagswesen auf der Basis des Vorgesetztenmodells) und des KVP (überwiegend als Gruppenkonzept mit Zirkelarbeit und teilautonomen Arbeitsteams) mit den ersten Phasen des Innovationsprozesses, ergänzt durch ein Open Innovation Konzept, praktiziert werden sollte. Daraus resultieren die Dilemmata der Organisation des Ideenmanagements in Unternehmen: eigenständig versus integriert und zentral versus dezentral.

Ähnlich wie Qualität, Wissen oder Innovation, kann auch die Ideenarbeit nicht Aufgabe einer separaten Abteilung sein, sondern sollte in die alltägliche Unternehmensrealität integriert werden. Dabei geht es weniger um Etiketten im Sinne Wissens-, Innovations- oder Ideenmanagement, wichtiger sind Ziele und Inhalte der praktischen Ideenarbeit. Das ganzheitliche Ideenmanagement kann organisatorisch als Teil des Innovationsmanagements betrachtet, mit entsprechenden Maßnahmen für die Mobilisierung aller internen und externen Ideenressourcen, oder auch als erweitertes Vorschlagswesen bezeichnet werden. Idealerweise sollte das Ideenmanagement eine selbstständige Querschnittfunktion über alle Unternehmensbereiche hinaus sein.

In der Einführungsphase könnte Ideenmanagement als ein Pilotprojekt oder als eine eigenständige Einheit (Center of Excellence) etabliert werden. Eine solche Institution könnte als Signal zu einem Paradigmenwechsel verstanden werden und einen Neuanfang bedeuten. Ähnliche Einheiten sind auch langfristig für die Koordination eines integrierten Ideenmanagements sinnvoll. Das Grundproblem selbstständiger Ideenmanagement-Institutionen ist allerdings, die Schnittstellen zu anderen Bereichen (Strategie, Einkauf, Produktion, Marketing, Vertrieb) und zum existierenden BVW und KVP klar zu definieren, um diese optimal einzubeziehen. So passiert es beispielsweise vielen Unternehmen, dass sie die Mitarbeiter aus Marketing und Vertrieb viel zu spät an der Entwicklung von neuen Produktideen beteiligen und dadurch später Probleme mit der Vermarktung bekommen. Das könnte durch die Integration von verantwortlichen Organisationseinheiten in die Phasen der Ideengenerierung verhindert werden. Im Grunde genommen, sollte man alle Mitarbeiter des Unternehmens sowie relevante externe Akteure in die Arbeit an neuen Ideen einbinden.

Eine weitere Entscheidung sollte in Bezug auf eine zentrale oder dezentrale Ansiedlung des Ideenmanagements getroffen werden. Bildet man eine zentrale Organisationseinheit „Ideenmanagement" mit einer Stabfunktion, so hat sie überwiegend beratende Kompetenz. Allerdings kann auf diese Art und Weise das Methoden-Know-how konzentriert und verteilt sowie die Koordination auf der

Grundlage der Gesamtstrategie betrieben werden. Zentrale Organisationseinheiten sind insbesondere in der Einführungsphase des Ideenmanagements oder bei relativ homogenen Kunden und Märkten und homogenen Produkten zu empfehlen. Sind Kunden und Produkte vielfältig, ist es angemessen, die Vorteile der Dezentralisation des Ideenmanagements zu nutzen, indem man in jeder Abteilung ein Ideenteam oder einen Ideenverantwortlichen integriert. So kann Kunden- und Produktnähe zu spezifischen kreativen Lösungen führen.

In der Praxis gibt es einige Unternehmen, die über eine Einrichtung für Ideenmanagement und einen Ideenmanager verfügen, der für die Gestaltung und den Erfolg der Ideenarbeit zuständig ist. Zu seinen Aufgaben gehören Informationsveranstaltungen, Schulungen und internes Marketing in Bezug auf das Ideenmanagement im Unternehmen. Es hängt oft von der Überzeugungskraft und dem Charisma des Ideenmanagers ab, inwieweit sich Mitarbeiter und Führungskräfte von der Ideenarbeit angesprochen fühlen, und von dem Prämiensystem, inwiefern sich einzelne Einreicher engagieren.

Will man möglichst alle Kreativitätspotenziale ausschöpfen, dann braucht man ein integriertes Ideenmanagementmodell. In dem Fall sollte Ideenarbeit nach Möglichkeit dezentralisiert und in erster Linie als Aufgabe aller Führungskräfte verstanden werden, die ihre Mitarbeiter zur Beteiligung an der Ideengenerierung motivieren und tatkräftig unterstützen müssen.[306] Unter diesen Bedingungen werden die Gesamtziele zum Ideenmanagement von dem Top Management vorgegeben und mit allen Führungskräften im Unternehmen vereinbart. Die Ideenarbeit sollte zu einem wichtigen Bestandteil der Zielvereinbarungen oder der Balanced Scorecard werden.[307]

Es schließt sich jedoch nicht aus, dass auch diese Unternehmen einen zentralen Ideenmanager oder Ideenkoordinator haben, der eine beratende Funktion einnimmt und als Ansprechpartner in den Fragen des Ideenmanagements gilt. Hybridstrukturen aus einer zentralen Einheit und dezentralen Verantwortlichen in den Geschäftseinheiten werden von Bullinger als optimal bezeichnet.[308] Insbesondere bei großen Unternehmen ist eine Kombination aus einer zentralen Stelle und dezentralen Einheiten für Ideenmanagement sinnvoll. Die Ideenmanagementeinheiten in einzelnen Abteilungen sollten sich mit der alltäglichen Ideenarbeit an der Entwicklung von neuen und Verbesserung von existierenden Produkten und Prozessen beschäftigen, dabei sind Vorschlagswesen, KVP und Ideenwerkstätte als organisatorische Formen besonders geeignet. In der Kompe-

---

[306] Vgl. Läge, K.: Ideenmanagement, 2005, S. 2-3.
[307] praktische Umsetzungsmöglichkeiten und Analyse s. Kapitel 3.3.4.
[308] Vgl. Bullinger, H.-J.; Engel, K.: Best Innovator, 2006, S. 42.

tenz der zentralen Ideenmanagement-Einheit liegen Zukunfts- und Trendforschung und strategische Fragen.

3.3.3. Zukunfts- und Trendforschung

Intelligente Unternehmen zeichnen sich durch eine systematische Zukunftsforschung aus. „Zur Einschätzung der künftigen Nachfrage und des künftigen Zusammenspiels der Marktteilnehmer sollten Unternehmen Faktoren wie Gesellschaft, Demographie, Recht, Politik und Umwelt sowie Veränderungen von Wettbewerbern, Zulieferern, Partnern, Kunden und Technologien in ihrer langfristigen Entwicklung berücksichtigen. Die eigene strategische Positionierung innerhalb des Zusammenspiels der erwarteten Marktkräfte ermöglicht dann die Identifikation des künftigen Innovationsbedarfs und des Marktpotenzials", schreibt Bullinger dazu.[309] Eine Suchfeldbestimmung, die der unmittelbaren Ideengenerierung vorausgeht, leistet einen erheblichen Beitrag zu einer erfolgreichen Arbeit an Innovationen. Trend-Scouting und Erstellung von Roadmaps sind die wichtigsten Voraussetzungen für ein erfolgreiches Innovationsmanagement in Unternehmen.[310]

Es gibt keine einheitliche Begriffsdefinition für die ersten Phasen der Ideengewinnung. Sie werden als Zukunfts- oder Trendforschung, Trend-Scouting, oder Suchfeldbestimmung bezeichnet. Der Begriff „Zukunftsforschung" ist weiter gefasst, während unter Trends bereits bekannte Entwicklungen verstanden werden, die in die Zukunft extrapoliert werden können. In diesem Sinn beinhaltet die Zukunftsforschung – neben der Trendforschung – das Erkennen von so genannten „schwachen Signalen."

Die wichtigsten Phasen der Zukunftsforschung sind: schwache Signale und Trends identifizieren, Folgen für das eigene Unternehmen ableiten, Suchfelder für Innovationen definieren und auf dieser Basis neue Ideen generieren und umsetzen. Die praktische Zukunftsforschung sollte in jedem Unternehmen individuell gestaltet und mit einer systematischen Kundenorientierung und mit der Unternehmensstrategie einhergehen.

Deswegen ist es sinnvoll, die Kompetenz und Verantwortung für die systematische Zukunftsforschung einer speziellen Gruppe oder einer Person im Unternehmen zu delegieren und unmittelbar dem Top Management zu unterstellen. Das sollte allerdings eine aktive Rolle jedes einzelnen Unternehmensmitglieds bei der Zukunftswahrnehmung nicht ausschließen. Vor allem die Führungskräfte aller Ebenen sollten sich mit gegenwärtigen und zukünftigen Tendenzen inner-

---

[309] Bullinger, H.-J.; Engel, K.: Best Innovator, 2006, S. 43.
[310] Vgl. Becker, S.; Reinhardt, I.: Best Practices im Innovationsmanagement, in: zfo 5/2006, S. 261.

3. Praktische Gestaltung des ganzheitlichen Ideenmanagements 141

halb und außerhalb des Unternehmens auseinandersetzen, um ein adäquates Verhaltensrepertoire für Entwicklungstendenzen zu entwickeln und proaktiv handeln zu können.

Ein intelligentes Unternehmen muss sich im Rahmen der Zukunftsforschung kontinuierlich mit folgenden fünf Fragen beschäftigen:
1. Welche Veränderungen des wirtschaftlichen, technologischen, politischen und soziokulturellen Umfelds kommen in den nächsten Jahren auf unser Unternehmen zu?
2. Welche Chancen stecken für uns in diesen Veränderungen?
3. Welche Bedrohungen bringen diese Veränderungen?
4. Wie kann und soll unser Unternehmen in fünf oder zehn Jahren aussehen?
5. Was müssen wir konkret dafür tun?[311]

Je nach Größe und Branchenzugehörigkeit des Unternehmens variiert der Zeithorizont künftiger Prognosen von 1–3 Jahre für regional orientierte Einzelhändler, Freiberufler, kleinere Computerhändler, über 5–10 Jahre für Automobilzulieferer, mittlere Maschinenbauer, überregional orientierte Banken, Computerhersteller bis über zehn Jahre für Großkonzerne, Forschungsorganisationen und Pharmakonzerne.[312]

Um die spezifischen, für das Unternehmen relevanten Beobachtungsfelder zu definieren, kann eine Checkliste von Micic benutzt werden, die als Grundlage für die Zukunftsforschung dienen kann:
- Zielgruppen: Kundenbedürfnisse, Qualität und Volumen des Bedarfs, Probleme und Wünsche, Erwartungen, neue Zielgruppen;
- Marktsituation: Mitbewerber, Konkurrenzprodukte, Marketing und Vertrieb, Partner, Zulieferer, Branchenentwicklung;
- Technologisches Umfeld: Werkstoff- und Verfahrenstechnik, Informations- und Kommunikationstechnik, Biotechnologie, Rohstoff- und Ressourcentechnik, Ökologie- und Umwelttechnik, Bau- und Gebäudetechnik, Transport- und Verkehrstechnik, Mensch, Gesundheit, Medizin, Naturwissenschaften, Sozialwissenschaften etc.
- Wirtschaftliches Umfeld: volkswirtschaftliche Kenngrößen, Konjunktur, Arbeitswelt, Geld und Kapital, Branchenstruktur, Infrastruktur, Ressourcen und Energie, Umwelt, Politik und Gesetzgebung etc.
- Soziokulturelles Umfeld: Bevölkerung, Bildung, Religion und Bewusstsein, Mobilität, Freizeit, Werte und Einstellungen, Wohnung und Lebenswelt, Lifestyles, Konsum, Gesellschaft, Kultur, Kommunikation und

---

[311] Micic, P.: Der ZukunftsManager, 2000, S.16.
[312] Ebd., S. 78.

Medien, Ernährung, Gesundheit und Wellness, Kleidung und Outfit, Bürgerrolle, Familie und Beziehungen etc.[313]

Es gilt aus dieser Liste die wichtigsten Faktoren auszuwählen, die für die Zukunft des Unternehmens entscheidend sind: zu der näheren Umgebung gehören, mitspielen, Unternehmensentwicklung prägen, Ansprüche stellen, Chancen oder Bedrohungen bedeuten, für die Unternehmensentscheidungen wichtig sind, das Schicksal des Unternehmens bestimmen. Die ausgewählten Faktoren müssen im Rahmen der Zukunftsforschung kontinuierlich und systematisch beobachtet werden. Im nächsten Schritt sollen Chancen und Bedrohungen aus möglichen Entwicklungen abgeleitet werden, die als Basis für die Strategieentwicklung dienen.

Ein ganzheitliches Konzept der Zukunftsforschung wurde von dem 1998 von M. Horx gegründeten Zukunftsinstitut in Kelkheim/Frankfurt entwickelt.[314] Die Ausgangsbasis bilden globale, für die moderne westliche Gesellschaft typische Megatrends (s. folgende Abbildung). Die Vorgehensweise bei der Trend- und Zukunftsforschung ist in vielen Unternehmen erprobt und kann als Grundlage benutzt werden. Das Verfahren besteht aus vier Schritten: Trends erkennen, filtern, bewerten und umsetzen.

Die Trenderkennung kann nach folgendem Grundmuster ablaufen:
- Analysieren (Scanning) – die Ganzheit der Kultur nach schwachen Signalen abzutasten, die Trends ankündigen. Häufen sich neue Themen? Werden bestimmte Farben, Symbole, auffallend oft verwendet, die für eine veränderte Werthaltung stehen? Beim Scanning geht es darum, feine Veränderungen in den Interpretationen der Welt wahrzunehmen. Dazu dient die Analyse von Zeitungen, Magazinen, Fernsehen und Internet sowie das Auswerten von Studien oder Expertenberichten.
- Beobachten (Trendscouting) – neben dem Recherchieren und Auswerten von Informationen ist das Beobachten vor Ort ein wichtiger Erkenntnisbaustein. Die professionellen Trendscouts übernehmen die Beobachtung von neuen Trends, z.B. in der Mode.
- Befragen (Delphi-Methode) – man kann eine bestimmte Frage an eine größere Menge von Experten stellen. Eine Auswahl an Fachexperten wird zu einem bestimmten Thema mit Thesen konfrontiert und zu einer Stellungnahme animiert.

---

[313] Micic, P.: Der ZukunftsManager, 2000, S. 141-143.
[314] Horx, M.; Huber, J.; Steinle, A.; Wenzel, E.: Zukunft machen, 2007, S. 65f.

3. Praktische Gestaltung des ganzheitlichen Ideenmanagements 143

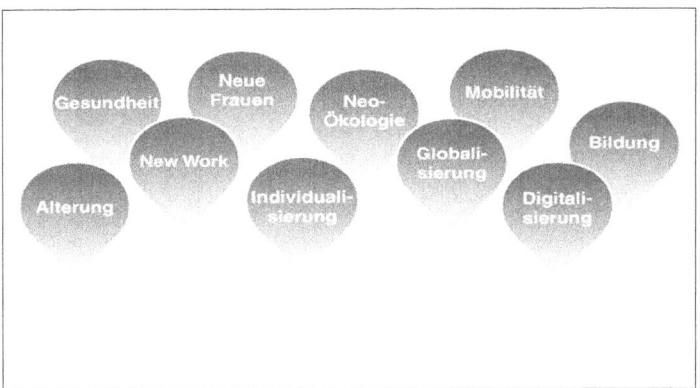

Abbildung 25: Megatrends in der Definition des Zukunftsinstituts[315]

Die Megatrends müssen nicht täglich überprüft werden, jedoch sollte man zwei- bis dreimal im Jahr eine umfassende Bestandsaufnahme in Bezug auf die Tiefenströmungen der Gesellschaft vornehmen.

Für die Trendfilterung wird von dem Zukunftsinstitut eine spezielle Vorgehensweise empfohlen: Megatrends in Bezug zum Unternehmen setzen und Chancen und Risiken ableiten.

Die Megatrends sollten im Unternehmen begutachtet und in Bezug zu dem spezifischen Markt und den Branchenbedingungen gesetzt werden. Praktisch geht es um die Auswirkungen auf verschiedene Bereiche im Marktumfeld des Unternehmens: Kunden, Wettbewerb, Technologie und Recht, aus denen neue Ideen abgeleitet werden können. Folgende Abbildung zeigt ein Beispiel für den Megatrend Gesundheit und seine Auswirkungen auf das Umfeld eines Unternehmens der Augenoptikbranche.[316]

---

[315] Horx, M.; Huber, J.; Steinle, A.; Wenzel, E.: Zukunft machen, 2007, S. 36.
[316] Ebd., S. 69-71.

144   3. Praktische Gestaltung des ganzheitlichen Ideenmanagements

Megatrend Gesundheit	Kunden	Wettbewerb	Technologie	Recht	Ideen
Alle Angebote werden unter Gesundheitsaspekten betrachtet	Hinwendung zu medizinisch versierten Spezialisten	Klinikbetreiber als neue Wettbewerber		Neue EU-Richtlinie zur Kennzeichnungspflicht	Fitness- und Wellnessclubs als Vertriebskanal erschließen
Zunehmende Schadstoff-Hysterie	Wunsch nach stärkeren Kontrollen		Neue antibakterielle Herstellungsverfahren		Mobile Prüflabors, die zum Kunden fahren
Gesundheit als neuer Luxus	Höhere Zahlungsbereitschaft für Gesundheitsprodukte	Luxusmarken steigen in den Wettbewerb ein	Neue Verarbeitungsverfahren für höherwertige Materialien	Neue Haftungsbedingungen für Gesundheitsschäden	Persönliche Gesundheits-Consultants als Premium-Service
Umfassender Gesundheitsbegriff (Körper und Geist)	Zunehmendes Interesse für Yoga, Meditation	Konkurrenz durch Spezialversender im Internet			Personal Coaches als neue Vertriebspartner

Abbildung 26: Megatrend Gesundheit und seine Auswirkungen auf das Umfeld eines Unternehmens der Augenoptikbranche[317]

Nachdem jeder Trend in seinen Auswirkungen für den Markt untersucht wurde, sollten Chancen und Risiken für das Unternehmen herausgefiltert werden. Für jeden Megatrend werden Key Facts, Chancen und Risiken definiert mit dem Ziel, ihre Relevanz, Zeitraum und Priorität zu bestimmen und weiterhin die Suchfelder für die Strategien und Innovationen abzuleiten. Ein praktisches Beispiel für das Ableiten von Chancen und Risiken für einen Hersteller von Muskelaufbau-Präparaten, das mit der Definition von Prioritäten abgeschlossen wird, wird in der folgenden Abbildung dargestellt.

Zu jedem Trend werden die wichtigsten Entwicklungen notiert, die möglichst kompakt beschrieben werden sollten. Danach werden die eventuellen positiven und negativen Konsequenzen abgeleitet. Die Beurteilungen, welchen Stellenwert diese Chancen und Risiken einnehmen, kommen in die weiteren Spalten der Tabelle. Dabei ist die Frage entscheidend, ob die Konsequenzen eine langfristige strategische Ausrichtung oder eher einen kurzfristigen Innovationsprozess initiieren. Aufgrund von Expertenschätzungen wird abschließend der Zeitraum und die Priorität des Trends für das Unternehmen vermerkt (vgl. Abbildung).

---

[317] Horx, M.; Huber, J.; Steinle, A.; Wenzel, E.: Zukunft machen, 2007, S. 71.

Megatrend	Key Facts	Chancen	Risiken	Relevanz	Zeitraum (in Jahren)	Priorität
Gesundheit	Gesundheit als neuer Luxus	Potenzial für Premium-Angebote mit höheren Margen	Wettbewerbsdruck durch neue Marktteilnehmer	+++	2 - 3	+++
Alterung	50+ Generation als neue große Kundengruppe	Enorme Kaufkraftpotenziale	Geringe Kaufinteressen	++	5 - 7	+
Bildung	Lebenslanges Lernen als Pflicht	Fortbildung als neuer Kundenservice	Hohe Kosten ohne direkten Erlös	+	3 - 5	+
New Work	Flexibilisierung der Arbeit	Kostenreduktion durch Home Offices	Verlust des Zusammengehörigkeitsgefühls	++	1 - 2	++
Frauen	Größerer Einfluss von Frauen bei Kaufentscheidung	Umsatzwachstum durch Frauen als neue Kundinnen	Mangelnde Glaubwürdigkeit, da männlich positioniert	+	2 - 3	+

+ = gering; + + = mittel; + + + = hoch

Abbildung 27: **Megatrends und ihre Chancen und Risiken für einen Hersteller von Muskelaufbau-Präparaten**[318]

Dieser Einschätzung von Chancen und Risiken folgt die Bewertung und Umsetzung von Trends. Dafür empfiehlt das Zukunftsinstitut eine Reduzierung der Megatrends auf die wichtigsten Fünf (Top Five Trends) und die darauf basierende Definition von Suchfeldern für Unternehmensstrategie und Innovationen. Diese zwei Schritte werden in der nächsten Abbildung dargestellt, die ein Beispiel eines Getränkeherstellers, der als die wichtigsten Trends Gesundheit, Alterung, Mobilität, Individualisierung und Globalisierung ausgewählt hat, beinhaltet. Als Ergebnis kommt ein Trendportfolio zustande, das verschiedene Prioritäten mit unterschiedlichen Zeithorizonten kombiniert (vgl. Abbildung). Was wichtig und was dringlich ist, genießt verständlicherweise erhöhte Priorität und muss sofort umgesetzt werden.[319]

Auf der Basis der Trendbewertung wird die Umsetzung geplant, die auf die Konzeption von Trendinnovationen im Unternehmen ausgerichtet ist.

---

[318] Horx, M.; Huber, J.; Steinle, A.; Wenzel, E.: Zukunft machen, 2007, S. 76.
[319] Ebd. S. 77-81.

146   3. Praktische Gestaltung des ganzheitlichen Ideenmanagements

Megatrend Top Five	Produkt	Services	Distribution	Lieferanten/ Partner	Ideen
Gesundheit	Ökologische Produktion	Zusatz- informationen im Internet	Vertrieb in Juice-Bars	Kooperation mit Wellness-Brands	Gesundheits-TV mit Medienpartner
Alterung	Höhere Qualität	Lieferung frei Haus	Vertrieb in Luxus- Kaufhäusern	Neue Lieferanten	Aufbau eigener Brand-Shops
Mobilität	Mitnahmefähigkeit garantieren	On-the-Road- Services	Ausweitung der Distribution jen- seits stationären Handels	Bedarf an mobilen Service-Partnern	Neue Customer Care-Center an Tankstellen
Individualisierung	Persönliche Konfiguration anbieten	Beratungs- unterstützung	Direkt zu den Kunden gehen	Just-in-time- Lieferung	Aufbau eines Haus-zu-Haus- Direktvertriebs
Globalisierung	Lokale Produkt- adaptionen für das Ausland	Telefonberatung in jeweiliger Landessprache	Vertrieb über Internet	Repräsentanten im Ausland	Gemeinsame Internet-Vermarkt- ungsplattform mit Partnerfirma

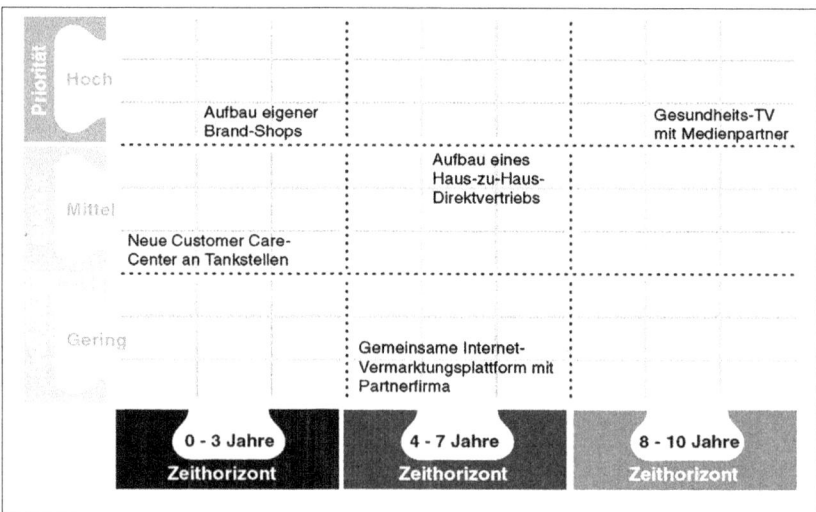

Abbildung 28: Top Five Megatrends und ihre Auswirkungen auf die Wertschöpfungs- kette am Beispiel eines Getränkeherstellers und das abgeleitete Trendportfolio[320]

---

[320] Horx, M.; Huber, J.; Steinle, A.; Wenzel, E.: Zukunft machen, 2007, S. 78, 81.

3. Praktische Gestaltung des ganzheitlichen Ideenmanagements 147

Eine andere praktikable Vorgehensweise der Zukunfts- und Trendanalyse ist die Methode des Zukunftsradars. Im Rahmen dieses Verfahrens wird ein Screening-Team des Unternehmens beauftragt, auf verschiedenen Kongressen, Messen und Branchenveranstaltungen im In- und Ausland nach neuen Ideen der Wettbewerber, Wissenschaftler und Forscher auf einem bestimmten Fachgebiet zu suchen. Die neuen Trends und Entwicklungen werden abschließend in Form eines Radars dargestellt, wobei verschiedene Ideen oder Konkurrenzprodukte auf einer zweidimensionalen Fläche positioniert werden: je nach Zeithorizont und nach Wichtigkeit für das Unternehmen.

Die Methode des Zukunftsradars wird beispielsweise von dem Beratungsunternehmen Detecon (Tochter der Telecom) erfolgreich angewendet. Das systematische Screening startet mit einer Befragung von Wettbewerbern und Zulieferern und wird durch Interviews mit Kunden und dem Vertrieb ergänzt. Ziel des Screenings ist es, Produktideen zu erhalten, die sich aus neuen technologischen Entwicklungen oder veränderten Markt-/Kundenanforderungen ergeben (s. folgende Abbildung).

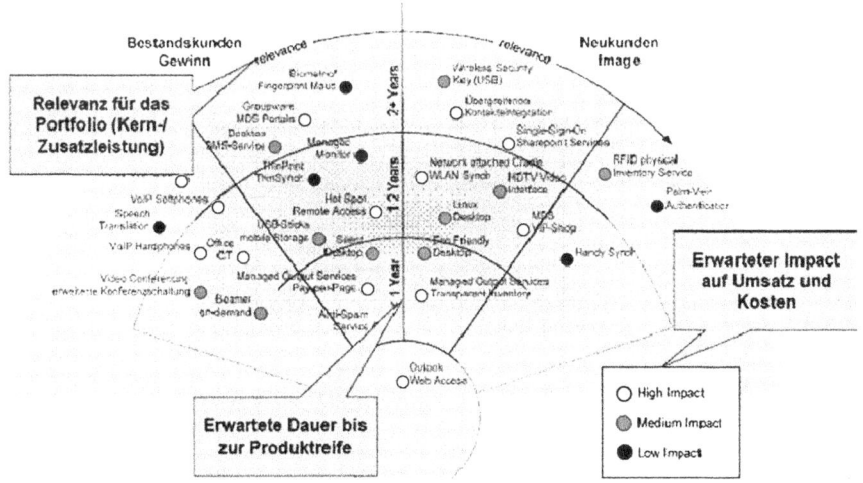

Abbildung 29: Technologieradar, erstellt von der Detecon GmbH[321]

---

[321] Quelle: Präsentation der Detecon GmbH im Arbeitskreis Innovation an der Uni Köln am 07.12.06

148   3. Praktische Gestaltung des ganzheitlichen Ideenmanagements

Die Quellen für neue Ideen sind: Messen, Kunden, Vertrieb, Wettbewerber, Zulieferer, Analysten, Internet und Forschungsinstitute. Das Screening-Team besteht aus 1–2 Mitarbeitern. In zwei Wochen können so ca. 30 Ideen identifiziert und kurz beschrieben werden. Die Kurzbeschreibung der gesammelten Ideen ist die Basis für die erste Filterung.

Die Ideen werden durch den Portfolio-Manager mit der Unternehmensstrategie, Zielen und Wachstumsfeldern abgeglichen und ihre Bewertung vorgenommen. Als Bewertungskriterien dienen: technische Machbarkeit, finanzielle Attraktivität, Akzeptanz im Vertrieb, Akzeptanz aus der Anwendersicht, Übereinstimmung mit strategischen Zielen. Die Ergebnisse fließen in die Darstellung des Technologieradars (Relevanz) und die Priorisierung von Produktideen (unterschiedliche Farben der Punkte in der Abbildung) ein.[322]

In Großunternehmen ist eine Dezentralisierung der Zukunftsforschung angesagt – in jeder Sparte (Abteilung) sollte eine Person die Verantwortung für die Beobachtung der Trends auf ihrem Fachgebiet übernehmen.

Viele Großunternehmen haben spezielle Zukunftsgruppen, die sich gezielt mit der Trendforschung oder Sammlung und Überprüfung von neuen Ideen beschäftigen. Mannesmann unterhält die Mannesmann Pilotentwicklung GmbH (MPE) in München mit ca. 40 Mitarbeitern, Audi hat ein vierzehntägig einberufenes Trauteam mit dem gleichen Ziel.[323] Diesen Luxus können sich kleine und mittelständische Unternehmen (KMU) nicht leisten, sie müssen ihre Zukunftsszenarien aus eigener Kraft entwickeln. Die KMU beschränken sich auf eigene systematische Informationsrecherchen oder gehen Forschungskooperationen mit anderen Unternehmen, Forschungsinstitutionen oder Hochschulen ein.

Aus Best Practices innovativer Unternehmen wurden folgende Gestaltungsempfehlungen für eine effiziente Suchfeldbestimmung abgeleitet:
- Ausrichtung auf Markt und Kunden: Anwendungsbeobachtungen, Marktforschung und Kundenbesuche vor Ort geben Aufschluss über individuelle Kundenbedürfnisse, Einbindung von Lead Usern;
- Erstellung von Roadmaps, die Innovationspotenziale anhand von Szenarioplanungen abbilden;
- Einsatz von Technologie-Scouts und Trendanalysen, um Marktimpulse aufzuzeigen;
- Technologie- und Konkurrenzmonitorings, die neue technologische Entwicklungen aufspüren;
- Einsatz von interdisziplinären Markt-Technik-Teams;

---

[322] Präsentation der Detecon GmbH im Arbeitskreis Innovation an der Uni Köln am 07.12.06
[323] Vgl. Stern, T,; Jaberg, H.: Erfolgreiches Innovationsmanagement, 2005, S. 98.

- Open-Innovation-Ansatz: Einbinden von Mitarbeitern, Forschungseinrichtungen, Universitäten und Zulieferern;
- Gewährleistung eines Unternehmensstrategie-Fits.[324]

Nach Bullinger steht die Definition von Suchfeldern für Innovationen im Mittelpunkt der Trend- und Zukunftsforschung. Die Suchfelder sind die Schnittmenge künftiger Produkt- oder Leistungsfunktionen, Technologien und angesprochenen Kundengruppen. Als Beispiel für ein Suchfeld kann die „passive Sicherheit" im Fahrzeug dienen, die aufgrund veränderter gesetzlicher Rahmenbedingungen, veränderten Verbraucherverhaltens und neuer, technologischer Lösungen an Relevanz gewinnt. Die Identifikation eines Suchfeldes macht einen Bedarf nach bestimmten Lösungen offensichtlich und bildet damit den Rahmen für die Ideengenerierung. Um die richtigen Suchfelder zu identifizieren, sollte ein Unternehmen allgemeine und geschäftsspezifische Einflussfaktoren seiner Umwelt feststellen, die für seine Zukunft ausschlaggebend sind. Je nach Branchenzugehörigkeit und Produktpalette können verschiedene Faktoren relevant sein.[325]

Als praktisches Beispiel wird der Prozess der Identifikation von Suchfeldern bei der Bosch und Siemens Hausgeräte GmbH beschrieben.[326] Die Bosch und Siemens Hausgeräte GmbH erstellt ihre „Picture of the Future" (s. weiter folgende Abbildung) aufgrund der Szenariomethode.

Als relevante Einflussfaktoren sind Gesellschaft, Politik, Wirtschaft, Umwelt, Technologie, Kunden und Wettbewerb definiert worden. Die Entwicklungen dieser Faktoren werden hinsichtlich ihrer Auswirkung auf die „living spaces" untersucht, die Bereiche beschreiben, deren künftige Gestaltung für die Funktion der Produkte des Unternehmens von Bedeutung ist. Aus den living spaces werden „application fields" abgeleitet, in denen einzelne Ideeninitiativen angestoßen werden. Besonders interessante Innovationsfelder werden zu „hunting fields" erklärt. So werden aus den Zukunftsszenarien durch Retropolation Rückschlüsse auf die kurzfristigen „hunting fields" gezogen. Im Abgleich mit der heutigen Strategie, die eine Extrapoation des heute Bekannten darstellt, werden neue „hunting fields" und Technologien identifiziert und künftige Maßnahmen abgeleitet.

Werden für das Unternehmen relevante Zukunftsentwicklungen identifiziert, die gleichzeitig gesetzlich gefördert werden, Kundenanforderungen entsprechen und mit den Kernkompetenzen des Unternehmens übereinstimmen, so ergibt sich aus dieser Konstellation eine strategische Innovationsrichtung mit besonde-

---

[324] Becker, S.; Reinhardt, I.: Best Practices im Innovationsmanagement, in: zfo 5/2006, S. 260.
[325] Vgl. Bullinger, H.-J.; Engel, K.: Best Innovator, 2006, S. 78.
[326] Vgl. ebd., S. 81-82.

150   3. Praktische Gestaltung des ganzheitlichen Ideenmanagements

rer Priorität. Beispiel: Niedrig-Energie-Häuser, die einer gesetzlichen Förderung unterliegen, niedrige laufende Kosten versprechen (Kundenvorteil) und mit der wirtschaftlichen (zunehmende Ressourcenknappheit) und gesellschaftlichen Entwicklung (Umweltbewusstsein) korrespondieren.

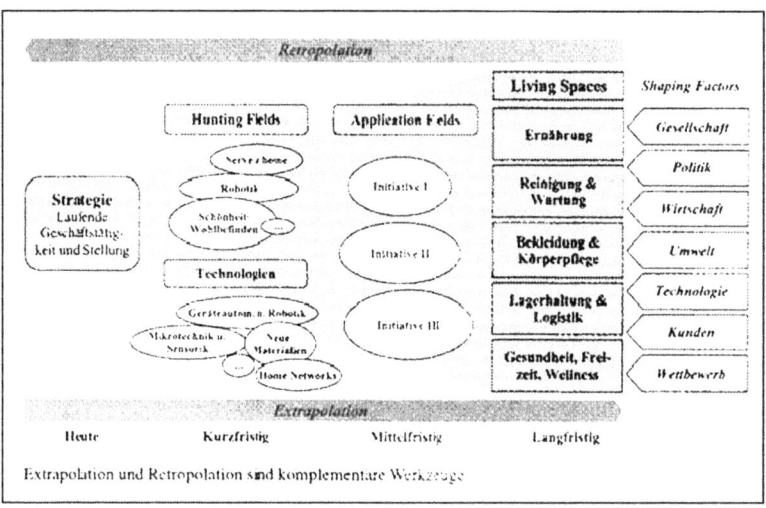

Abbildung 30: Identifikation von Suchfeldern bei der Bosch und Siemens Hausgeräte GmbH[327]

Die gesamte Ideenfindung findet im Spannungsfeld zwischen Geschäftsstrategie, Kernkompetenzen und technologischem Know-how des Unternehmens auf der einen und Kundennutzen und Marktanforderungen auf der anderen Seite statt. Es ist wichtig, die Balance zwischen beiden Polen nicht zu verlieren. Viele Unternehmen lassen sich von rein technischen, auf ihrem besonderen Technologievorsprung basierenden Ideen leiten und verlieren die kundenorientierte Perspektive aus den Augen. Innovativer Kundennutzen und Kundenzufriedenheit sind die beste Garantie für den wirtschaftlichen Erfolg neuer Ideen.

---

[327] Bullinger, H.-J.; Engel, K.: Best Innovator, 2006, S. 82.

3.3.4. Einbindung der Ideenarbeit in die Zielvereinbarungen (MbO und BSC)

Mit dem Ziel, Ideenmanagement enger mit der Gesamtstrategie des Unternehmens zu verbinden und möglichst messbar zu machen, können Kennzahlen der Ideenarbeit in die Zielvereinbarungen des Unternehmens aufgenommen werden. Dies kann mithilfe des Managements by Objectives (MbO) oder der Balanced Scorecard (BSC) realisiert werden.

MbO bedeutet „Führen mit Zielvereinbarungen" und hat als Kernelement jährliche Zielvereinbarungsgespräche zwischen Führungskraft und Mitarbeiter, die gemeinsame Ziele des Unternehmens mit den individuellen Zielen der Mitarbeiter in Einklang bringen. Die vereinbarten Ziele dienen als Planungs- und Entlohnungsinstrument und besitzen damit eine nachhaltige motivierende Wirkung. Zugleich stellt das MbO den Beteiligten notwendige Freiräume zur Verfügung, da sie über die Wege zur Zielerreichung und über die Gestaltung des Arbeitsalltags selbst entscheiden dürfen. Integriert man in die Zielvereinbarungen neben üblichen Wirtschaftszielen die Ideenarbeitkennzahlen, so wird MbO zugleich zu einem Controllinginstrument für das Ideenmanagement.

Der entscheidende Vorteil von MbO besteht darin, dass ein Interessenausgleich zwischen Unternehmens- und Mitarbeiterzielen erreicht wird und damit die individuellen Motive der Mitarbeiter in das Zielsystem eingebaut werden. Die Ausrichtung der Mitarbeiter an den Unternehmenszielen wird mit ihrer relativen Selbstständigkeit in Bezug auf die Wege und Methoden der Arbeit gepaart.

Trotz dieser Vorteile wird MbO nur begrenzt in der Praxis des Ideenmanagement eingesetzt. Es ist schwierig, das Gesamtunternehmensziel in Bezug auf die Ideenarbeit ausreichend zu quantifizieren und anschließend in konkrete Mitarbeiterziele umzusetzen. Man kann in Zielvereinbarungen den Zeitaufwand für die Kreativität kaum berücksichtigen, da dessen Ergebnisse schwer zu erfassen und zuzuordnen sind.

Einige Unternehmen haben positive Erfahrungen mit den Kennzahlen wie „Anzahl von Verbesserungsvorschlägen", „Errechenbarer Nutzen" oder „Vorschlagsquote" auf der Ebene des Gesamtunternehmens oder seiner Abteilungen (Teams) gesammelt (s. Kapitel 4.4, Fallbeispiel Degussa). In anderen Unternehmen herrscht die Meinung vor, dass sich die Mitarbeiter durch explizite Zielsetzungen in Bezug auf neue Ideen verunsichert fühlen würden, da Kreativität nicht erzwungen werden kann.

Ähnliche Vor- und Nachteile hat bei seiner Anwendung auf das Ideenmanagement das Balanced Scorecard Konzept. Die Autoren des BSC-Konzeptes Kaplan und Norton bezeichnen die Balanced Scorecard als ein strategisches Managementsystem, das eine Überprüfung von Strategien und damit ein permanentes organisationales Lernen ermöglicht.[328] BSC ist ein in sich geschlossenes Kennzahlensystem zur Steuerung des Unternehmens und hat in der Regel vier Betrachtungsperspektiven: Wirtschaftlichkeits-, Kunden, interne Prozess- und Lernperspektive. Diese Sichtweisen sollen die Fragen beantworten, wie die Erwartungen der Kapitalgeber und der Kunden sind sowie was für die internen Prozesse im Unternehmen und für eine kontinuierliche Verbesserung notwendig ist. Aus allen vier Perspektiven ausgehend werden in einer Balanced Scorecard konkrete Ziele und Maßnahmen für ihre Erreichung definiert, die als Controllinginstrument dienen.

Aus der Literatur sind einige Anwendungen des BSC-Konzeptes für das Ideenmanagement bekannt. Die weiter folgende Abbildung stellt eine Balanced Scorecard zum Ideenmanagement für die Bertelsmann AG dar.[329]

Diese Balanced Scorecard hat ebenfalls vier Felder, allerdings ist die Kundenperspektive durch eine Einreicherperspektive ersetzt worden, wobei der Ideenmanager die Funktion eines Agenten erfüllt, um seine Ideen möglichst erfolgreich zu vermitteln. Die Ziele des Ideenmanagements sind je nach Perspektive unterschiedlich.

Aus der wirtschaftlichen Perspektive heraus sind mithilfe von Ideenmanagement Rationalisierungen und Einsparungen anzustreben, wodurch ein zusätzlicher Nutzen entsteht. Als Kennzahlen des Erfolgs werden der absolute Erfolgsbeitrag des Ideenmanagements (die Differenz aus Nutzen und Kosten) und die Rentabilität (der Quotient aus dem Erfolg und den Kosten) benutzt.[330]

Aus der Perspektive interner Prozesse ist die Effizienz des Ideenmanagements entscheidend, die sich vor allem in den kürzeren Durchlaufzeiten widerspiegelt. Außerdem sind als Ziele niedrigere Bearbeitungskosten und geringere Bearbeitungszeiten pro Vorschlag anzustreben, was durch vereinfachte Abläufe, benutzerfreundliche Computernutzung und effiziente Zusammenarbeit aller Beteiligten (Mitarbeiter, Führungskräfte, Gutachter) erreicht werden kann. Weitere Kriterien sind Bearbeitungsqualität, die mithilfe von Einspruchsquoten beziffert werden kann, und offene Kommunikation, gemessen an der Quote anonymer Vorschläge.[331]

Aus der Sicht der Einreicher werden folgende Punkte als wichtig betrachtet: Akzeptanz und Wertschätzung, die anhand der Reaktionszeit und Qualität des persönlichen Feedbacks gemessen werden, Möglichkeit zum Mitwirken und

---

[328] Kaplan, R.; Norton, D.: Balanced Scorecard, 1997, S. 261.
[329] Läge, K.: Ideenmanagement, 2005, S. 109.
[330] Ebd., S. 109-110.
[331] Vgl. ebd., S. 110.

3. Praktische Gestaltung des ganzheitlichen Ideenmanagements   153

Anerkennung (Annahme- und Umsetzungsquoten) sowie Erfolgsbeteiligung (Kennzahlen: Prämie pro Mitarbeiter und pro prämierten Vorschlag).[332]

Balanced Scorecard Ideenmanagement

Wirtschaftlichkeitsperspektive		Einreicherperspektive	
Ziele	**Kennzahlen**	**Ziele**	**Kennzahlen**
Rationalisierung	•errechnete Einsparungen	Akzeptanz; Ernst genommen werden	•Zeit bis zur ersten Reaktion •VV. mit persönlichem Feedback / insgesamt beurteilte VV.
Nutzen	•Gesamtnutzen •Nutzen / Mitarbeiter	Mitwirken u. Anerkennung	•Annahmequote •Umsetzungsquote
Erfolg	•Periodenerfolg des IM	Erfolgsbeteiligung	•Prämie / Mitarbeiter •Prämie / prämierte Vorschläge
Rentabilität	•Periodenerfolg / Kosten des IM		

Interne Perspektive		Entwicklungsperspektive	
Ziele	**Kennzahlen**	**Ziele**	**Kennzahlen**
Effizienz	•Durchlaufzeit •Bearbeitungskosten pro VV. •Bearbeitungszeit / Durchlaufzeit	stetige Verbesserung	•Vorschläge/Mitarbeiter
Bearbeitungsqualität	•Einspruchsquote	Verbreitung unter allen Mitarbeitern	•Einreicher/Mitarbeiter •Investitionsbudget
Offene Kommunikation	•Quote anonymer Vorschläge	Bekanntheit des IM	•Bekanntheitsgrad (Befragung)
		Unterstützung durch Vorgesetzte	•Abteilungen mit eingereichten VV. / Gesamtzahl Abteilungen

IM: Ideenmanagement   VV.: Verbesserungsvorschlag bzw. -vorschläge

Abbildung 31: Beispiel für eine Balanced Scorecard für Ideenmanagement[333]

Die letzte Betrachtungsperspektive ist die Entwicklungsperspektive. Mit dem Ziel einer kontinuierlichen Verbesserung des Ideenmanagements werden eine höhere Beteiligung und Einreichung von Ideen, ein hoher Bekanntschaftsgrad des Ideenmanagements sowie eine aktive Unterstützung durch Vorgesetzte angestrebt. Zu diesem Zweck können sowohl bestimmte Kennzahlen (Beteiligungs- und Einreicherquoten), als auch die Mitarbeiterbefragungen in Bezug auf die Informiertheit über Ideenarbeit und die Unterstützung von der Seite der Vorgesetzten eingesetzt werden.[334]

---

[332] Läge, K.: Ideenmanagement, 2005, S. 110.
[333] Ebd., S. 109.
[334] Ebd.

Die vier Felder der Balanced Scorecard für Ideenmanagement beeinflussen sich gegenseitig. Je höher der Bekanntschaftsgrad des Ideenmanagements und die Unterstützung durch Führungskräfte, desto effizienter verlaufen die internen Prozesse (kürzere Durchlaufzeiten, geringere Bearbeitungszeiten) und bessern die Erfolgsergebnisse. Insofern ist eine Balanced Scorecard ein bewegliches dynamisches Instrument, das als Ganzes betrachtet werden soll.

Die Wirksamkeit beider Konzepte MbO und BSC ist von der Qualität der Zielformulierung, der regelmäßigen Überprüfung der Zielerreichung und Rückmeldung sowie von den Rahmenbedingungen wie Arbeitsklima, Führungsstil und Unternehmenskultur abhängig. Wie jedes Instrument, können MbO und BSC durch eine falsche Anwendung ihre Ziele verfehlen. Als getarntes Instrument zur Beherrschung der Mitarbeiter mit befehlsgleichen Zielanordnungen werden diese Instrumente nur negative Auswirkungen haben. Erst die Freiheit in der Art der Zielerreichung und die Beteiligung am Zielfindungsprozess sichert die Motivation der Mitarbeiter.[335]

Ist ein Unternehmen gewillt, eins der beiden Konzepte für das Ideenmanagement zu verwenden, dann sollten folgende Schritte vorbereitet und durchgeführt werden:

- individuelle Formulierung konkreter Ziele und Kennzahlen des Ideenmanagements in Einklang mit der Unternehmensstrategie, wobei neben quantifizierbaren Zahlen auch die qualitativen Ziele berücksichtigt werden sollten;
- die Zerlegung der Ziele in Unterziele und das Herunterbrechen auf die Ebene der Abteilungs-, Gruppen- und Individualziele;
- die Gestaltung ideenfördernder Bedingungen und Kultur.

3.3.5. Aktive Kommunikationspolitik in Bezug auf die Ideenarbeit

In vielen Unternehmen ist das Bewusstsein für das Ideenmanagement nur schwach ausgeprägt, Ziele und Möglichkeiten der Ideenarbeit bleiben den Mitarbeitern an der Basis unbekannt.

Um eine systematische, effiziente Ideenarbeit im Unternehmen zu organisieren, sollte für Information aller Unternehmensakteure über das Ideenmanagement und seine Maßnahmen gesorgt werden. Eine hohe Bekanntschaft der Ideenarbeit ist eine erste Voraussetzung für Erfolg. Die Erhöhung des Bekanntschaftsgrades kann zur Reaktivierung des bisherigen oder zur Einführung eines neuen Ideenmanagements benutzt werden.

---

[335] Vgl. Stern, T.; Jaberg, H.: Erfolgreiches Innovationsmanagement, 2005, S. 54.

3. Praktische Gestaltung des ganzheitlichen Ideenmanagements

Eine Informationskampagne über das Ideenmanagement sollte
- zur Ideenarbeit auffordern;
- über Ziele und Einreichensverfahren informieren;
- Vorteile für den Mitarbeiter aufzeigen.

Um möglichst viele Mitarbeiter zu erreichen, ist es notwendig, eine große Bandbreite von Informations- und Kommunikationskanälen innerhalb des Unternehmens zu nutzen und sich gezielt an verschiedene Zielgruppen zu wenden. Für alle neu eintretenden Mitarbeiter sollten Infoveranstaltungen organisiert und spezielle Broschüren vorbereitet werden, um neue Kreativitätspotenziale zu erschließen. Aber auch die ansässigen Beschäftigten müssen regelmäßig über die Ziele, Verfahren und Erfolge der Ideenarbeit informiert werden. Jedem Mitarbeiter sollten zumindest Ziele und grundlegende Ablaufschritte des Ideenmanagements bekannt sein: Einreichung, Prüfung, Bewertung, Realisierung und Honorierung von Ideen.

Zu den gängigen Informationsmitteln gehören Hinweise in der Betriebszeitung, Anschläge am schwarzen Brett, Infoterminals, Visualisierung der Erfolgsmeldungen und Plakate (im Eingangsbereich des Betriebsgeländes, in der Kantine, in Pausenräumen), Faltblätter, persönliche Briefe, Ideenwettbewerbe, Werbegeschenke etc. Der Phantasie sind keine Grenzen gesetzt: je ungewöhnlicher und bunter die Mittel sind, desto stärker ziehen sie an sich die Aufmerksamkeit der Belegschaft. Eine kreative Informationsform könnte beispielsweise eine Wanderausstellung mit Postern, Beschreibungen, Originalmodellen und Demos von umgesetzten Ideen sein.

Im Zeitalter digitaler Informations- und Kommunikationstechnik ist es angebracht, dass Ideenmanagement eine feste Website im Intranet des Unternehmens bekommt, die verständlich und ansprechend gestaltet sowie regelmäßig gepflegt und aktualisiert werden sollte. Auch E-Mail-Verteiler, Newsletter und Business TV werden in manchen Unternehmen zur Information über Ideenmanagement erfolgreich eingesetzt. Auch ein professionell erstelltes Video, in dem die Einreicher, Gutachter, Vorgesetzten vorgestellt werden, wäre ein hervorragendes Kommunikations- und zugleich ein Schulungsmittel.[336]

Allerdings können diese Mittel eine direkte Kommunikation in Form von Mitarbeitergesprächen und Gruppenbesprechungen mit der entsprechenden Führungskraft nicht ersetzen. Eine persönliche Ansprache ist die wirksamste. Eine weitere Möglichkeit sind Ideenmanagement-Jahresveranstaltungen und Anerkennungsfeiern, wo verdiente Einreicher und Gutachter geehrt werden.

---

[336] Vgl. Deutsches Institut für Betriebswirtschaft (Hg.): Erfolgsfaktor Ideenmanagement, 2003, S.194.

156 3. Praktische Gestaltung des ganzheitlichen Ideenmanagements

Eine wichtige Rolle in der Information über die Ideenarbeit spielt Mund-zu-Mund-Propaganda: Die Einreicher, die mit der Abwicklung ihrer Ideen zufrieden sind, machen die beste Werbung und gewinnen neue Ideenarbeiter, wenn sie über ihre Erfolgserlebnisse berichten. Ihre positiven Erfahrungen sind wichtiger und glaubwürdiger, als die von oben geplanten Werbekampagnen.

Um die Kontinuität des Prozesses zu sichern und so das Ideenmanagement im Bewusstsein der Mitarbeiter zu verankern, sollten gezielte Informationskampagnen zum Ideenmanagement zwei bis drei Mal jährlich stattfinden.[337]

3.3.6. Gewinnung, Verdichtung, Umsetzung und Bewahrung von Ideen

Die Gewinnung von Ideen kann auf verschiedenen Wegen stattfinden: Ideen können von externen Akteuren beschaffen oder gekauft, von eigenen Mitarbeitern eingereicht oder in gezielten Ideenworkshops und anderen Gruppenarbeitsformen generiert werden. Alle diese Möglichkeiten müssen ausgeschöpft werden.

Um die internen Ideenpotenziale optimal zu erschließen, sollte man einen einfachen und unbürokratischen Prozess des Ideeneinreichens installieren. Es kann eine traditionelle Methode mit einem gedruckten Formular und einem einfachen Ideenkasten oder ein modernes Ideenportal sein, wichtig ist, dass die Eingabe schnell und für alle Akteure verständlich ist.

Die führenden Innovations-Unternehmen haben den Einreichungs- und Bewertungsprozess webbasiert gestaltet. Digitale Bewertungsformulare bringen Systematik und Tempo in das Vorgehen und senken die Kosten. Ein Bewertungsformular kann beispielsweise folgende Punkte enthalten:

- Eine Beschreibung der Idee: der Ideengeber beschreibt den Prinzip der Lösung und das Einsatzpotenzial;
- die Quellen der Idee: der Urheber gibt an, wie er auf die Idee gekommen ist und welches Problem damit gelöst werden können;
- die Beteiligten, wie Lieferanten, Kunden, Partner, die von der Umsetzung der Idee betroffen sind;
- eine erste Bewertung bezüglich der Attraktivität aus Sicht der Kunden und aus Sicht des Unternehmens;
- den Entwicklungsstand der Idee (Vorschlag, Prototyp);
- Informationen, wie die Idee geschützt ist und werden sollte;
- Einschätzung der Kosten und des Return on Investment.[338]

---

[337] Vgl. Deutsches Institut für Betriebswirtschaft (Hg.): Erfolgsfaktor Ideenmanagement, 2003, S.55.
[338] Vgl. Bullinger, H.-J.; Engel, K.: Best Innovator, 2006, S. 156.

Der Medizintechnikhersteller Siemens Medical Solutions, der zu den erfolgreichsten Best Innovator-Unternehmen in Deutschland zählt, fördert die Kreativität der Mitarbeiter durch geringen Administrationsaufwand beim Einreichen von Ideen. Erfinder müssen lediglich auf einem einseitigen Formular, das im Intranet verfügbar ist, ihre Erfindung beschreiben, bevor diese dem Patentkomitee zur Entscheidung über die Anmeldung vorgelegt wird.[339]

Toyota bekommt durch ihr internes Vorschlagsprogramm mehr als zwei Millionen Ideen pro Jahr. Über 95 Prozent der Beschäftigten beteiligen sich an der Ideenarbeit, über 90 Prozent der Vorschläge werden umgesetzt.[340]

Die Digitalisierung der Einreichung von Ideen eröffnet neue Möglichkeiten für die Einbeziehung externer Akteure. So hat die BMW Group eine Einreichensmöglichkeit über ein Portal geschaffen, in das Zulieferer, Kunden und Forschungspartner ihre Ideen eingeben können. In der ersten Woche nach der Freischaltung erhielt BMW mehr als vier Tausend Ideen.[341]

Die Bewertung von Ideen erfolgt in Teams, die aus Experten verschiedener Gebiete bestehen, was eine objektive Einschätzung ermöglicht. Die Bewertung sollte schnell und transparent sein. Führende Unternehmen realisieren hier Zeiträume bis sechs Wochen von der Abgabe der Idee bis zum Feedback mit qualifizierter Bewertung.[342] Die Transparenz hinsichtlich Kriterien und Vorgehensweise ist wichtig, damit jeder Ideengeber zu jedem Zeitpunkt verfolgen kann, welches Stadium seine Idee durchläuft.

Jede Idee ist wertvoll, deswegen muss ein intelligentes Unternehmen eine geeignete Datenbank für alle Ideen und eine Plattform für den Austausch von Ideen und Wissen schaffen. Oft wird ein interessanter Kern einer Idee erst nach einiger Zeit erkannt, deswegen ist es sinnvoll, alle Ideen zu sammeln und einem möglichst breiten Teilnehmerkreis zugänglich zu machen. Es muss möglich sein, in der Ideendatenbank recherchieren zu können, deswegen sollten alle Ideen nach relevanten Kriterien klassifiziert werden.

Sind nicht alle Unternehmensakteure mit Computertechnik vertraut, sollte man parallel zu diesem System ein traditionelles Verfahren schaffen (einen zentral abgelegten Ordner oder ein schwarzes Brett mit aktuellen Informationen). Die verantwortlichen Führungskräfte als Ansprechpartner für Ideenarbeit sollten den Mitarbeitern Hilfe leisten und gegebenenfalls digitale Informationen ausdrucken und zur Verfügung stellen.

---

[339] Bullinger, H.-J.; Engel, K.: Best Innovator, 2006, S. 58.
[340] Ebd., S. 156.
[341] Vgl. ebd., S. 156.
[342] Vgl. ebd., S. 155.

Im Idealfall bildet diese Datenbank eine Lösung mit einer Einreichungsplattform, sodass eine Art permanentes Brainwriting zustande kommt. Eine reibungslose Organisation des Informations- und Wissensflusses zwischen verschiedenen Projekten, Bereichen und Mitarbeitern ist für die Dauer und Qualität der Ideenarbeit entscheidend. An dieser Stelle soll an die Wichtigkeit einer permanenten Arbeit mit bestehendem Wissen für die Unternehmensintelligenz erinnert werden (vgl. Kap. 1.3.1). Eine gezielte Wissensarbeit kann die Fehlerquote der Innovationsprojekte verringern und die Ideenkompetenz des Unternehmens erhöhen. Allerdings kann eine Datenbank nur als Teillösung angesehen werden, da ein großer Teil des Wissens implizit und nur begrenzt symbolisch darstellbar ist. Aus diesem Grund sollten direkte Interaktionen in Form von Gruppenarbeit als Ergänzung für die Wissensteilung mithilfe einer Datenbank gefördert werden.

Gruppenarbeit, die in verschiedenen Formen organisiert werden kann, bietet eine weitere effiziente Möglichkeit zur Ideengenerierung. In traditionellen Qualitätszirkeln und teilautonomen Arbeitsteams werden in der Regel Ideen für die Verbesserungen von bestehenden Produkten und Prozessen kollektiv erarbeitet. Spezielle Ideenworkshops und -werkstätten sowie Projekt- und Ideengruppen befassen sich überwiegend mit neuen Produkten und Prozessen (Innovationen). Ihre praktische Gestaltung wird im Kapitel 3.3.7 erläutert.

Die nächsten Schritte in der Arbeit mit Ideen bilden Ideenverdichtung und Umsetzung. Geschka beschreibt einen kreativen Problemlösungszyklus, der aus Ideenfindung und Ideenauswahl besteht und zur Umsetzungsentscheidung führt (s. Abbildung unten).

Der Zyklus beginnt mir einer Problemklärung, die aus den identifizierten Suchfeldern (vgl. Kap 3.3.3) resultiert und möglichst präzise formuliert werden sollte. Für die kreative Phase der Ideenfindung gilt: so viele Ideen wie nur möglich, alles ist zugelassen. Anschließend kommt es zur Ideenauswahl (oder Verdichtung): es wird aus den Perspektiven Machbarkeit, Effizienz, Übereinstimmung mit Kundenbedürfnissen, Wirtschaftlichkeit etc. entschieden, welche Ideen weiter verfolgt werden sollten. Der Zyklus endet mit einer Umsetzungsentscheidung.[343]

Wurden Ideen von einzelnen Mitarbeitern eingereicht, so übernimmt die Führungskraft die Rolle des Entscheidungsträgers, indem sie gemeinsam mit dem Einreicher über die Stärken und Schwächen der Idee sowie über die Möglichkeiten ihrer Umsetzung diskutiert. Falls er bei der Entscheidung auf seine Grenzen stößt, leitet er die Idee weiter an ein geeignetes Gremium oder eine Stelle (Ideenmanager) weiter.

---

[343] Geschka, H.: Kreativitätstechniken und Methoden der Ideenbewertung, 2006, S. 220.

3. Praktische Gestaltung des ganzheitlichen Ideenmanagements 159

Abbildung 32: Der kreative Problemlösungszyklus nach Geschka[344]

Im Falle der Gruppenarbeit sollten die Gruppenmitglieder mithilfe von speziellen Instrumenten der Ideenbewertung eine Vorauswahl treffen und damit die Verdichtung übernehmen (vgl. Kapitel 3.3.7). Danach trifft eine Kommission oder der Ideenmanager des Unternehmens die endgültige Entscheidung über die eventuelle Weiterverfolgung der Idee.

Die Ideenauswahl sollte auf der Basis fundierter Informationen und möglichst objektiv stattfinden, was durch die Teilnahme von Spezialisten verschiedener Gebiete gewährleistet werden kann. Allerdings ist dies wegen des großen Arbeitsaufwands nicht für jede Idee umsetzbar. Sinnvoll ist ein stufenweiser Auswahlprozess, in dessen Verlauf die nicht verfolgenswerten Ideen mit geringem Aufwand ausgesondert werden, um sich auf die verbleibenden aussichtsreichen Ideen zu konzentrieren.

Für die Bewertung in den Anfangsstufen sind Fragestellungen wie „Schafft die Idee Mehrwert für Kunden?", „Ist sie technisch machbar?", „Ist sie mit unseren Kompetenzen und Fähigkeiten kompatibel?", „Passt sie in unsere Strategie?" entscheidend.

Dafür eignen sich die einfachen Methoden der Ideenbewertung:
- Rosinenpicken – eine spontane und subjektive Auswahl von Ideen,
- Punktekleben – jeder Teilnehmer bekommt eine bestimmte Anzahl von Klebepunkten, die er auf seine Prioritätsideen verteilt,
- Pro-Contra-Katalog – man sammelt pro und contra Argumente für jede einzelne Idee,

---

[344] Geschka, H.: Kreativitätstechniken und Methoden der Ideenbewertung, 2006, S. 220.

- Muss-Auswahl – eine radikale Negativauswahl von Ideen, die ein K.O.-Kriterium nicht erfüllen,
- Soll-Auswahl – Ja-Nein-Abfrage, wenige nicht erfüllte Kriterien können durch eine Mehrzahl erfüllter Kriterien kompensiert werden.[345]

Zu den komplexeren Methoden, die auf den späteren Stufen des Bewertungsprozesses eingesetzt werden können, zählen Nutzwert- und Portfolioanalyse. In beiden Verfahren werden unternehmens- und marktrelevante Kriterien benutzt: Marktvolumen und -wachstum, Wettbewerbsintensität, Investitionsvolumen, Entwicklungsdauer, Bekanntheitsgrad bei Kunden, Know how-Nutzung etc.

Bei der Nutzwertanalyse werden die Kriterien je nach Erfüllung auf einer Skala eingestuft und bekommen einen Gewichtsfaktor entsprechend ihrer Bedeutung. Die Summe der Nutzenbeiträge aller Kriterien ergibt den Gesamtnutzwert einer Idee (vgl. Tabelle).

Tabelle 10: Beispiel einer Nutzwertanalyse nach Geschka[346]

Kriterien	Gewichtsfaktoren	Vorschlag A		Vorschlag B		Vorschlag C	
		Punkte	Nutzenbeiträge	Punkte	Nutzenbeiträge	Punkte	Nutzenbeiträge
Marktvolumen	1,0	3	3,0	5	5,0	2	2,0
Wettbewerbsintensität	0,85	4	3,4	1	0,85	4	3,4
Marktwachstum	0,7	2	1,4	2	1,4	3	2,1
Investitionsvolumen	0,65	1	0,65	3	1,95	4	2,6
Synergistische Nutzung vorhandenen Know-hows	0,5	3	1,5	4	2,0	2	1,0
Zeitbedarf für Entwicklung und Aufbau	0,4	3	1,2	1	0,4	5	2,0
Bekanntheitsgrad beim Kunden	0,3	3	0,9	3	0,9	3	0,9
Punkteskala: 1, 2, 3, 4, 5			Σ = 12,05		Σ = 12,5		Σ = 14,0

C ist der relative beste Vorschlag. Liegt die Auswahlgrenze bei 13, so wird nur Vorschlag C weiter verfolgt.

---

[345] Vgl. Geschka, H.: Kreativitätstechniken und Methoden der Ideenbewertung, 2006, S. 235-238.
[346] Geschka, H.: Kreativitätstechniken und Methoden der Ideenbewertung, 2006, S. 241.

3. Praktische Gestaltung des ganzheitlichen Ideenmanagements   161

Nach der Ideenauswahl wird die Entscheidung über die Umsetzung der Ideen von einer übergeordneten Instanz getroffen. Das kann je nach Größe des Unternehmens und Wichtigkeit der Idee der Problemsteller, ein höheres Management-Gremium, ein einzelner Vorgesetzter oder der Ideenmanager sein. In dieser Phase werden die Entscheidungen meistens subjektiv getroffen, allerdings spielen die durchgeführten Bewertungen und die zusammengestellten Informationen eine wichtige Rolle.

3.3.7. Gruppenkonzepte im Ideenmanagement

Wie im Kapitel 1.3.1 erläutert wurde, entsteht kollektives Wissen überwiegend in Interaktionen, deswegen hat Gruppenarbeit eine enorme Bedeutung sowohl für die Generierung (im Sinne der Wissensspirale nach Nonaka und Takeuchi), als auch für die Teilung und Nutzung des Wissens in Unternehmen. Insofern sind Gruppenkonzepte für eine erfolgreiche Ideenarbeit unentbehrlich.

Als praktische Instrumente des Ideenmanagements können die traditionellen Gruppenkonzepte wie Qualitätszirkel, Projektgruppen oder teilautonome Teams (vgl. Kapitel 2.3.4) sowie die neueren Instrumente wie Ideenworkshops, Communities of Practice (vgl. Kapitel 2.4.4.2) und computergestützte Foren und Blogs benutzt werden.

3.3.7.1. Die traditionellen Gruppenkonzepte

Bei der Zirkelarbeit handelt es sich um eine Reihe von in der Regel freiwilligen, regelmäßig durchgeführten und moderierten Gesprächsrunden in kleinen Gruppen, deren Teilnehmer Probleme des eigenen oder auch anderer Arbeitsbereiches identifizieren oder von außen vorgegebene Probleme bearbeiten und analysieren und für diese Lösungsmöglichkeiten erarbeiten mit dem Ziel, effektiver zu arbeiten und die Lösungen selbstständig oder zusammen mit anderen Abteilungen umzusetzen.[347]

Man unterscheidet je nach Struktur und den Zielen diverse Formen der Qualitätszirkel. Qualitätszirkel, die in erster Linie auf produkt- und arbeitsprozessbezogene Problemlösungen orientiert sind, ähneln den Projektgruppen und werden oft als Werkstattzirkel bezeichnet. Weniger strukturierte, durch eine freie Themenwahl gekennzeichnete Qualitätszirkel, die überwiegend personenorientiert sind, sind als Lernstätte bekannt (vgl. weiter folgende Tabelle). Allerdings sind die Grenzen zwischen verschiedenen Typen fließend.

---

[347] Fischer, U.; Breisig, T.: Ideenmanagement, 2000, S. 87.

3. Praktische Gestaltung des ganzheitlichen Ideenmanagements

Tabelle 11: Typisierung von Qualitätszirkel-Konzepten[348]

Merkmale	Projektgruppe	Qualitätszirkel	Teilautonomes Team
Reihenfolge der Ziele	Produktivitätssteigerung, Qualitätsverbesserung, Motivationssteigerung, Identifikation	Produktqualität, verbesserte Zusammenarbeit, Motivationssteigerung, Qualifikationserhöhung	Motivationssteigerung, Qualifikationserhöhung, verbesserte Zusammenarbeit, Produktqualität
Teilnehmerkreis	verschiedene Bereiche und Hierarchiestufen	ein Bereich, eine Hierarchiestufe	ein Bereich
Gruppenstruktur	keine institutionalisierte Struktur	Institutionalisierte Struktur parallel zur betrieblichen Organisation	Teil der betrieblichen Arbeitsorganisation
Sitzungszeit	neben der normalen Arbeitsausführung oder befristet hauptamtlich	neben der normalen Arbeitsausführung	normale Arbeitsausführung
Lebensdauer	befristet	auf Dauer angelegt mit festen oder wechselnden Teilnehmern	permanent

Welches dieser Gruppenkonzepte sich für ein Unternehmen am besten eignet, ist individuell zu entscheiden und wird von der konkreten Zielsetzung und Priorität bestimmt.

Der entscheidende Vorteil von Projektgruppen (oder auch Analysegruppen) besteht in ihrer interdisziplinären und bereichsübergreifenden Zusammensetzung, was insbesondere für die Generierung von neuen Produkt- und Verfahrensideen und in der Innovationsarbeit fördernd ist.

Während Projektgruppen und Qualitätszirkel neben der regulären Arbeitsorganisation agieren und deswegen nur in regelmäßigen Abständen oder fallbezogen tagen, liegt der Vorteil der teilautonomen Teams darin, dass sie eine feste Organisationseinheit sind und permanent zusammenarbeiten. Gruppenarbeit ist insbesondere in den Produktionsbereichen, als eine flexiblere Alternative zu arbeitsteiligen und monotonen Tätigkeiten geeignet. Dies trifft häufig auf die Automobil-, Elektro- und chemische Industrie zu. Neben den unmittelbaren Arbeitsaufgaben tragen die teilautonomen Teams die Verantwortung für die Arbeitsplatzsicherheit, Qualität und Verbesserungsprozesse. Unter diesen Bedingungen können sich Kreativität und Ideen innerhalb der Gruppe entfalten, das

---

[348] In Anlehnung an Fischer, U.; Breisig, T.: Ideenmanagement, 2000, S. 88-89.

Wissen wird unter einander ausgetauscht und erweitert. Allerdings ist die wichtige Voraussetzung dafür, dass einer Gruppe Raum und Zeit für ständige Innovation, für das Reflektieren, wie man Bestehendes verbessern kann, eingeräumt wird.

Eine repräsentative Befragung der Hans-Böckler-Stiftung aus dem Jahr 1996 unter fast 600 Produktions- und über 200 Dienstleistungsunternehmen in Deutschland hat gezeigt, dass ca. zwei Drittel der Produktions- und 70% der Dienstleistungsunternehmen Gruppenarbeit praktizieren, wobei die größte Verbreitung feste Arbeitsteams und Projektteams haben.[349]

3.3.7.2. Ideenworkshop

Unter Ideenworkshop (oder -werkstatt, oder CreativeTeam) kann ein Ideenteam verstanden werden, das zur Entwicklung von neuen Ideen für die Entwicklung oder Verbesserung von Produkten und Prozessen zusammengesetzt wird. Es muss sich regelmäßig treffen (zum Beispiel alle zwei-drei Wochen) und interdisziplinär besetzt sein. Insbesondere wenn es um neue Produkte geht, ist eine möglichst diverse Besetzung gefragt, um die Betriebsblindheit zu vermeiden: Fachleute und Nicht-Fachleute, Männer und Frauen, jüngere und ältere Mitarbeiter, Vertreter verschiedener Abteilungen und Disziplinen, Gäste wie Kunden, Lieferanten, Wissenschaftler, Studenten. Das Kernteam sollte aus drei-vier Personen bestehen – etwa dem Entwicklungs-, Fertigungs-, Qualitäts- und Vertriebsleiter. Zusätzlich sollte man auf eine wechselnde, auf freiwilliger Basis bestehende Integration verschiedener Mitarbeiter achten, sodass deren Ideenpotenzial voll ausgeschöpft wird. Niemand sonst hat einen so engen Bezug zu den Prozessen und Produkten.[350] Die Zusammensetzung des Teams muss flexibel und für jede einzelne Fragestellung individuell angepasst sein (s. Tabelle).

Tabelle 12: Beispiel eines ausgewogenen Teams für eine anspruchsvolle Ideenfindung[351]

Innensicht	Ein Ingenieur aus der Entwicklungsabteilung (Fachwissen)
	Der Geschäftsleiter (Autorität)
	Der Werkhallenmeister, der die Maschinen perfekt kennt
	Die Marketingleiterin, die für die Ideen verantwortlich ist
	Die neugierige Auszubildende im Marketing
	Vertreter von Verkauf und Finanzen
Außensicht	Studentinnen und Studenten
	Ein Russland-Experte (da es im Projekt um den russischen Markt geht)

---

[349] Vgl. Fischer, U.; Breisig, T.: Ideenmanagement, 2000, S. 104.
[350] Vgl. Stern, T.; Jaberg, H.: Erfolgreiches Innovationsmanagement, 2005, S. 105.
[351] Vgl. Schnetzler, N.: Die Ideenmaschine, 2006, S. 79.

3. Praktische Gestaltung des ganzheitlichen Ideenmanagements

Leitung	Die drei besten Kunden
	Ein erfahrener Moderator, der selbst dem nein sagenden Ingenieur gewachsen ist

Das Ziel eines Ideenworkshops ist eine intensive Betrachtung der Fragestellung aus verschiedenen Blickwinkeln. Dabei spielt eine ansprechende, gut vorbereitete Fragestellung die entscheidende Rolle. Sie inspiriert Teilnehmer, sorgt für Perspektivenvielfalt, spricht Spezialisten verschiedener Gebiete an. So können die Wissens- und Kreativitätspotenziale aller Akteure optimal genutzt werden. Die weiter folgende Abbildung zeigt die wichtigsten Schritte für die Problemstellung in einem Ideenworkshop.

```
Die sechs Schritte der Problemklärung

1. Problembekanntgabe (Problem as given)
2. Problemerläuterungen (Problemsteller)
   ⇨ Worum geht es?
   ⇨ Welche Hintergrundinformationen sind zum Verständnis wesentlich?
   ⇨ Warum liegt ein Problem vor?
   ⇨ Warum ist es jetzt zu bearbeiten?
   ⇨ Was soll erreicht werden?
   ⇨ Welche Lösungen wurden bereits angedacht oder schon realisiert?
3. Ausräumen von Unklarheiten (Fragen der Teilnehmer)
   ⇨ Beantwortung von Verständnisfragen; insbesondere verwendete Begriffe
     »abklopfen«.
4. Problemeinkreisung (Moderator)
   ⇨ Worum geht es eigentlich?
   ⇨ Was sind die Ursachen des Problems?
   ⇨ Welche Faktoren behindern eine ideale Lösung? Lässt sich daraus ein Widerspruch ableiten?
   ⇨ Welche verschiedenen Problemformulierungen kommen in Betracht?
   ⇨ Ist das Problem zu vielschichtig oder zu breit? Welcher Teilaspekt soll bearbeitet werden?
5. Ausräumen von Vorbehalten (Moderator)
   ⇨ Gibt es fachliche Einwände?
   ⇨ Bestehen noch emotionale Vorbehalte?
   ⇨ Halten alle Teilnehmer die Problembearbeitung für sinnvoll?
6. Neuformulierung (Moderator) (Problem as understood)
   ⇨ Formulierung in der vorgenommenen Abgrenzung nach dem Verständnis der
     Gruppe und in ihrer eigenen Sprache.
```

Abbildung 32: Schritte zur Problemstellung in Ideenworkshops nach Geschka[352]

Ein Beispiel aus der Praxis erläutert die Einzelheiten der Fragestellung in der Ideenarbeit.[353]

---

[352] Geschka, H.: Kreativitätstechniken und Methoden der Ideenbewertung, 2006, S. 224.
[353] Vgl. Schnetzler, N.: Die Ideenmaschine, 2006, S. 41, 42, 56.

3. Praktische Gestaltung des ganzheitlichen Ideenmanagements

Ein Manager einer Schweizer Schokolademarke wendet sich an sein Team: „Wir brauchen ein neues Produkt in unserem Sortiment. Wer hat eine gute Idee?" Als einer im Team fragt, ob irgendwelche Rahmenbedingungen oder Kriterien gelten würden, antwortet der Manager durchaus typisch, dass er durch weitere Konkretisierung die Kreativität des Teams nicht einschränken will. Das ist allerdings ein Fehler, weil die Frage zu allgemein und zu breit formuliert ist und keine Hintergrundinformationen vorliegen. Eine gute, inspirierende Fragestellung ist fokussiert und strukturiert. Die Verantwortlichen müssen sich im Vorfeld der Ideenfindung überlegen, wonach sie genau suchen, basierend auf den vorhandenen Produkten, Produkten der Konkurrenz und Möglichkeiten des Unternehmens. Damit stecken sie die Suchfelder für den Ideenworkshop ab. Einige Beispiele solcher fokussierten Fragestellungen:

- Was wäre eine tolle Schokoladensorte für Senioren, Businessleute, Babys, Touristen, Marsmenschen, Technikjunkies, Giraffen, Designer, Krankenschwestern, Schokoladehasser, Schokoladesüchtige...?
- Welche neuen Zutaten könnte man mit Schokolade mischen?
- Zu welchen Gelegenheiten könnte noch mehr Schokolade gegessen werden?
- Schokolade macht glücklich. Welche zusätzlichen Funktionen könnte Schokolade auch noch haben?
- Gesunde Schokolade – was wäre das?
- Mit welchen neuen Produkten könnten jene Leute begeistert werden, die Süßes nicht so mögen?
- Welche Schokoladeprodukte, die es bei uns nicht gibt, gibt es in anderen Ländern?
- Wie können Raucher dazu gebracht werden, auf Schokolade umzusteigen?

Aufgrund praktischer Erfahrungen kann man folgende Empfehlungen für die effiziente Organisation eines Ideenworkshops formulieren:
- Die Teilnehmerzahl darf 15 Personen nicht überschreiten, wobei die Besetzung gemischt sein soll (interne und externe Akteure, mindestens ein Moderator und ein Protokollführer);
- Die Dauer variiert je nach Fragestellung: 30 Minuten bis 2 Stunden für einfache Fragen, 2 bis 4 für mittelkomplexe, 6 bis 8 Stunden für hoch komplexe Fragestellungen;
- Der Raum für den Workshop sollte viermal so viele Teilnehmer fassen, wie die geplante Teilnehmerzahl, um eine kreativitätsfördernde Bewegungsfreiheit zu ermöglichen;

166   3. Praktische Gestaltung des ganzheitlichen Ideenmanagements

- Ein absolutes Laptop- und Handyverbot, allerdings werden für die Erledigung der Kommunikation und dringlichen Aktivitäten kurze Pausen eingeplant;
- Die Fragestellungen müssen einfach und an die Workshoptechniken gekoppelt sein (s. weitere Erläuterungen);
- Regelmäßige Pausen (jede Stunde), die richtigen, gesunden Snacks, ausreichend Bewegung und Sauerstoff;
- Kein Material wegwerfen, alles protokollieren und archivieren.[354]

Wie CreativeTeams für die Generierung und Verdichtung von Ideen eingesetzt werden können, zeigt das Beispiel Shell. Ende 1990er Jahre hat die Royal Dutch/Shell Group erkannt, dass kurzfristiges Denken und Kostensparprogramme die Innovation des Unternehmens hemmen können und ermutigte die Mitarbeiter aus „Exploration and Production", 10 Prozent ihrer Zeit dafür zu verwenden, unkonventionelle Ideen zu entwickeln. Aufgrund der positiven Reaktion wurde einer Gruppe von Mitarbeiter die Verantwortung übertragen, 20 Mio. Dollar an die revolutionärsten, ungewöhnlichsten Projekte zu vergeben. Nicht nur die Mitarbeiter der Division „Exploration and Production", sondern alle Mitarbeiter von Shell erhielten die Möglichkeit, an dem bald als „Game Changer" bekannten Prozess teilzunehmen. Um den Prozess voranzutreiben, wurde ein dreitägiger Workshop veranstaltet. Am zweiten Tag hatten 72 Teilnehmer eine Liste von 240 Projektideen erstellt, die in unterschiedliche Kategorien eingeteilt werden konnten, bei einigen handelte es sich um komplett neue Geschäftsideen. Es wurden 12 Projekte ermittelt, für die Game Changer ein Budget für jeweils 6 bis 12 Monate Laufzeit zur Verfügung stellte, um die Ideen zu Business Plänen weiterzuentwickeln. Nach einigen Monaten musste Shell aber erkennen, dass den Mitarbeitern ein Instrumentarium fehlte, und hat einen zweiten, fünftägigen Workshop veranstaltet, um den Teams zu helfen, Wettbewerbsvorteile zu definieren, die Grenzen ihrer Möglichkeiten zu erkennen, die für die Umsetzung notwendigen potenziellen Partner zu benennen und die finanziellen Anforderungen zu berechnen. Dadurch wurden sie in die Lage versetzt, einen Business Plan für die ersten 100 Tage ihres Projektes zu erarbeiten. Später wurden die Projekte einem Venture Board präsentiert. Ein Viertel der Projekte wurde von den operativen Geschäftseinheiten übernommen.[355]

---

[354] In Anlehnung an Schnetzler, N.: Die Ideenmaschine, 2006, S. 104.
[355] Vgl. Hinterhuber, H.; Stadler, Ch.: Innovationsfördernde Rahmenbedingungen schaffen, 2006, S. 90-92.

3.3.7.3. Communities in der Ideenarbeit

In vielen Unternehmen bilden sich neben den formellen Strukturen spontan „von unten" Communities of Practice, als informelle Gruppen von Mitarbeitern, die Wissen über ein gemeinsames Interessengebiet austauschen. Solche Communities sind Keime für eine Ideengemeinschaft, die man gezielt fördern sollte.

Communities (oder Communnities of Practice, oder Wissensgemeinschaften) sind themenspezifische, informelle, selbst organisierte Netzwerke, dessen Mitglieder untereinander Sozialkontakte pflegen und sich zumindest temporär auf einem gemeinsamen realen oder virtuellen Areal aufhalten, um sich zu bestimmten Themen oder Problemen auszutauschen.[356]

Communities of Practice – im Gegensatz zu Projekt- oder Arbeitsteams – bestehen auf freiwilliger Basis, sind langlebig, haben keine spezifische Aufgabenstellung und müssen keine Ergebnisse oder keinen Bericht abliefern.[357] Die Versuche, eine Community of Practice „von oben" einzuführen, stoßen oft auf Widerstand. Für eine funktionierende Community sind mehrere Bedingungen notwendig: der grundsätzliche Wille zur Zusammenarbeit und geeignete Methoden und Instrumente für ihre Unterstützung. Communities of Practice können von oben nicht gesteuert, aber dennoch gefördert werden: man muss sie und ihre Bedeutung erkennen, ihnen die benötigten Mittel zur Verfügung stellen und ihnen ihre Freiheit lassen.[358]

Einige innovative Unternehmen kombinieren Gruppenkonzepte mit den Vorteilen des digitalen Wissensaustausches und errichten virtuelle Plattformen für Projektteams und Communities (vgl. Kap. 3.3.7.4). So kann eine virtuelle Vernetzung und Kooperation von Experten auf verschiedenen Standorten und bei zeitlicher Entkopplung erreicht werden. Beispielsweise hat die BMW Group positive Erfahrungen mit der Vernetzung interner und externer Akteure bei der Ideengenerierung gemacht. Bei der Entwicklung der 3er Baureihe hat man eine enge, prozess- und baugruppenorientierte Zusammenarbeit der Mitarbeiter aus verschiedenen Fachbereichen einschließlich der Zulieferer mithilfe eines IT-Systems gefördert. Dafür standen sowohl dokumentierte Wissensbausteine als auch spezielle Workshops zur Verfügung, die auf die Wissensvermittlung und den Austausch von Wissen zur Anregung von Ideen abzielten.[359]

Allerdings darf auf die persönliche Kommunikation nicht ganz verzichtet werden. Praktische Erfahrungen mit rein virtuellen Communities in Unternehmen haben gezeigt, dass sie nur dann funktionieren, wenn sie auch real erlebbar

---

[356] Vgl. Billen, R.: Wissensaustausch und Wissensprozesse in Communities, 2006, S. 19.
[357] Vgl. Stewart, T.A.: Der vierte Produktionsfaktor, 1998, S. 103.
[358] Vgl. ebd., S. 104-106.
[359] Vgl. Bullinger, H.-J.; Engel, K.: Best Innovator, 2006, S. 201.

168   3. Praktische Gestaltung des ganzheitlichen Ideenmanagements

sind. Sogar materielle Anreize, die für eine systematische Bereitstellung von Wissen in Aussicht gestellt werden, können keine langfristige engagierte Teilnahme sicherstellen, wenn keine persönliche Komponente vorhanden ist.[360] Zugleich braucht eine Community, die dem Unternehmen Nutzen bringen soll, eine klare Zielsetzung, geschickte Moderation durch einen Verantwortlichen sowie ein entsprechendes Budget.[361]

Bevor man ein Kommunikationsforum im Intranet einrichtet, sollten sich die Teilnehmer persönlich kennen lernen, gemeinsame Ziele definieren und Vertrauen entwickeln. Auch im späteren Verlauf muss man für regelmäßige persönliche Kontakte sorgen, um Motivation, Vertrauen und Identifikation mit der gemeinsamen Sache zu stärken. Als geeignete Maßnahmen können folgende genutzt werden:

- Gemeinsame Workshops zur Entwicklung der Strategie und von Konzepten;
- Gemeinsame Konferenzen zu neuen Trends und Entwicklungen;
- Regelmäßige Weiterbildungsaktivitäten (Kreativitätstechniken, Nutzung einer neuen Software etc.);
- Ein Jahrestreffen mit einem Erfahrungsaustausch, Auszeichnungen und Zielsetzungen;
- Freizeitaktivitäten (Sport, Wanderungen, Sommer- und Weihnachtsparty).

Nur wenn die Community-Mitglieder eindeutige Ziele haben, konkreten Nutzen für sich selbst und ihre Arbeit erleben und durch die sozialen Kontakte zu anderen Mitgliedern Zusammengehörigkeit und Vertrauen empfinden, werden sie bereit sein, einen substanziellen Beitrag zum gemeinsamen Ideen- und Wissenspool zu leisten.

3.3.7.4. Foren und Blogs in der Ideenarbeit

Innovative Kommunikations- und Informationsstrukturen eröffnen neue Horizonte für Wissens- und Ideenarbeit in Unternehmen. Sie machen eine auf Interaktion basierende, gezielte Informationsverteilung möglich. Die internetbasierten, zentralen Kommunikationsplattformen gewinnen in Unternehmen zunehmend an Bedeutung, da sie die Vorteile der Strukturierung und Informationsspeicherung sowie gemeinsamer Nutzung von Kommunikationsmedien mit sich bringen.

---

[360] Schick, S.: Interne Unternehmenskommunikation, 2007, S.94, 96.
[361] Vgl. Kurtzke, C.; Popp, P.: Das wissensbasierte Unternehmen, 1999, S. 205.

3. Praktische Gestaltung des ganzheitlichen Ideenmanagements 169

Für Communities bedeutet neue Technologie, dass die Mitglieder über Raum und Zeit hinweg ihre Meinungen austauschen und an gemeinsamen Problemen kollektiv virtuell arbeiten können. So entstehen Online Communities.

Für eine Online Community ist ein gemeinsamer virtueller Treffpunkt in Form einer technischen Plattform nötig, wobei grundsätzlich zwei Möglichkeiten genutzt werden können:
- Online Foren mit zeitversetztem (asynchronem) Austausch – Mailing-Liste, Usenet Newsgroup oder Newsboard,
- Online Foren mit zeitgleichem (synchronem) Austausch – Multi User Domain, Internet Relay Chat Channel, Webchat.[362]

Asynchrone Foren eignen sich für den themenbezogenen Austausch, da man die Beiträge ohne Zeitdruck vorbereiten und lesen kann. Synchrone Foren sind eher für ein Online Meeting geeignet. Für Ideenarbeit sind je nach Bedarf beide Formen sinnvoll.

Auch Diskussionsforen und Weblogs für einen virtuellen Wissens- und Ideenaustausch zwischen internen und externen Akteuren breiten sich in der Praxis aus. Diese Lösungen ermöglichen den Benutzern Fragen zu stellen, zu beantworten und unabhängig von Ort und Zeit zu kooperieren. Eine zusätzliche E-Mail-Benachrichtigungsfunktion kann Nutzer über neues Wissen informieren und verstärkt ihre Bindung an das System.

Ein Internetforum ist ein virtueller Platz zum Austausch und zur Archivierung von Gedanken, Meinungen und Erfahrungen mit einer asynchronen Kommunikation und eignet sich als Instrument der Ideenarbeit in Unternehmen. Weblog (oder Blog) ist ein auf einer Webseite geführtes und damit öffentlich einsehbares Tagebuch oder Journal, das zum Zweck der Kommunikation und des Meinungsaustauschs benutzt werden kann. Die Blogs haben insbesondere in den letzten zwei Jahren eine rasante Entwicklung und Verbreitung gefunden: Mitte 2007 gab es weltweit ca. 60 Millionen Weblogs.[363]

Blogs sind das Kommunikationsphänomen des Web2.0-Zeitalters und werden verstärkt als Instrument interner und externer Kommunikation von Unternehmen eingesetzt. Für Ideenmanagement eignen sich vor allem zwei Formen der so genannten Corporate Blogs: Knowledge-Blogs und Projekt-Blogs. Knowledge-Blogs werden vor allem im Intranet verwendet und dienen als Wissens- und Ideenspeicher eines Unternehmens. Mitarbeiter führen persönliche Journale und können so untereinander auf das Know-How anderer Mitarbeiter zugreifen, dieses kommentieren und mit dem Autor des Blogs kommunizieren. Projekt-Blogs

---

[362] Vgl. Billen, R.: Wissensaustausch und Wissensprozesse in Communities, 2006, S. 42.
[363] Vgl. www.bvdw.org/presse/news (15.02.08)

werden für einzelne Projekte im Unternehmen geschaffen, um intern oder zusammen mit Zulieferern, Marktpartnern oder Wissenschaft die Arbeit an einem speziellen Projekt zu begleiten und zu dokumentieren.[364]

Zum Beispiel hat der Mobilfunkanbieter Vodafone für eine Pilotentwicklung verschiedene Foren eingerichtet, in denen sich eher generell ausgerichtete Akteure des Ideenmanagements und Experten für bestimmte Bereiche austauschten. Eines dieser Foren ist das „ide(e)fix Forum", wo monatlich Ideen mit anderen Bereichen ausgetauscht und ihre Anwendbarkeit diskutiert werden. Die Ideengeber präsentieren ihre Ideen in einem Kurzvortrag und haben Gelegenheit, an Ort und Stelle Promotoren zu gewinnen oder in der Diskussion mit Sparrings-Partnern weitere Ideen zu entwickeln. Zugleich unterstützt dieses Forum die informelle Kommunikation und Vernetzung verschiedener Akteure.[365]

Der Vorteil von virtuellen Netzwerken und Foren in der Ideenarbeit liegt vor allem in der Erhöhung der Teilnehmerzahl und einer damit verbundenen Erweiterung der Ideenbasis unabhängig von Raum und Zeit. So können Mitarbeiter verschiedener Standorte sowie externe Akteure effizient einbezogen werden. Das zentrale Problem ist dagegen mangelnde Motivation zur Teilnahme: man braucht aktive Kommunikation und wirksame Anreizsysteme. Weiterhin führt die Verbreitung von digitalen Netzwerken zu Informationsflut. Insbesondere die Blogs müssen aktiv gesteuert und die Einträge sorgfältig sortiert und ausgewertet werden.

Die Best Practices der praktischen Gestaltung des Ideenmanagements in deutschen Unternehmen werden im nächsten Kapitel vorgestellt.

---

[364] Vgl. Zerfaß, A.; Boelter, D.: Die neuen Meinungsmacher, 2005.
[365] Vgl. Bullinger, H.-J.; Engel, K.: Best Innovator, 2006, S. 202.

4. Best Practices des Ideenmanagements

Die gezielte Erschließung von Ideen der Mitarbeiter hat in Deutschland eine lange und erfolgreiche Geschichte: Alfred Krupp und Werner Siemens haben bereits vor mehr als Hundert Jahren das Potenzial von Mitarbeiterideen erkannt und gelten als Pioniere des Vorschlagswesens. Allerdings wird das Ideenmanagement vieler deutscher Konzerne von führenden Ideenmanagement-Experten als unzureichend bezeichnet: „Viele Unternehmen vernachlässigen Ideenmanagement" behauptet Christiane Kersting, Leiterin Ideenmanagement beim Deutschen Institut für Betriebswirtschaft (dib)[366]; „Ideenmanagement ist in Deutschland völlig unterentwickelt, 20 Prozent der größten deutschen Unternehmen geben offen an, sich darum nicht zu kümmern", so Studienleiter „Ideenmanagement 2007/08" Oliver-Timo Henssler von EuPD Research.[367]

Zugleich berichten verschiedene Studien über millionenschwere Ersparnisse durch die Vorschläge der Belegschaft erfolgreicher Unternehmen wie Siemens, Audi, die Deutsche Post oder ABB, die es geschafft haben, das Kreativitätspotenzial ihrer Mitarbeiter zu erschließen. Worin besteht das Geheimnis dieser intelligenten Unternehmen? Was machen sie anders als ihre weniger erfolgreichen Konkurrenten?

In diesem Kapitel werden die Ergebnisse einiger Untersuchungen über Ideenmanagement in deutschen Unternehmen erläutert, um aufzuzeigen, welche Faktoren ein erfolgreiches Ideenmanagement ausmachen, und danach exemplarisch einige ausgewählte Best Practice Ansätze zu beschreiben. Es werden die Ideenmanagementmodelle der Deutschen Post World Net, einiger Automobilproduzenten (Audi, Volkswagen und BMW) sowie der Evonik Degussa GmbH erläutert. Diese Fallbeispiele beziehen sich auf die in Studien und Wettbewerben der letzten Jahre ausgezeichneten Firmen, was allerdings nicht bedeutet, dass die Erfahrungen dieser Unternehmen perfekt sind und als Fertigrezept für ein beliebiges Unternehmen benutzt werden können. Jedes Unternehmen ist einmalig und braucht sein individuelles Ideenmanagement. Die Erfolgsbeispiele und Modelle können nur als Anregungen für selbstständige, maßgefertigte Lösungen für Ideenmanagement in jedem konkreten Unternehmen dienen.

---

[366] Vgl. Schwarz, H.: Firmen vergeuden Milliarden, Süddeutsche Zeitung vom 03.09.07.
[367] Vgl. Schlesiger, Ch.: Ich sehe was, was du nicht siehst. Wirtschaftswoche 48/2007, S. 147.

4.1. Ideenmanagement in deutschen Unternehmen

In der Unternehmenspraxis existieren sehr unterschiedliche Ansätze und Konzepte zur Förderung innerbetrieblicher Ideen. Diese Besonderheiten wurden im Rahmen der Studie „Ideenmanagement 2007/08" des Bonner Marktforschers EuPD Research in Interviews mit den 505 umsatzstärksten deutschen Unternehmen ermittelt und um Modellprojekte, Best-Practice-Ansätze und individuelle Erfahrungen aus der Praxis der führenden deutschen Ideenmanager ergänzt. Nur 26,3 Prozent dieser Unternehmen haben – eigenem Bekunden nach – ein modernes Ideenmanagement etabliert. Die meisten Unternehmen vergeben jedes Jahr leichtfertig die Chance auf Kosteneinsparungen in Höhe mehrerer Milliarden Euro, weil sie das Wissen ihrer Mitarbeiter nur unzureichend oder gar nicht nutzen.[368]

Viele Unternehmen vernachlässigen das Ideenmanagement und vergeuden ihre Kreativitätsressourcen, obwohl der Return on Investment (ROI) des Ideenmanagements im Durchschnitt auf ca. 1:9,6 geschätzt wird.[369] Für jeden in die Ideenarbeit investierten Euro sparen die Unternehmen fast das Zehnfache.

Es ist offensichtlich, dass die Mitarbeiter, die täglich Maschinen bedienen, Angestellte, die in die Verwaltungsprozesse involviert sind, am besten überblicken können, welche Schwachstellen und Makel ihre Geräte und Prozesse haben und wie diese zu beseitigen sind. Was oft fehlt, sind der Wille und die praktische Möglichkeit, die Vorschläge zu äußern. Diese Hindernisse sind durch die Studie „Ideenmanagement 2007/08" bestätigt worden: geringe Wertschätzung von der Seite der Führungskräfte, unzureichende Möglichkeiten der Einreichung sowie schlechte Anreizsysteme hemmen die Ideenarbeit.[370] Die mangelnde Einbindung der Führungskräfte, die auf die Expertise der eigenen Mitarbeiter zu wenig Wert legen, unzureichende Unterstützung der Geschäftsführung sowie lange und bürokratische Bearbeitung eingereichter Ideen und ungenügende Kommunikation mit den Ideengebern wirken sich negativ auf das Ideenmanagement aus.[371]

Wie man Kreativitätspotenziale nutzen, Bereitschaft und Möglichkeit der Mitarbeiter zur Ideenarbeit schaffen kann, zeigen die Erfahrungen der Unternehmen, die laut Untersuchung das beste Ideenmanagement haben. Bei den Produktionsunternehmen schneiden der Industriekonzern ABB, der Autohersteller Audi und der Technologiekonzern Siemens, bei Dienstleistern – die Deutsche Post besonders gut ab (vgl. folgende Tabelle).

---

[368] Schwarz, H.: Firmen vergeuden Milliarden, Süddeutsche Zeitung vom 03.09.07.
[369] Vgl. Schlesiger, Ch.: Ich sehe was, was du nicht siehst. Wirtschaftswoche 48/2007, S. 148.
[370] Ebd., S. 147.
[371] Vgl. www.eupd-research.com/de/studien/mc/#22 (05.02.08)

4. Best Practices des Ideenmanagements

Unternehmen	Gesamt-punkte	Etablie-rung	Organisation	Motivation	Erfolg
Produzierendes Gewerbe					
ABB	20	5	5	5	5
Audi	20	5	5	5	5
Siemens	20	5	5	5	5
Continental	19	5	5	5	4
Evobus	18	5	4	4	5
Roche Diagnostics	18	5	4	5	4
K+S	17	5	3	5	4
Lanxess	17	3	4	5	5
Otto Fuchs Metallwerke	17	4	4	4	5
ZF Sachs	17	5	4	5	3
Dienstleistungen					
Deutsche Post	20	5	5	5	5
Axel Springer (Spandau)	18	3	5	5	5
Allianz	16	5	4	5	2
Postbank	16	4	4	5	3
RWE Power	16	3	5	5	3
Saar Ferngas Transport	16	4	3	4	5
Commerzbank	15	3	4	3	5
Deutsche Bahn Regio	15	5	5	2	3
Hartmann Gruppe	15	5	3	3	4
Deutsche Telekom	14	1	5	4	4

Tabelle 13: das Ranking der Ideenmanagementmodelle der deutschen Unternehmen nach der Methode von EuPD Research[372]

Das Ranking der Beratung EuPD Research listet die Firmen auf, die nach vier Kriterien in der Summe am besten abschneiden, wobei für jedes Kriterium maximal 5 Punkte vergeben werden können. Als relevante Kriterien für das Ideenmanagement wurden benutzt:
- Etabliertheit des Ideenmanagements: Gibt es eine Abteilung für Ideenmanagement? Wie ist sie aufgebaut? Inwieweit bekennt sich das Top Management zum Ideenmanagement?
- Organisation: Wie wird über Ideenarbeit informiert? Gibt es Software für die Einreichung von Vorschlägen? Wer hat Zugriff?

---

[372] Schlesiger, Ch.: Ich sehe was, was du nicht siehst. Wirtschaftswoche 48/2007, S. 148.

- Motivation: Wie werden Motivation und Kreativität der Mitarbeiter gefördert? Für welche Vorschläge werden Prämien berechnet? Wann erhalten Mitarbeiter Feedback zu eingereichten Vorschlägen?
- Erfolg: Werden die Ergebnisse nachgehalten? Welche Kennzahlen werden dabei ermittelt? Welche Lehren daraus gezogen?[373]

Ähnliche Ergebnisse kamen in der Untersuchung des Deutschen Instituts für Betriebswirtschaft (dib) in Frankfurt zum Thema Ideenmanagement zustande (s. Abbildung). Auch in dieser Umfrage belegen die Konzerne Siemens, Audi und die Deutsche Post die Schlüsselpositionen unter den Unternehmen mit mehr als 20 Tausend Beschäftigten.

Gruppe 1
16 Unternehmen ab 20.001 Mitarbeiter/-innen
insgesamt: 1.242.975 Mitarbeiter/-innen

1. Siemens AG, München	2.107 Punkte
2. Audi AG, Ingolstadt	1.583 Punkte
3. Volkswagen AG, Wolfsburg	1.487 Punkte
4. Deutsche Post AG, Bonn	1.300 Punkte
5. Robert Bosch GmbH, Stuttgart	785 Punkte

Gruppe 2
40 Unternehmen mit 5.001 – 20.000 Mitarbeiter/-innen
insgesamt: 380.769 Mitarbeiter/-innen

1. Infineon Technologies AG, Neubiberg	3.782 Punkte
2. RWE Power AG, Köln	3.592 Punkte
3. ZF Sachs AG, Schweinfurt	2.309 Punkte
4. Infraserv GmbH & Co. Höchst KG, Frankfurt/M	1.410 Punkte
5. Qimonda AG, Neubiberg	1.198 Punkte

Abbildung 34: Große Unternehmen mit dem besten Ideenmanagement nach der dib-Punkteformel[374]

---

[373] Schlesiger, Ch.: Ich sehe was, was du nicht siehst. Wirtschaftswoche 48/2007, S. 148.

4. Best Practices des Ideenmanagements   175

An der Umfrage beteiligten sich 315 Unternehmen mit insgesamt zwei Millionen Beschäftigten, von denen 2006 1.266.758 Verbesserungsvorschläge mit ausgewiesenen Einsparungen 1,48 Milliarden Euro eingereicht wurden.[375] Das dib hat anhand einer Punktebewertung, die die Anzahl der realisierten Verbesserungsvorschläge, berechenbaren Nutzen und Anzahl der Einreicher pro Beschäftigen beinhaltet,[376] ein Benchmarking verschiedener Unternehmen durchgeführt.

Gruppe 3
124 Unternehmen mit 1.001 - 5.000 Mitarbeiter/-innen
insgesamt: 303.022 Mitarbeiter/-innen

1. DECKEL MAHO Pfronten GmbH, Pfronten	11.702 Punkte
2. Viessmann Werke GmbH & Co.KG, Allendorf	11.602 Punkte
3. Brose Fahrzeugteile GmbH & Co.KG, Coburg	11.207 Punkte
4. FTE automotive GmbH, Ebern	11.115 Punkte
5. STEAG AG, Herne	4.504 Punkte

Gruppe 4
135 Unternehmen bis 1.000 Mitarbeiter/-innen
insgesamt 66.706 Mitarbeiter/-innen

1. Hoerbiger Antriebstechnik GmbH, Schongau	42.774 Punkte
2. Degussa Superabsorber, Marl	16.428 Punkte
3. Brose Schließsysteme GmbH & Co.KG, Wuppertal	10.667 Punkte
4. DECKEL MAHO Seebach GmbH, Seebach	10.362 Punkte
5. Walter Hartmetall GmbH Münsingen, Tübingen	9.861 Punkte

Abbildung 35: Unternehmen mit bis zu 5 Tsd. Beschäftigten mit dem besten Ideenmanagement nach der dib-Punkteformel[377]

---

[374] dib-Report 2006 Ideenmanagement in Deutschland, S. 9.
[375] Ebd., S.1.
[376] Formel der dib-Punktebewertung: (1000 x Anzahl der realisierten VV pro Beschäftigen + 3 x berechenbar. Nutzen bzw. Einsparungen pro Beschäftigten) x Einreicher pro Beschäftigten.
[377] dib-Report 2006 Ideenmanagement in Deutschland, S. 10.

Die Ideenmanagementkonzepte der besten Unternehmen sind verschieden. Auch wenn es grundsätzlich darum geht, dem Ideenfluss der Mitarbeiter Impulse zu geben und die Einreichung von Vorschlägen möglichst unkompliziert zu gestalten sowie genügend Anerkennung und Honorierung zu geben, gehen die Konzerne dabei unterschiedlich vor.

Die Deutsche Post setzt vor allem auf Information und Anreizsysteme. Es ist wichtig, die Mitarbeiter zur Einreichung ihrer Vorschläge aktiv aufzufordern, im Jahre 2000 hat man bei der Post zu diesem Zwecke einen „Club der Denker" ins Leben gerufen. Im Jahr 2006 erreichte der Konzern einen branchenweit unübertroffenen Wert: mehr als eine Idee pro Mitarbeiter, insgesamt 210 Tausend, wodurch mehr als 271 Millionen Euro eingespart worden sind. Dabei spielen die Prämien für die Ideen eine anspornende Rolle: von den Einsparungen im ersten Jahr erhält der Ideengeber zehn Prozent, bei kleineren Einsparungen bis 500 Euro erhält der Einreicher die Hälfte des Jahresnutzens.[378]

Der Autohersteller Audi in Ingolstadt legt besonderen Wert auf die Wertschätzung und unbürokratische Einreichung von Ideen. Die Wertschätzung und Anerkennung sind oft wichtiger, als die Aussicht auf finanziellen Gewinn. Die Möglichkeit, das Unternehmen durch eigene Ideen mitzugestalten, wissen viele Mitarbeiter zu schätzen. Der Einreichungsprozess muss möglichst einfach und unbürokratisch sein, und die Führungskräfte müssen unbedingt mitziehen und die Vorschläge zügig begutachten. Bei Audi beschreiben die Angestellten und Arbeiter ihre Idee mithilfe einer spezieller Software und Eingabemaske am Computer, die benutzerfreundlich sind.[379] Das Ideenprogramm der Audi wurde im Jahre 2007 zum vierten Mal in Folge vom Deutschen Institut für Betriebswirtschaft als bestes Ideenmanagementsystem der Automobilindustrie ausgezeichnet.[380]

Der Energie- und Automatisierungstechnik-Konzern ABB setzt in erster Linie auf Wettbewerb und Auszeichnungen, um zur Ideenarbeit zu animieren. Seit 2004 verleiht das Unternehmen einen „Ideen-Oskar", seitdem stieg die Zahl der Ideengeber von 18 auf 28 Prozent der Belegschaft. Gleichzeitig verringerte sich die durchschnittliche Dauer, bis eine Idee begutachtet wird, von 60 auf 21 Tage.[381]

---

[378] Vgl. Schlesiger, Ch.: Ich sehe was, was du nicht siehst. Wirtschaftswoche 48/2007, S. 148- 149.
[379] Ebd., S. 149.
[380] www.audi.de/audi/de/de2/unternehmen/news/pressemitteilungen (24.01.08)
[381] Vgl. Schlesiger, Ch.: Ich sehe was, was du nicht siehst. Wirtschaftswoche 48/2007, S. 149.

Fasst man die Erfahrungen der besten Ideenmanagement-Ansätze aus der Praxis zusammen, so kann man folgende Empfehlungen für ein praktisches Ideenmanagement formulieren:
- das Ideenpotenzial jedes einzelnen Mitarbeiters in Unternehmen wecken und nutzen: keiner ist so klug wie alle;
- Wertschätzung der Mitarbeiter;
- tragende Rolle der Führungskräfte als Vorbilder und Unterstützer;
- Information der Mitarbeiter über das Ideenmanagement (seine Ziele, Einreichungsmöglichkeiten, Prämien);
- ein möglichst einfacher und unbürokratischer Einreichungsprozess;
- ein schnelles Feedback seitens der Führungskräfte;
- ein transparentes, unkompliziertes Prämiensystem;
- spezielle Maßnahmen wie Wettbewerbe, Ideen-Club etc.

Im Weiteren werden die Ideenmanagementmodelle einiger erfolgreicher Konzerne, die in den genannten Studien die besten Bewertungen erhalten haben, ausführlicher diskutiert. Insbesondere der Ideenmanagement-Ansatz der Deutschen Post, die Best Practices der deutschen Automobilproduzenten sowie das Ideenmanagement-Konzept der Degussa AG.

4.2. Ideenmanagement bei der Deutschen Post World Net

Die Deutsche Post World Net ist ein weltweit führendes Logistikunternehmen mit mehr als 500 Tausend Beschäftigten in über 220 Ländern und Territorien, mit einem Jahresumsatz von mehr als 60 Milliarden Euro im Jahr 2006. Der Konzern hat führende Positionen in vielen Märkten und definiert seine Vision wie folgt: „Wir wollen die Besten sein. Beim Service. Bei der Entwicklung innovativer Lösungen. Und bei der Zufriedenheit unserer Kunden."[382]

Eine große Bedeutung schreibt die Deutsche Post der Konzernkultur zu, die „die Leistungsfähigkeit aller einzelnen Tochtergesellschaften und die vielfältigen Werte ihrer unterschiedlichen Kulturen zur gemeinsamen Stärke vereint."[383]
Zu diesem Zweck sind sieben prägende Konzernwerte formuliert worden, die als Unternehmensgrundsätze dienen: exzellente Qualität, Kundenorientierung, Offenheit, klare Prioritäten, unternehmerisches Handeln, Integrität und gesellschaftliche Verantwortung (vgl. die folgende Tabelle).

---

[382] Vgl. Homepage der Deutschen Post World Net www.dpwn.de (03.02.08)
[383] Ebd.

4. Best Practices des Ideenmanagements

Tabelle 14: Sieben Konzernwerte der Deutschen Post World Net[384]

1.	**Exzellente Qualität liefern:** Wir erbringen unsere Dienstleistungen weltweit und jederzeit in exzellenter Qualität. Wir bieten weltweiten Service aus einer Hand und umfassende integrierte Lösungen. Wir verbessern unsere Dienstleistungen entsprechend Anforderungen unserer Kunden. Wir stellen unsere Strukturen und Produktionsprozesse ständig auf den Prüfstand, um sie kontinuierlich zu verbessern.
2.	**Kunden erfolgreich machen:** Kundenzufriedenheit ist der Erfolgsfaktor für unseren Konzern. Wir streben partnerschaftliche und dauerhafte Geschäftsbeziehungen mit Kunden an. Wir haben das beste Wissen über Kunden, Märkte und den Wettbewerb. Unser Wissen über die Kunden und Marktanforderungen bestimmt unsere Aktivitäten.
3.	**Offenen Umgang pflegen:** Wir denken global, handeln lokal und respektieren unterschiedliche kulturelle Werte. Wir fördern durch Transparenz die Integration und damit den Erfolg des Konzerns. Wir treffen unsere Entscheidungen auf der Grundlage von Tatsachen und Analysen. Dafür nutzen wir das gesamte Wissen und alle Erfahrungen. Wir lernen aus Erfolgen und Misserfolgen, aus Vergleichen und von jedem Mitarbeiter.
4.	**Nach eindeutigen Prioritäten handeln:** 1. Der Erfolg des Kunden 2. Der Erfolg des Konzerns 3. Der Erfolg jeder einzelnen Einheit und jedes einzelnen Mitarbeiters
5.	**Unternehmerisch handeln:** Wir fordern und fördern Eigenverantwortung. Exzellente Mitarbeiter sind der Garant für unseren Erfolg. Wir fördern motivierte und loyale Mitarbeiter, die nach Spitzenleistungen streben. Führungskräfte müssen Leistungsträger und somit fachlich und sozial Vorbild sein. Wir vergüten nach persönlicher Leistung und geschäftlichem Erfolg.
6.	**Integrität nach innen und außen leben:** Jeder Mitarbeiter wird entsprechend seiner Leistung angemessen unterstützt – unabhängig von Geschlecht, religiösem oder kulturellem Hintergrund. Jede Führungskraft achtet die Würde und Persönlichkeit seiner Mitarbeiter und ist verantwortlich für eine Atmosphäre gegenseitigen Vertrauens innerhalb des Teams. Die Führungskraft delegiert Aufgaben, bleibt aber für Arbeitsergebnisse verantwortlich.
7.	**Gesellschaftliche Verantwortung übernehmen:** Wir sind dem Wohle der Gesellschaften verpflichtet, in denen wir agieren. Der Schutz der Umwelt ist Teil unserer gesellschaftlichen Verantwortung. Wir fördern das gesellschaftliche Engagement unserer Mitarbeiter.

---

[384] Homepage der Deutschen Post World Net www.dpwn.de (03.02.08).

Mit diesen Konzernwerten hat die Deutsche Post World Net eine Basis für eine ideenfördernde Unternehmenskultur geschaffen. Insbesondere die Bekenntnisse zu der kontinuierlichen Verbesserung (Wert 1), zum Wissensaustausch und permanentem Lernen aus Fehlern und Erfahrungen jedes Einzelnen (Wert 3), zur Eigenverantwortung (Wert 5), zum Vertrauen und der Delegation (Wert 6) sind für ein funktionierendes Ideenmanagement von großer Bedeutung.

Als Vorreiter unter den Dienstleistern in Bezug auf Ideenmanagement verfügt die Deutsche Post World Net über wertvolle Erfahrungen in der Organisation des praktischen Ideenmanagements, die hier ausführlich erläutert werden.

4.2.1. Geschichte des Ideenmanagements bei der Post

Im Jahre 1994 hatten die 450 Tausend Mitarbeiter der damaligen Deutschen Bundespost gerade 2000 Verbesserungsvorschläge eingereicht. „Lange Tradition mit geringer Resonanz", so beschreibt die Erfahrungen der Deutschen Post im BVW der Abteilungsleiter Vorschlagwesen/Qualität der Zentrale Deutsche Post World Net Günter Raffel.[385] Das traditionelle Vorschlagswesen hat sich als überholt, bürokratisch, unflexibel und demotivierend erwiesen. Um diesen unbefriedigenden Zustand zu verbessern, hat man die ersten Maßnahmen für die Dezentralisierung des Betrieblichen Vorschlagswesens (BVW) eingeführt, die kurzfristig einen echten Vorschlagsboom ausgelöst haben: schon 1996 erhielt die Post 7000 Verbesserungsvorschläge und das, obwohl Telekom und Postbank ausgegliedert wurden und die Post damit nur noch 250 Tausend Mitarbeiter hatte.[386]

Im Jahre 1999 ging die Deutsche Post noch weiter und hatte ein neues Modell des Ideenmanagements eingeführt.

Die wichtigsten Merkmale des Konzeptes sind:
- der Ansatz für das Ideenmanagement muss top down beginnen, die Unternehmensleitung muss die kontinuierliche Verbesserung aktiv unterstützen;
- Führungskräfte sollen als Vorreiter und Vorbilder dienen, Mitarbeiter als Ideenpotenzial schätzen und fördern;
- Ideenmanagement sollte sich an den strategischen Zielen des Unternehmens ausrichten;
- Dezentralisierung und die Einreichung der Ideen in Form des Vorgesetztenmodells;

---

[385] Raffel, G.; Lehr, U.: Vorschlagswesen im Wandel – Ideenmanagement der Deutschen Post auf neuem Kurs, 2003, S. 112.
[386] Vgl. Institut für angewandte Arbeitswissenschaft (Hrsg.):Ideen für Ideenmanagement, 2005, S. 75.

- Aktive Information von und Kommunikation mit den Mitarbeitern;
- Schnelle, unbürokratische, eigenverantwortliche Entscheidungen und Feedback seitens der Führungskräfte;
- Wertschätzung, Anerkennung und Prämierung erbrachter Leistungen;
- Gelebtes gegenseitiges Vertrauen als Basis für Ideenmanagement.[387]

Es wurde eine neue Betriebsvereinbarung eingeführt und ein neues EDV-System zur Abwicklung des BVW, das alle 180 Niederlassungen der Deutschen Post AG vernetzt hat, gestartet.[388] Der neue Kurs der Deutschen Post zielte auf ein schnelles, dezentrales, kosten- und ergebnisorientiertes Ideenmanagement mit vereinfachten Entscheidungsabläufen ab. Als Ergebnis hat der Konzern im Jahr 2002 52 Millionen Euro durch Verbesserungsvorschläge seiner insgesamt 220 Tausend Mitarbeiter eingespart: Reparaturkosten gesenkt, Betriebsmittel günstiger eingekauft und Arbeitsprozesse effizienter gestaltet.[389] Im Personal- und Sozialbericht 2003 der Deutschen Post wurden die Erfolge gefeiert und neue Ziele gesetzt. Die rasante Entwicklung der Ideenarbeit sieht man in der folgenden Tabelle.

Tabelle 15: Ideenmanagement der Deutschen Post zwischen 2000 und 2003[390]

Ideenmanagement der Deutschen Post in Zahlen					
		2000	2001	2002	2003
Gesamtnutzen	in Mio. €	12,2	38,6	52,6	73,0
Gesamtkosten	in Mio. €	–	6,9 (18%)	7,9 (15%)	8,8 (12%)
Anzahl der Ideen			60.700	84.500	93.835	98.036
Anzahl der umgesetzten Ideen			31.813	44.359	53.486	55.860
Einsparung pro Mitarbeiterin und Mitarbeiter	in €	50,63	162,87	230,55	347,67

---

[387] Raffel, G.; Lehr, U.: Vorschlagswesen im Wandel – Ideenmanagement der Deutschen Post auf neuem Kurs, 2003, S. 108-111.
[388] Fiedler-Winter, R.: Ideenmanagement – Mitarbeitervorschläge als Schlüssel zum Erfolg, 2001, S. 168.
[389] Vgl. Institut für angewandte Arbeitswissenschaft (Hrsg.):Ideen für Ideenmanagement, 2005, S. 75.
[390] http://finanzberichte.dpwn.de/2003/pb/mitarbeiterimmittelpunkt/ideenmanagement.html S. 29 (04.02.08)

4. Best Practices des Ideenmanagements

Der Leiter der Abteilung Vorschlagswesen, Günter Raffel, hat 2001 die Ziele des Ideenmanagements bei der Deutschen Post wie folgt formuliert:
- Eine positive Außenwirkung, die jedem zeigt, dass die Deutsche Post ein kreatives Unternehmen ist.
- Eine bedeutende Kulturveränderung. Wir messen unsere Führungskräfte daran, wie es ihnen gelingt, das Kreativitätspotenzial ihrer Mitarbeiter für das Unternehmen nutzbar zu machen.
- Einen wirtschaftlichen Wettbewerbsvorteil zu erreichen, indem wir unsere Mitarbeiter an unternehmerischem Denken orientieren.[391]

Auf der Homepage des Unternehmens steht: „Deutsche Post World Net schätzt die Kreativität seiner Mitarbeiterinnen und Mitarbeiter. Darum betrachten wir das Ideenmanagement als ein zentrales, konzernweites Führungsinstrument, das zu erheblichen Einsparungen beiträgt und den Unternehmenswert steigert. Zudem führt die kritische Auseinandersetzung mit bestehenden Arbeitsabläufen zu einer konsequenten Verbesserung der Geschäftsprozesse und damit zur Erhöhung des Umsatzes. Wir wollen alle engagierten Mitarbeiter und Führungskräfte dazu ermuntern, die Entwicklung und Realisierung von Verbesserungsvorschlägen aktiv zu unterstützen – um somit ihr eigenes Arbeitsumfeld persönlich mitzugestalten."[392]

Die aktuellen Erfolge des Ideenmanagement bei der Deutschen Post World Net sind überwältigend: Im Jahr 2006 erreichte der Konzern mit mehr als einer Idee pro Mitarbeiter die höchste Einreichungsquote in der Branche, es wurden insgesamt 210 Tausend Vorschläge gemacht, wodurch mehr als 271 Millionen Euro eingespart wurden.[393] Im Durchschnitt hat jeder Postmitarbeiter 1485 Euro durch Verbesserungsvorschläge an zusätzlicher Kostenersparnis für sein Unternehmen erarbeitet.[394] Damit ist das Ideenmanagement die profitabelste Abteilung der Deutschen Post mit einem Return on Investment (ROI) von 1:20, so Günter Raffel, der Leiter des Ideenmanagements.[395]

---

[391] Fiedler-Winter, R.: Ideenmanagement – Mitarbeitervorschläge als Schlüssel zum Erfolg, 2001, S. 169.
[392] http://finanzberichte.dpwn.de/2003/pb/mitarbeiterimmittelpunkt/ideenmanagement.html, S. 28 (04.02.08)
[393] Vgl. Schlesiger, Ch.: Ich sehe was, was du nicht siehst. Wirtschaftswoche 48/2007, S. 148.
[394] dib-Report 2006 Ideenmanagement in Deutschland, S. 4.
[395] Vgl. www.dpwn.de/news (04.02.08)

4.2.2. Integration von BVW und KVP

Das Ideenmanagement der Deutschen Post World Net ist breit gefächert und ermöglicht die Einreichung der Verbesserungsvorschläge sowohl aus der eigenen als auch aus den anderen Arbeitsbereichen, sowohl als Einzel- als auch als Gruppenvorschlag.

Grundsätzlich wird zwischen zwei Regelkreisen unterschieden, und jeder Verbesserungsvorschlag muss einem dieser Kreise zugeordnet werden.

Ein Vorschlag des kleinen Regelkreises wird beim direkten Vorgesetzten eingereicht und von diesem begutachtet. Die typischen Beispiele solcher Vorschläge sind Maßnahmen für einen besseren Arbeitsschutz oder für die Qualitätsverbesserung. Hier gibt es keine Prämie, nur Punkte, wobei die ersten zwei Punkte dafür vergeben werden, dass der Mitarbeiter eine Idee äußert. Wird die Idee direkt umgesetzt, gibt es weitere drei Punkte. Kann die Idee nicht direkt umgesetzt werden, weil sie außerhalb des Arbeitsbereiches des direkten Vorgesetzten liegt, so wird sie an die fachlich zuständige Stelle weitergeleitet, und der Einreicher bekommt weitere zwei Punkte. Die Punkte haben zwei Funktionen: In jeder Niederlassung wird einmal pro Quartal eine Prämie (1022 Euro) ausgelost, wobei jeder Punkt als ein Los zählt. Darüber hinaus werden jährlich die zwei Mitarbeiter mit den höchsten Punktzahlen in den „Club der Denker" aufgenommen.[396]

Der „Club der Denker" spielt in der Motivation zur Ideenarbeit bei der Deutschen Post eine wichtige Rolle. Die Mitglieder dürfen Kreativ-Workshops besuchen, bekommen Ehrenurkunden und treffen sich einmal im Jahr auf einer großen Veranstaltung mit dem Vorstand.[397] Im Personal- und Sozialbericht 2003 wurden die Ziele des Clubs so definiert: „Die Ziele sind – neben dem Dank an die Clubmitglieder –, in Gesprächskreisen einen persönlichen Kontakt herzustellen, Ideen auszutauschen und Neues zu erarbeiten. Zudem gibt es weitere zahlreiche regionale Veranstaltungen, Workshops oder Besuche von innovativen Einrichtungen – auch Bildungsangebote wie z.B. Kreativitätsseminare gehören zum Clubprogramm."[398]

Anders wird bei der Post mit den Vorschlägen im großen Regelkreis verfahren, die mit einer Prämie vergütet werden. Der Einreicher muss dann neben der Idee auch ihre Wirtschaftlichkeit beschreiben. Für diese Wirtschaftlichkeitsrechnung dürfen die Mitarbeiter Werte, die sie nicht kennen, schätzen. Bei-

---

[396] Vgl. Institut für angewandte Arbeitswissenschaft (Hrsg.): Ideen für Ideenmanagement, 2005, S. 76.
[397] Vgl. Schlesiger, Ch.: Ich sehe was, was du nicht siehst. Wirtschaftswoche 48/2007, S. 149.
[398] Vgl. http://finanzberichte.dpwn.de/2003/pb/mitarbeiterimmittelpunkt/ideenmanagement/clubderdenker.html (04.02.08)

4. Best Practices des Ideenmanagements

spielsweise können für Verbrauchsmaterialien Preise aus dem Kaufhaus angesetzt werden, auch wenn die Post selbst günstiger einkauft. Vom Gutachten oder dem Controlling werden bei der späteren Expertise die tatsächlichen Werte eingetragen. Von der Einsparung des ersten Jahres erhält der Ideengeber 10 Prozent als Prämie. Prämien bis zu einer Höhe von 250 Euro kann der Vorgesetzte auch bei einem Vorschlag des großen Regelkreises selbst vergeben, für höhere Prämien ist das übliche Verfahren mit Gutachter und BVW-Kommission vorgesehen. Zusätzlich werden, genau wie im kleinen Kreis, Punkte vergeben.[399]

Es wird auch an die Motivation des Gutachters gedacht, der, auch wenn er zugleich der Vorgesetzte des Einreichers ist, 1 Prozent der Ersparung des ersten Jahres, doch maximal 500 Euro pro Vorschlag erhält. Diese Prämie ist eine Anerkennung der Führungskraft für die Förderung der Ideenarbeit in ihrem Verantwortungsbereich. Zugleich ist es eine Botschaft der Unternehmensleitung, dass Verbesserungen in den betrieblichen Abläufen gewünscht sind und Ideen nicht im Keim erstickt werden dürfen, aus Scham darüber, weil man selber nicht die Idee hatte.[400] Der Anspruch auf eine Gutachterprämie verfällt allerdings, wenn der Gutachter den Vorschlag nicht in der dafür vorgesehener Zeit (maximal drei Wochen) bearbeitet hat.[401] So sorgt man um die Motivation und ein schnelles Feedback seitens der Führungskräfte.

Die Vorschläge, die das eigene Arbeitsgebiet der Einreicher betreffen, werden für den großen Regelkreis angenommen, jedoch bei der Prämienberechnung mit einem Korrekturfaktor von 0,1 bis 0,9 versehen.[402]

Statistisch gesehen ist die aktuelle Verteilung der eingereichten Ideen zwischen dem kleinen und dem großen Kreis 9:1, es werden bedeutend häufiger kleine Verbesserungen vorgeschlagen, die nur mit Punkten belohnt werden. Allerdings wird die Hälfte dieser kleinen Ideen angenommen, während die im großen Regelkreis eingereichten Vorschläge nur zum Zehntel angenommen werden.[403]

Das Ideenmanagement wird bei der Deutschen Post aktiv kommuniziert. Die Werbung für eine Ausdehnung der Ideenarbeit erfolgt sowohl über die Vorgesetzten als auch über die Hauszeitschrift, die laufend über attraktive Vorschlagsbeispiele berichtet. Es werden Statistiken und spezifische Wandkalender ausge-

---

[399] Vgl. Institut für angewandte Arbeitswissenschaft (Hrsg.): Ideen für Ideenmanagement, 2005, S. 76.
[400] Vgl. Raffel, G.; Lehr, U.: Vorschlagswesen im Wandel – Ideenmanagement der Deutschen Post auf neuem Kurs, 2003, S. 113.
[401] Vgl. Institut für angewandte Arbeitswissenschaft (Hrsg.): Ideen für Ideenmanagement, 2005, S. 77.
[402] Ebd., S. 76.
[403] Ebd.

hängt. Ebenfalls werden die digitalen Mittel und die Veranstaltungen des Club der Denker für die Kommunikation eingesetzt.

4.2.3. Technische Unterstützung der Einreichung

Mit einer entsprechenden Softwareunterstützung ist der Weg der Einreichung, Bearbeitung und Realisierung papierlos geworden. Der Einsatz neuer Medien ist ein wichtiger Baustein für ein attraktives Ideenmanagement: neue Ideen werden bei der Post direkt am Arbeitsplatz oder Web-Terminals eingegeben und ihre Bearbeitung online verfolgt.[404]

Die Verwaltung der Vorschläge erfolgt dezentral, in jeder der 180 Niederlassungen gibt es einen BVW-Beauftragten. Diese Ideenmanagementverantwortlichen sind vernetzt und haben eine digitale Diskussionsplattform. Jede Niederlassung besitzt ihre eigene Datenbank, die eine standardisierte Struktur hat und mit anderen Datenbanken vernetzt ist. „Das ermöglicht die tagesaktuelle Information relevanter Betriebseinheiten über neue praxisreife Verbesserungsvorschläge mit rechenbarem Nutzen. So erfährt beispielsweise die Briefniederlassung in München, Hamburg oder Schwerin gleichzeitig, dass in Berlin eine Idee mit konkreten Einsparpotenzial zur Anwendung kommt, die auch für andere Niederlassungen nicht uninteressant sein dürfte."[405]

Formulare für die Einreichung von Ideen und Anforderung eines Gutachtens werden zentral erstellt und stehen allen Beschäftigten zur Verfügung. Eine angemessene Software ermöglicht statistische Auswertungen nach verschiedenen Kriterien. Ein Vorschlag kann über das Intranet direkt in die BVW-Software eingegeben werden. Aber auch die alternativen Einreichungswege sind offen: schriftlich beim Vorgesetzten oder telefonisch bei einem Call-Center. Die Schreiben des BVW werden nach Bedarf auf Papier oder per E-Mail weitergeleitet.[406]

Um Wissen und Erfahrungen zu erhalten und auszutauschen werden alle Vorschläge des großen Kreises manuell verschlagwortet und stehen unter diesen Schlagworten sowie mit einer Volltext-Suche online zur Verfügung.[407] Diese so genannte Ideenbörse wird allen Beschäftigten des Unternehmens, die an das Intranet angeschlossen sind, seit 2001 angeboten. Mit ihrer Hilfe können sie feststellen, welche Ideen im großen Regelkreis bereits vorhanden sind, und sich ge-

---

[404] Vgl. Raffel, G.; Lehr, U.: Vorschlagswesen im Wandel – Ideenmanagement der Deutschen Post auf neuem Kurs, 2003, S. 113.
[405] Ebd.
[406] Vgl. Institut für angewandte Arbeitswissenschaft (Hrsg.): Ideen für Ideenmanagement, 2005, S. 77.
[407] Ebd.

gebenenfalls Wiederholungsvorschläge sparen sowie von Ideen anderer Abteilungen und Niederlassungen profitieren.[408]

4.2.4. Ideenmanagement mit messbaren Resultaten

In dem erfolgsorientierten Ideenmanagementkonzept der Deutschen Post World Net sind die messbaren Resultate der Arbeit von großer Bedeutung. Man definiert Soll-Kennzahlen der Ideenarbeit: pro Mitarbeiter der Post sollen im Jahr ein Verbesserungsvorschlag eingereicht werden und Zeit- und Sachkostenersparnisse in Höhe von 200 € erwirtschaftet werden.

Allerdings sind auch „weiche" Resultate des Ideenmanagements nicht weniger wichtig. Zu denen werden gezählt:
- Im Ideenmanagement beweisen Mitarbeiter, dass sie fähig sind, wichtige Informationen zu postspezifischen Prozessen aufzuarbeiten;
- Mitarbeiter zeigen Mut, ihren Vorgesetzten mit Verbesserungsvorschlägen neue Lösungen anzubieten;
- Geübt wird in der Ideenarbeit, konstruktive Kritik zu üben und nicht bei demotivierenden Klagen steckenzubleiben;
- Führungskräfte lernen Mitarbeiter zuzuhören, Vorschläge sachlich fundiert zu bewerten und geeignete Maßnahmen abzuleiten;
- Verbesserungsvorschläge erzwingen oftmals das Nachdenken über bisher nicht bekannte Kostenstrukturen in der Produktion und vor allem in der Verwaltung.[409]

Die Ziele des Ideenmanagements bei der Deutschen Post World Net zeigen, dass die Resultate des Ideenmanagements nicht nur in Euro greifbar werden. Es geht im Wesentlichen um die Motivation, Kreativität, Identifikation und Unternehmenskultur sowie um die neuen Führungskraft-Mitarbeiter-Verhältnisse.

---

[408] Fiedler-Winter, R.: Ideenmanagement – Mitarbeitervorschläge als Schlüssel zum Erfolg, 2001, S. 168.
[409] Raffel, G.; Lehr, U.: Vorschlagswesen im Wandel – Ideenmanagement der Deutschen Post auf neuem Kurs, 2003, S. 115.

4.3. Ideenmanagementmodelle in der deutschen Automobilindustrie

Die Automobilindustrie zählt in Deutschland zu den traditionellen und besonders erfolgreichen Branchen und macht einen gewichtigen Teil des Inlandproduktes aus. Mit einem Umsatz von über 313 Mrd. Euro und mehr als 854 Tausend Beschäftigten (2007) bildet die Automobilindustrie die mit Abstand größte deutsche Industriegruppe.[410] Andererseits wird diese Branche durch einen starken internationalen Konkurrenzdruck und hohe Innovationsgeschwindigkeit gekennzeichnet. Vor diesem Hintergrund stellt das effiziente Ideenmanagement für die Unternehmen der Automobilindustrie und ihre Zulieferer einen wichtigen Wettbewerbsfaktor dar. Inwieweit schöpfen deutsche Autokonzerne die Kreativitätspotenziale ihrer Belegschaften aus? Was kann man aus ihren Ideenmanagementansätzen lernen?

Aufgrund verschiedener Literatur- und Internetquellen wurden die Ideenmanagementkonzepte einiger deutschen Automobilproduzenten untersucht, um allgemeine Tendenzen und Entwicklungstrends aufzuzeigen. Ein besonderes Augenmerk wurde auf die Best Practices der Konzerne mit dem besten Ideenmanagement gelegt, die in den Studien zum Ideenmanagement ausgezeichnet worden sind: Audi, Volkswagen und BMW.

Das Ideenmanagementmodell des Autokonzerns Audi hat in dem aktuellen Ranking der Beratung EuPD Research die höchstmögliche Punktzahl unter den produzierenden Unternehmen erreicht und in der dib-Studie in der Gesamtbewertung als zweitbestes Ideenmanagementkonzept in Deutschland abgeschnitten.[411] In der gleichen Studie kommen beim Vergleich des errechenbaren Nutzens aus Verbesserungsvorschlägen weitere Autohersteller (Volkswagen, Daimler und BMW) auf die Spitzenplätze (hinter der Deutschen Post).

Tabelle 16: Errechenbarer Nutzen aus Verbesserungsvorschlägen in Mio. Euro in 2006[412]

1.	Deutsche Post AG	271
2.	**Volkswagen AG**	168
3.	Siemens AG	158
4.	**DaimlerChrysler AG**	74
5.	RWE Power AG	65
6.	**BMW Group**	63

---

[410] Vgl. Statistisches Bundesamt: Statistisches Jahrbuch 2007, S. 365.
[411] Vgl. Schlesiger, Ch.: Ich sehe was, was du nicht siehst. Wirtschaftswoche 48/2007, S. 148, dib-Report 2006 Ideenmanagement in Deutschland, S. 4, 9.
[412] dib-Report 2006 Ideenmanagement in Deutschland, S. 4.

4. Best Practices des Ideenmanagements   187

Deswegen werden in diesem Kapitel die Ideenmanagementkonzepte dieser Automobilhersteller ausführlicher erläutert. Die Fragestellung bezieht sich auf den Stellenwert des Ideenmanagement, seine Einbildung in die Unternehmensstrategie anhand der Selbstdarstellung der Konzerne im Internet und in den Medien sowie auf die Modelle und praktischen Maßnahmen des Ideenmanagements. Dabei werden vor allem die Besonderheiten und individuellen Vorgehensweisen jedes Autokonzerns hervorgehoben.

4.3.1. Ideenprogramm der Audi AG

Mit ihren über 52 Tausend Beschäftigten hat die Audi AG im Jahre 2006 31,2 Milliarden Euro umgesetzt.[413] Die Unternehmensphilosophie wird in der Formel „Automobile mit Erfolg und Leidenschaft" zusammengefasst. Als Erfolgsfaktoren Begeisterungsfähigkeit, Kreativität und Einsatzbereitschaft genannt: „Die Wünsche und Emotionen unserer Kunden bestimmen unser Handeln auf dem Weg zur Innovations-Führerschaft. Audi setzt neue Standards – im Sinne des Markenanspruchs "Vorsprung durch Technik".[414] Die Audi AG setzt auf eine fortschrittliche und zukunftsweisende Haltung und Innovation. Die Kundenzufriedenheit kann nur durch eine kontinuierliche Suche nach neuen Lösungen erreicht werden.[415]

Die aktuelle Unternehmensstrategie wird als „Progressive Performance" umschrieben, was einen verantwortungsvollen Umgang mit Lebensraum und Ressourcen bedeutet. „Ob Erforschung innovativer Treibstoffe, Entwicklung spritsparender Motoren oder zielgerichtetes Gewichtabspecken – die Audi Ingenieure und Audi Partner nutzen alle Möglichkeiten, um den Anforderungen von morgen bereits heute gerecht zu werden."[416]

Die Mitarbeiter des Unternehmens werden als treibende Kraft der Innovation dargestellt. „Motivierte Mitarbeiter und gute Ideen sind das wichtigste Kapital eines Unternehmens", heißt es im Geschäftsbericht 2004."Mitentscheiden, Teilhaben am Geschehen, und zwar im Team, gehört bei Audi zur Unternehmensstrategie. Das unternehmerische Denken jedes einzelnen der mehr als 50000 Beschäftigten ist der Schlüssel zum Unternehmenserfolg. Mit Kompetenz, Engagement und Verantwortung beweisen die Audi Mitarbeiter täglich, dass der

---

[413] Vgl. www.audi.de, Geschäftsbericht 2006 (04.02.08)
[414] Vgl. www.audi.de/audi/de/de2/unternehmen.html (05.02.08)
[415] Vgl. Geschäftsbericht 2004, S. 1 auf www.audi.de (04.02.08)
[416] Vgl. Geschäftsbericht 2006, S. 11 auf www.audi.de (04.02.08)

wirtschaftliche Erfolg eines Unternehmens auf den Ideen und der Kreativität, auf den Visionen eines jeden Einzelnen basiert", so das Credo der Audi AG.[417]

Das praktische Ideenmanagementmodell bei Audi heißt Ideenprogramm und wurde 2007 vom dib zum vierten Mal in Folge als bestes Ideenmanagementsystem der Automobilindustrie ausgezeichnet. Mit fast 18.000 realisierten Verbesserungen hat Audi im Jahr 2006 47 Millionen Euro eingespart. Über 5,1 Millionen Euro wurden als Anerkennung an die 19071 Ideengeber ausbezahlt. Dr. Werner Widuckel, Personalvorstand und Arbeitsdirektor der Audi AG sagt zu dieser Auszeichnung: „Dieser Preis ist Auszeichnung für und Dank an unsere engagierten und motivierten Mitarbeiter. Denn sie leisten mit ihren kreativen und innovativen Ideen einen wichtigen Beitrag für unser Ziel, bis zum Jahr 2015 der erfolgreichste Premiumautomobilhersteller weltweit zu werden."[418]

Im Jahr 1994 wurde bei Audi in Ingolstadt eine Ideen-Agentur gegründet. Die Zielsetzung des Ideenprogramms lautet „die Einbindung der Mitarbeiter in das Unternehmensgeschehen zu fördern und deren Ideenpotenzial zur Optimierung betrieblicher Prozesse und Produkte zu nutzen."[419] Seither hat die Teilnahme an diesem Ideenprogramm kontinuierlich zugenommen.

Der Ablauf des Audi Ideenprogramms weicht von den anderen Organisationen dadurch ab, dass die von einem oder mehreren Mitarbeitern eingereichte Idee nach Annahme durch den Vorgesetzten bei einer positiven Bewertung sofort realisiert werden kann. Nach der Umsetzung, an der die Einreicher unmittelbar teilhaben, werden die konkreten Vorteile der akzeptierten Idee ermittelt und anschließend wird die Prämie festgelegt.[420]

„Durch das Ideenprogramm bei Audi sollen möglichst viele Mitarbeiter direkt am Unternehmensgeschehen beteiligt werden und durch ihre Gedanken und Anregungen Prozesse und Produkte optimiert werden", hieß es im Geschäftsbericht 2004.[421] Der Leiter der Ideen-Agentur Ralph Börner sieht die Motivation der Belegschaft zur Ideenfindung weniger in den materiellen Anreizen, sondern in der Möglichkeit, sich an dem unternehmerischen Geschehen und seiner Gestaltung zu beteiligen.[422]

---

[417] Vgl. Geschäftsbericht 2004, S. 30 auf www.audi.de (04.02.08)
[418] www.audi.de/audi/de/de2/unternehmen/news/pressemitteilungen/Auszeichnung_fuer_Audi_Ideenprogramm.html (04.02.08)
[419] Fiedler-Winter, R.: Ideenmanagement – Mitarbeitervorschläge als Schlüssel zum Erfolg, 2001, S. 85.
[420] Ebd., S. 86.
[421] Vgl. Geschäftsbericht 2004, S. 30 auf www.audi.de (04.02.08)
[422] www.audi.de/audi/de/de2/unternehmen/news/pressemitteilungen/Auszeichnung_fuer_Audi_Ideenprogramm.html (04.02.08)

4. Best Practices des Ideenmanagements

Audi hat langjährige positive Erfahrungen mit der Erschließung der Mitarbeiterideen gemacht: „Das Ideen-Programm setzt Verbesserungsvorschläge direkt in die Praxis um und ist damit eine wichtige Säule für die kontinuierliche Verbesserung der Arbeitsabläufe bei Audi."[423] Ein Beispiel aus der Praxis soll es belegen: Der Industriemechaniker Walter Schäffer aus dem Werk Ingolstadt ist mit der Fertigung der Kleinteile für die Modelle A3 und A4 beschäftigt. Dort entwickelte er im Jahr 2004 zusammen mit zwei Kollegen einen drehbaren runden Tisch, wodurch die Arbeitsstation beinahe die dreifache Produktivität im Vergleich zur herkömmlichen Produktionsweise erreicht hat. Das Unternehmen spart allein durch diese Idee 36 Tausend Euro jährlich. Und das war nur eine Idee von Walter Schäffer unter vielen anderen: er hat in den vergangenen Jahren insgesamt 804 Ideen mit einer Realisierungsquote von knapp 90 Prozent eingereicht.[424]

Das Ideenprogramm fällt organisatorisch in die Kompetenz des Personal- und Sozialwesens. Das Ideenmanagement basiert auf einer Kombination aus dem Vorgesetztenmodell und dem KVP, insbesondere werden Ideen mit Lösungen und Verbesserungsvorschläge aus dem eigenem Arbeitsgebiet gefördert.[425]

Das Ideenmanagement bei Audi wird nicht nur als Mittel für Rationalisierung und Einsparungen, sondern zugleich als Beteiligungs-, Motivations- und Führungsinstrument betrachtet. Die wichtigsten Merkmale des Ideenprogramms bei der Audi AG sind:

- die Einbindung von Ideenmanagementkennzahlen in das Zielvereinbarungssystem;
- ein attraktives Anreizsystem für die Einreicher;
- eine Vereinfachung der Einreichung von Ideen durch ein Online-Bearbeitungssystem;
- permanente Qualifizierung der Mitarbeiter und Führungskräfte in Bezug auf Ideenarbeit;
- das regelmäßige bereichsspezifische Reporting zum Status des Ideenprogramms und zum Status der Ideenabarbeitung.[426]

Im Jahr 2002 wurde die Nutzenquote der Verbesserungsvorschläge in die betrieblichen Zielvereinbarungen aufgenommen, was positive Effekte auf die Ideenarbeit verursacht hat: der berechenbare Nutzen aus Ideen im Jahr 2002 stieg gegenüber 2001 um 105 Prozent. Bei dem von der Audi AG ausgewiesenen

---

[423] Vgl. Geschäftsbericht 2004, S. 30 auf www.audi.de (04.02.08)
[424] Ebd.
[425] Vgl. Anic, D.: Ideenmanagement, 2001, S.356-357.
[426] In Anlehnung an Anis, D.; Boerner, R.: Das Ideen-Programm bei AUDI AG, S. 2 auf www.flexible-unternehmen.de/13930101.htm (25.10.07)

Nutzen handelt es sich um den Nettojahresnutzen, von dem die Realisierungsaufwendungen der Ideen bereits abgezogen sind. In die Bewertung des Nutzens fließen Einsparungen der Personal-, Material- und Gemeinkosten sowie einmalige Einsparungen wie verhinderte Investitionen, ein.[427]

Bei der Honorierung von Ideen wird es zwischen rechenbaren Ideen, für die 15 Prozent der jährlichen Einsparung ausgeschüttet werden (aber nicht mehr als 50000 Euro), und nicht rechenbaren Ideen, für die Wertepunkte zur quantitativen und qualitativen Abschätzung benutzt werden, unterschieden. Die rechenbaren Ideen machen nur ca. 17 Prozent aller Ideen aus. 2004 wurden beispielsweise 26150 Ideen umgesetzt, 21535 wurden als nicht rechenbare eingestuft. Die nicht monetären Effekte des Ideenmanagements sind nicht minder wichtig, da sie dazu beitragen, die Wettbewerbsfähigkeit des Unternehmens in zahlreichen kleinen Schritten zu steigern, auch wenn sich deren Nutzen nicht genau quantifizieren lässt.[428]

Als Bewertungskriterien werden eingesetzt: wirtschaftlicher Nutzen, Ausarbeitungsqualität, Unterstützung des Einreichers bei der Umsetzung, Qualität, Anlagenschonung, Arbeitserleichterung, Arbeitssicherheit, Umwelt- und Gesundheitsschutz.[429] Die Mitarbeiter werden am erzielten Erfolg beteiligt: jede umgesetzte Idee wird prämiert, auch wenn sich ihr Nutzen nicht in Euro und Cent ausrechnen lässt. Im Jahr 2004 wurden bei der Einsparsumme von 43,8 Mio. Euro insgesamt 6,2 Mio. Euro an Prämien an die Mitarbeiter ausgezahlt. Damit ziehen beide – Unternehmen und Mitarbeiter – Gewinn aus dem Ideenprogramm.[430]

Bei der praktischen Arbeit mit Ideen spielen die Führungskräfte eine wichtige Rolle: sie sind unmittelbare Ansprechpartner für die Einreicher, tragen Verantwortung für das Ideenmanagement in ihrem Bereich und sind für die Umsetzung von Ideen verantwortlich. Ein Vorgesetzter darf über Prämien bis 250 Euro allein entscheiden. Alle Ideen sollen in einem speziellen Ideenblatt beschrieben und bearbeitet werden. Für die Vereinfachung der Einreichung wurde der gesamte Prozess von der Beschreibung einer Idee bis zur Entscheidung und Rückmeldung an den Einreicher in dem EDV-gestützten System Audimax abgebildet, auf das alle Mitarbeiter Zugriff haben. Dadurch wurde die Transparenz des Bearbeitungsprozesses erhöht und die Bearbeitungsdauer deutlich reduziert.[431] Eine benutzerfreundliche Oberfläche macht es für alle Unternehmensak-

---

[427] Vgl. Anis, D.; Boerner, R.: Das Ideen-Programm bei AUDI AG, S. 1 auf www.flexible-unternehmen.de/13930101.htm (25.10.07)
[428] Ebd.
[429] Vgl. Anic, D.: Ideenmanagement, 2001, S.358.
[430] Vgl. Geschäftsbericht 2004, S. 31 auf www.audi.de (04.02.08)
[431] Geschäftsbericht 2004, S. 31 auf www.audi.de (04.02.08)

4. Best Practices des Ideenmanagements

teure möglich, die Vorschläge schnell und sachlich zu beschreiben. Alle Ideen werden in einer Datenbank erfasst.[432]

Parallel dazu wird bei Audi der Kontinuierliche Verbesserungsprozess, insbesondere in der Gruppenarbeit gefördert. Dafür werden gezielt KVP-Workshops durchgeführt, in denen die Mitarbeiter bestehende Probleme analysieren und anschließend passende Lösungsvorschläge erarbeiten. Im Zeitraum 1993–2004 wurden mehr als 7000 solche Workshops organisiert, was zur Entwicklung von Ideen mit einem gesamten Einsparpotenzial von knapp 270 Mio. Euro geführt hat. „Allein im Jahr 2004 belief sich die Einsparsumme in den beiden Werken Ingolstadt und Neckarsulm auf etwa 18 Mio. Euro. Die Workshops führen das Wissen und die Erfahrung der Mitarbeiter zusammen und sorgen so für Kostenreduzierungen, aber auch für Verbesserungen des Arbeitsumfeldes, der Qualität und der Kommunikationswege."[433]

Ein wichtiger Bestandteil der Ideenarbeit bei der Audi AG ist Markt- und Trendforschung. „Der intensive Austausch mit Kunden steht im Mittelpunkt der Aktivitäten der Audi Markt- und Trendforschung. Jedes Jahr werden in internationalen Studien für Audi 2,3 Mio. Interviews mit Automobilkunden und Trendsettern geführt. Die Rückmeldung zu Audi Produkten und Leistungen ist ein elementarer Bestandteil der Produktentwicklung. Uneingeschränktes Ziel ist die Nähe zu den Kunden und deren Bedürfnissen. In Trend- und Zukunftsstudien werden zukünftige Faktoren der Kundenzufriedenheit und des Kundenverhaltens analysiert und in neue Produkte und Innovationen übersetzt."[434]

Die Audi AG ist offen für Forschungskooperationen mit anderen Unternehmen. Besonders enge Kontakte bestehen verständlicherweise mit der Volkswagen AG innerhalb des Volkswagen Konzerns. Als typisches Beispiel kann ein aktuelles Projekt für die Entwicklung synthetischer Kraftstoffe dienen, an dem Audi, Volkswagen und Shell zusammenarbeiten. Synthetische Treibstoffe ermöglichen die Entwicklung neuer Motorenkonzepte, die den Kraftstoff viel effizienter umsetzen und die Emissionen weiter senken.[435]

---

[432] Vgl. Schlesiger, Ch.: Ich sehe was, was du nicht siehst. Wirtschaftswoche 48/2007, S. 149.
[433] Vgl. Geschäftsbericht 2004, S. 31 auf www.audi.de (04.02.08)
[434] Lagebericht der Audi AG im Jahr 2005 auf www.audi.de, S. 14 (07.02.08)
[435] Vgl. Geschäftsbericht 2006, S. 12 auf www.audi.de (06.02.08)

4.3.2. Ideenmanagement bei der Volkswagen AG

Die Volkswagen AG hat im Jahr 2006 mit rund 102 Tausend Beschäftigten einen Umsatz von über 53 Mrd. Euro erwirtschaftet.[436]

Die Volkswagen AG präsentiert sich als ein zukunftsorientiertes Unternehmen, das die zukünftigen Bedürfnisse der Kunden antizipieren und in innovative Technologien übersetzen will. Zu diesem Zweck wird eine gezielte Zukunftsforschung betrieben und Innovationen angestrebt, die nur durch intensive Forschungsarbeiten und vernetzte Zusammenarbeit in und außerhalb des Unternehmens gemeistert werden können.[437]

Im Rahmen der Zukunftsforschung wird ein umfassender Analyseprozess durchgeführt. Mit Fokus auf Kundenerwartungen und Möglichkeiten der Produktentwicklung werden die Risiken des Klimawandels, Sicherheits- und gesundheitliche Aspekte des Individualverkehrs sowie Auswirkungen der Globalisierung und Demografie betrachtet. Dabei werden die gesellschaftlichen Herausforderungen als Chancen und die Fähigkeiten, Trends frühzeitig zu erkennen, als Wettbewerbsfähigkeitsfaktor angesehen.[438]

Als Unternehmenswerte werden Kundennähe, Höchstleistung, Schaffung der Werte, Erneuerungsfähigkeit, Respekt, Verantwortung und Nachhaltigkeit präsentiert.[439] In den Leitlinien des Unternehmens stehen die Menschen mit ihrem Wissen und ihrer Kompetenz im Mittelpunkt. „Sie sind es, die den Wert eines Unternehmens und seinen Erfolg nachhaltig beeinflussen. Sie spiegeln die Problemlösungs- und Zukunftsfähigkeit des Unternehmens wider. Das Leitbild des mehrfachqualifizierten, mitgestaltenden, mobilen und menschlichen Mitarbeiters trägt dazu bei, die Ertragskraft und den Wertzuwachs des Unternehmens zu steigern und die sich stetig verändernden Herausforderungen des Wettbewerbs zu bestehen."[440]

Qualifikation, kreative Ideen und persönlicher Einsatz der Mitarbeiter werden in der Volkswagen AG hoch geschätzt. „Denn nur mit einem Spitzenteam, das sich durch ein hohes Maß an Kompetenz, Engagement, Ideenreichtum und körperliche Fitness auszeichnet, kann ein Unternehmen heute im internationalen

---

[436] Vgl. www.volkswagenag.com/vwag/vwcorp/info_center/de/publications/2007/03/GB_ 2006 (04.02.08)
[437] www.volkswagenag.com/vwag/vwcorp/content/de/innovation.html (04.02.08)
[438] www.volkswagenag.com/vwag/vwcorp/content/de/sustainability_and_responsibility/ Strategie_und_Management.html (04.02.08)
[439] www.volkswagenag.com/vwag/vwcorp/content/de/sustainability_and_responsibility/ Strategie_und_Management/Konzernstandards.html (04.02.08)
[440] www.volkswagenag.com/vwag/vwcorp/content/de/human_resources/our_guidelines.html (04.02.08)

Wettbewerb bestehen." Unter den wichtigsten Faktoren für eine Spitzenmannschaft werden lebenslanges Lernen, Wissensmanagement und Ideenarbeit genannt.[441]

Unter dem Motto „Talente auf der Überholspur" formuliert die Volkswagen AG das Ziel, das Leistungs- und Lernpotenzial jedes Mitarbeiters zu erkennen, zu erhalten und gemäß der Unternehmensstrategie sowie den persönlichen Entwicklungspotenzialen zu fördern.[442] Zu diesem Zweck werden breit gefächerte Weiterbildungs- und Qualifizierungsprogramme angeboten.

Als ein bewährtes Instrument zur Förderung und Nutzung guter Ideen wird ein modernes Ideenmanagementmodell benutzt. Das Bekenntnis der Volkswagen AG zu der Ideenarbeit wird explizit formuliert: „Ideen waren schon immer der Ausgangspunkt für Veränderungen. Das Ideenmanagement bei Volkswagen ist ein Führungs- und Motivationsinstrument zur Förderung individuellen Engagements von Einzelnen oder Gruppen. Ziel ist es, bestehende Zustände zu verbessern. Davon profitieren sowohl das Unternehmen als auch die Ideengeber. "Ideen für Volkswagen" heißt der Prozess, bei dem durch die Bereitschaft zum Dialog mit allen Beteiligten kontinuierliche Verbesserungen in allen Organisationseinheiten erreicht werden. Die Ideengeber werden an den erzielten Einsparungen ergebnisbezogen beteiligt."[443]

Ein Betriebliches Vorschlagswesen als Instrument zur Mitarbeitermotivation hat Volkswagen bereits 1949 eingeführt. Das aktuelle Ideenmanagementmodell der Volkswagen AG hat sich im Jahre 1998 aus dem traditionellen BVW entwickelt. Es basiert auf folgenden Grundsätzen:
- Grundlage:– die Betriebsvereinbarung vom 1999;
- Tenor: Kleine Ideen mit großer Wirkung;
- Der Appell an die Mitarbeiter: Ideen waren schon immer der Ausgangspunkt für Veränderungen. Manchmal sind es große, manchmal sind es kleine Ideen. Das neue Ideenmanagement bei Volkswagen macht keine Unterschiede. Entscheidend sind Ihre Gedanken und die Bereitschaft, mit Ihrem Vorgesetzten darüber zu sprechen. Nur darauf kommt es an. Und deshalb haben wir den Prozess auch einen Namen

---

[441] www.volkswagenag.com/vwag/vwcorp/content/de/sustainability_and_responsibility/Mit arbeiter.html (04.02.08)
[442] Vgl. www.volkswagenag.com/vwag/vwcorp/content/de/sustainability_and_responsibility/ Mitarbeiter/Personalentwicklung.html (04.02.08)
[443] www.volkswagen-personal.de/www/de/arbeiten/personalpolitik/ideenmanagement.html (02.02.08)

gegeben, der noch besser beschreibt, worum es geht: Ideen für Volkswagen.[444]

Im Jahr 2000 haben sich 28 Prozent der VW-Mitarbeiter mit einer oder mehreren Ideen beteiligt. Eine steigende Tendenz ist zu verzeichnen, seit die Mitarbeiter ihren Vorschlag durch Direkteinreichung bei ihrem unmittelbaren Vorgesetzten abgeben können, wobei sie ein digitales Formular auszufüllen haben. Es wird für das Ideenmanagement geworben: eine aktuelle Prozessinformation zeigt allen Organisationseinheiten monatlich, wie viele Mitarbeiter sich in ihrem Rahmen beteiligt haben und welche Effekte sie erzielen konnten. Außerdem wurde auf Kugelschreibern, Schreibunterlagen, Feuerzeugen und Tassen das Ideenmanagement-Logo angebracht „Ideen für Volkswagen".[445]

Das Ideenmanagementkonzept besteht aus dem Vorgesetztenmodell und dem KVP. Als organisatorische Einheit wurde eine eigenständige Einheit VW Coaching GmbH[446] mit 55 Mitarbeitern gegründet.[447] Die VW Coaching GmbH hat den Prozess der Einführung des Ideenmanagements eingeleitet. Im Zeitraum 1993–1998 wurden an verschiedenen Volkswagen-Standorten Tausende von KVP-Seminaren, Workshops und Moderatorenausbildungen organisiert, um in der gesamten Wertschöpfungskette Verschwendung zu beseitigen und Arbeitsprozesse zu optimieren. Die prägenden Ziele des neuen Ideenmanagementkonzeptes sind Produktivität, Qualität und Arbeitszufriedenheit. Im neuen Modell sind das Vorschlagswesen und der KVP synchronisiert und intensiviert.[448]

Ein wichtigstes Instrument des Ideenmanagements bei Volkswagen ist ein fünftägiger KVP-Workshop mit seinen elf Schritten, an dem neben den Mitarbeiter und Führungskräften der Volkswagen AG auch Kunden und Lieferanten teilnehmen. Diese Öffnung der Ideenarbeit gegenüber Kunden und Lieferanten ist eine Besonderheit des Ideenmanagements der Volkswagen AG. In einem strukturierten, organisierten Verfahren beschäftigen sie sich mit einem eingegrenzten Gebiet, um die Möglichkeiten der Rationalisierung, Qualitätssteigerung und Kostenreduzierung zu untersuchen. Die elf Schritte sind: Vorbereitung des Workshops, Einführung, Verstehen des Prozessablaufs, Ist-Analyse mit Mess-

---

[444] Vgl. Fiedler-Winter, R.: Ideenmanagement – Mitarbeitervorschläge als Schlüssel zum Erfolg, 2001, S. 302.
[445] Fiedler-Winter, R.: Ideenmanagement – Mitarbeitervorschläge als Schlüssel zum Erfolg, 2001, S. 302:
[446] Zurzeit ist die VW Coaching GmbH ein bekanntes Beratungsunternehmen für Ausbildung, Personalentwicklung und Unternehmensberatung mit ca. 800 Mitarbeitern.
[447] Vgl. Anic, D.: Ideenmanagement, 2001, S.356.
[448] Bingel, M.: Kontinuierlicher Verbesserungsprozess bei Volkswagen, Präsentation der VW Coaching GmbH, 1997.

4. Best Practices des Ideenmanagements

größendefinition, Brainstorming Verschwendung, Brainstorming Verbesserung, Entwicklung von Lösungsvorschlägen, Erstellung des Maßnahmenkatalogs, Maßnahmenumsetzung/-simulation, Präsentation der Ergebnisse sowie Maßnahmenverfolgung.[449]

Bei der praktischen Organisation der alltäglichen Ideenarbeit bei der Volkswagen AG ist die Rolle des direkten Vorgesetzten entscheidend: er fungiert als Ansprechpartner, ist für die Ideenarbeit verantwortlich, kann über die Prämie bis zu 250 Euro allein entscheiden und vergibt Bonuspunkte (Grundlage für Sachprämien) bei nicht rechenbaren Vorschlägen.[450]

Es wird eine unkomplizierte Einreichung der Vorschläge angestrebt: „Schnelle, direkte Abläufe sorgen dafür, dass Ideen gezielt begutachtet werden und Ideengeber bei erfolgter Umsetzung ihre verdienten Prämien erhalten. Wer mit seiner Idee eine wirklich große Einsparung erzielt, kann bis zu 51129 Euro Prämie erhalten."[451]

Zu den geförderten Themengebieten des Ideenmanagement bei der Volkswagen AG zählen Effizienzsteigerung, Kostenreduzierung, Energieeinsparung und Umweltschutz. Dafür organisiert die VW Coaching GmbH themenbezogene Schulungen, Qualifizierungsangebote und Informationskampagnen für die Mitarbeiter verschiedener Standorte.[452]

Die Unternehmensführung ist überzeugt: „Das Ideenmanagement ist ein Kernstück des Konzepts zur Beteiligung der Belegschaft bei Volkswagen. Wir haben in diesem Konzept ganz bewusst und gezielt die Entscheidungskompetenz vor Ort in den Arbeitsbereichen gestärkt, um direkter und unbürokratischer Ideen und Vorschläge umsetzen zu können. Unsere Erfahrungen bestätigen uns, dass dies der richtige Weg ist. Das Ideenmanagement kann allerdings nicht so isoliert betrachtet werden, Beteiligung kann sich nur dort entfalten, wo Arbeitsklima, Führungskultur und Arbeitsorganisation dies ermöglichen und fördern."[453]

---

[449] Bingel, M.: Kontinuierlicher Verbesserungsprozess bei Volkswagen, Präsentation der VW Coaching GmbH, 1997.
[450] Vgl. Anic, D.: Ideenmanagement, 2001, S.357, 360.
[451] www.volkswagen-personal.de/www/de/arbeiten/personalpolitik/ideenmanagement.html (02.02.08)
[452] www.volkswagen.de, Nachhaltigkeitsbericht 2007/08 (04.02.08)
[453] Fiedler-Winter, R.: Ideenmanagement – Mitarbeitervorschläge als Schlüssel zum Erfolg, 2001, S. 306.

4.3.3. Ideenmanagementkonzept bei der BMW Group

Die BMW Group ist einer der führenden Premium-Automobilhersteller, weltweit mit über 106 Tausend Mitarbeitern und einem Umsatz von knapp 49 Milliarden Euro im Jahr 2006.[454]

Ihr Unternehmensprofil präsentiert die BMW Group in folgenden Sätzen: „Potenziale erkennen, Wachstum gestalten. Wissen, wofür man steht. Die eigenen Stärken kennen und nutzen – und auf Basis einer klaren Strategie handeln. Das eben Erreichte, so perfekt es auch sein mag, ist stets nur der Ausgangspunkt zu etwas Besserem."[455]

Die Unternehmensvision setzt in erster Linie auf die Innovationsführerschaft und den Technologievorsprung. Um diesem Ziel gerecht zu werden, sucht die BMW Group permanent nach außergewöhnlichen Neuerungen rund um das Thema mobile Zukunft.[456] „Ungebremste Neugierde und das ständige Bestreben nach dem perfekten Fahrzeug sind die treibende Kraft für alle Spezialisten der BMW Group. Diese Neugierde und der Wunsch nach absoluter Perfektion beflügeln die Ingenieure unterschiedlicher Fachrichtungen in ihrem Forschungsdrang nach kreativen Lösungen."[457] Es wird viel Wert auf eine direkte und offene Kommunikation gelegt, die im Rahmen eines weltweiten Innovationsnetzwerkes gewährleistet werden sollte.

Die Mitarbeiter des Unternehmens werden zum entscheidenden Erfolgsfaktor erklärt: Die qualifizierten und engagierten Mitarbeiter der BMW Group tragen mit ihrer Leistung den Erfolg des Unternehmens. Diese Philosophie ist Kern der wert- und werteorientierten Personal- und Sozialpolitik der BMW Group. Die Unternehmenskultur der BMW Group beruht auf Vertrauen, Toleranz sowie Leistung und Gegenleistung. Zugleich stellt die BMW Group als Premium-Hersteller hohe Anforderungen an ihre Belegschaft – Begeisterung für die Marken und Produkte, höchste Qualität im Arbeitsergebnis, die Bereitschaft zum ständigen Lernen, Flexibilität bezüglich Arbeitsform und -zeit und vor allem der Wille, gemeinsam den Erfolg der BMW Group in Einklang mit dem Leitbild der Nachhaltigkeit, weiter voranzutreiben.[458]

Die Leitlinien der wert- und werteorientierten Personal- und Sozialpolitik der BMW Group basieren auf acht Grundsätzen:

---

[454] Vgl. www.bmwgroup.de (05.02.08)
[455] www.bmwgroup.com/d/nav/index.html, Unternehmensprofil (05.02.08)
[456] www.bmwgroup.com/d/nav/index.html (04.02.08)
[457] Ebd.
[458] Vgl. www.bmwgroup.com/d/nav/index.html, Verantwortung, Mitarbeiter (05.02.08)

4. Best Practices des Ideenmanagements

1. Gegenseitige Wertschätzung – konstruktive Konfliktkultur;
2. Das Denken über nationale und kulturelle Grenzen hinaus ist für uns eine Selbstverständlichkeit;
3. Leistungsverhalten und Leistungsergebnis der Mitarbeiter sind konsequenter Maßstab für die Gegenleistung des Unternehmens;
4. Teamleistung ist mehr als die Summe der Einzelleistungen;
5. Sichere und attraktive Arbeitsplätze für engagierte und verantwortungsbewusste Mitarbeiter;
6. Die Achtung der Menschenrechte ist für uns selbstverständlich;
7. Sozialstandards auch für Zulieferer und Geschäftspartner;
8. Hervorragende Leistungen für Mitarbeiter und hohes Engagement in der Gesellschaft.[459]

Diese Werte schaffen Rahmenbedingungen für die praktische Ideenarbeit, wobei insbesondere die gegenseitige Wertschätzung, Leistungsorientierung, Teamarbeit, Engagement und Eigenverantwortung der Mitarbeiter hervorgehoben werden.

Die erste noch konzeptionell zentral organisierte Verbesserungseinrichtung entstand bei BMW im Jahre 1974, sie wurde 1993 dezentralisiert und zu dem Sammelbegriff Ideenmanagement mit den Komponenten „Aktionsbonus" und „Ideenmotor" umgebaut. Damit gehört BMW zu den ersten Unternehmen, die diesen neuen Begriff eingeführt haben.[460]

Im Jahre 1999 wurde in der BMW Group ein neues Ideenmanagementmodell mit dem Namen imotion eingeführt. „War in der Vergangenheit das Denken und Ausführen arbeitsteilig organisiert, wird nun im Sinne des BMW-Mitarbeiterbildes von jedem Einzelnen unternehmerisches Denken erwartet. Der einzelne Mitarbeiter ist aufgefordert, mitzudenken und mitzugestalten", heißt es in der BMW-Broschüre „imotion", die den Mitarbeitern des Hauses Sinn und Zweck des neuen Ideenmanagements erläutert.[461] Das neue Ideenmanagementmodell verschmilzt den kontinuierlichen Verbesserungsprozess mit der Organisation von Verbesserungsvorschlägen in Form des Vorgesetztenmodells. Das Ideenmanagement mit einem zentralen Ideenmanagement-Beauftragten ist organisatorisch dem Bereich Changemanagement und Personalwirtschaft zugeordnet. Die Ziele des Ideenmanagements sind in die Zielvereinbarungen des Unter-

---

[459] www.bmwgroup.com/d/nav/index.html, Verantwortung, Personalpolitik (05.02.08)
[460] Vgl. Fiedler-Winter, R.: Ideenmanagement – Mitarbeitervorschläge als Schlüssel zum Erfolg, 2001, S. 121.
[461] Ebd., S. 119.

nehmens eingegangen: Anzahl umgesetzter Vorschläge, durchschnittliches Einsparungsvolumen pro Vorschlag sowie Bearbeitungsdauer.[462]

Um die Ideenarbeit zu intensivieren, werden bei der BMW Group regelmäßig einheitliche Mitarbeiterbefragungen zur Optimierung der Arbeitsorganisation und -prozesse an allen Standorten durchgeführt. Das innerbetriebliche Vorschlagswesen wird als Vorgesetztenmodell praktiziert. Der Vorgesetzte ist der erste Ansprechpartner für Ideen, trägt die Prozessverantwortung und entscheidet über die Prämie bis zu 5000 Euro.[463] Die Bewertung von Ideen der Mitarbeiter wird vom Einreicher, vom Vorgesetzten und von zuständigen Verantwortlichen zusammen vorgenommen, für alle Verbesserungsvorschläge muss eine Checkliste ausgefüllt werden, wobei es zwischen der Stufe 1 (nicht rechenbare Vorschläge und rechenbare Vorschläge bis 15 Tausend Euro Einsparung) und der Stufe 2 (herausragende nicht rechenbare Vorschläge und rechenbare Top-Vorschläge ab 15 Tausend Euro Einsparung) unterschieden wird.[464]

Die Einsparungen der BMW Group durch die Verbesserungsvorschläge blieben in den letzten Jahren konstant: 2002 wurden insgesamt mehr als 44000 Ideen eingereicht mit den daraus resultierenden Einsparungen bei knapp 63 Millionen Euro,[465] im Jahr 2006 beliefen sich die Einsparungen ebenfalls auf 63 Millionen Euro.[466]

Das BMW-Ideenmanagement hat seine eigene Homepage im Intranet. In diesem System werden alle Vorschläge erfasst. Der Einreicher hat die Möglichkeit, seine Idee selbst einzugeben. Gleichzeitig bietet das System weitere Funktionen:
- Vorerfassung durch den Einreicher,
- Erfassung durch den Prozessverantwortlichen (Vorgesetzten),
- Weiterleitung an die Fachstelle,
- Beurteilung durch die Fachstelle,
- Bewertung durch den Prozessverantwortlichen,
- Freigabe der Auszahlung durch den Kostenverantwortlichen,
- Abschlussdokumentation und Auswertung,
- Gegebenenfalls Einspruch.[467]

---

[462] Vgl. Anic, D.: Ideenmanagement, 2001, S.356.
[463] Ebd., S.357, 360.
[464] Ebd., S.358.
[465] www.bmwgroup.com/d/nav/index.html, Nachhaltigkeitsbericht 2003/04 (05.02.08)
[466] dib-Report 2006 Ideenmanagement in Deutschland, S. 4.
[467] Fiedler-Winter, R.: Ideenmanagement – Mitarbeitervorschläge als Schlüssel zum Erfolg, 2001, S. 120.

4. Best Practices des Ideenmanagements

Die Unternehmensleitung unterstützt das Ideenmanagement und ist überzeugt, dass die Erreichung strategischer Ziele „nur durch Ausschöpfung des Fähigkeitspotenzials aller Mitarbeiter und deren Beteiligung an der Gestaltung der Prozesse und Produkte" möglich ist. „Mit dem Abschluss der Betriebsvereinbarung imotion wurden die Voraussetzungen geschaffen, die Mitarbeiterideen frühzeitiger einzubeziehen, schneller umzusetzen und unbürokratischer zu honorieren".[468]

Bei der Ideengenerierung betreibt die BMW Group eine konsequente Trendforschung, die überwiegend marketingorientiert ist: Analysen von Kunden- und Marktsegmenten durch Markt- und Trendforschung; Erarbeitung und permanente Weiterentwicklung der Markenstrategie; Festlegung von langfristigen, globalen Produkt- und Preisstrategien etc.[469]

Eine wesentliche Besonderheit des Ideenmanagementkonzeptes der BMW Group besteht in der Öffnung der Ideenarbeit im Sinne von Open Innovation. Die Komplexität heutiger Spitzentechnologie, wie sie im Automobilbau zum Einsatz kommt, erfordert die multidisziplinäre Zusammenarbeit im Unternehmen selbst und über die Unternehmensgrenzen hinaus. In diesem Prozess spielen sowohl konzerninterne Netzwerke zwischen Forschungsabteilungen an verschiedenen Standorten, als auch Kooperationen mit Lieferanten, Wettbewerbern und wissenschaftlichen Institutionen eine wichtige Rolle.

Die erste Priorität bei der Ideenfindung wird Lieferanten eingeräumt. Im Geschäftsbericht 2006 berichtet das Unternehmen über spezielle Maßnahmen zum Lieferantenmanagement: „Bereits zur Ideenfindungsphase knüpft die BMW Group Beziehungen zu Lieferanten, um mögliche Innovationsthemen zu erläutern. Es findet eine gemeinsame Bewertung auf technische und betriebswirtschaftliche Umsetzbarkeit der Themen statt. Die BMW Group bezieht auch ihre großen Systemlieferanten schon in der frühen Phase des Entwicklungsprozesses für neue Produkte ein. Auf Lieferantenworkshops, die ebenfalls während der Ideenfindungsphase des Projekts stattfinden, werden gemeinsam Lösungen zur Verbesserung hinsichtlich der Herstellkosten und technischer Optimierungen, wie z. B. Fahrzeuggewicht, erarbeitet."[470] Um weltweit und für alle Marken hohe Qualitäts- und Umweltstandards zu gewährleisten, wurden einheitliche Managementsysteme etabliert, deren Leitlinien für Qualität, Umwelt und Soziales auch die Lieferanten einbeziehen. Die enge Einbindung der Lieferanten in den Entwicklungs- und Produktionsprozess erfolgt beispielsweise durch gemischte Teams aus Mitarbeitern der BMW Group und der Zulieferer.

---

[468] Fiedler-Winter, R.: Ideenmanagement – Mitarbeitervorschläge als Schlüssel zum Erfolg, 2001, S. 122.
[469] www.bmwgroup.com/d/nav/index.html, Unternehmensbereiche (07.02.08)
[470] Geschäftsbericht 2006 auf www.bmwgroup.com/d/nav/index.html (04.02.2008)

Auch die Zusammenarbeit mit der Wissenschaft ist für das Ideenmanagement bei der BMW Group bedeutend. Die BMW Group setzt auf ein weltweites Innovationsnetzwerk aus High-Tech-Firmen, Hochschulen und wissenschaftlichen Einrichtungen. Darüber hinaus unterhält die BMW Group so genannte Technology Offices an den wichtigsten Technologiestandorten der Welt. Dazu gehört das Technology Office in Palo Alto mitten im Silicon Valley. Seit Juni 1998 arbeiten dort Mitarbeiter aus verschiedenen Fachrichtungen zusammen, mit dem Ziel, die neuesten Technologien schnellstmöglich ins Fahrzeug zu bringen. Die unmittelbare Nähe zu den direkt benachbarten Elektronik- und Softwareunternehmen im Silicon Valley und die engen Kontakte zur University of California in Berkeley und zur Stanford University ermöglichen der BMW Group, sehr schnell neue Ideen aufzugreifen. Der Geschäftsführer der BMW Group Forschung und Entwicklung Dr. Raymond Freymann sagt dazu: "Durch die globale Vernetzung der Forschungs- und Entwicklungsstandorte können wir Synergien optimal nutzen. Darüber hinaus erfordert die Komplexität heutiger Spitzentechnologie, wie sie im Fahrzeugbau zum Einsatz kommt multidisziplinäre Zusammenarbeit auch über Unternehmensgrenzen hinaus. Hier sind wir mit unseren weltweiten Verbindungen bestens aufgestellt."[471]

Neben einer Vielzahl von Kooperationen mit Forschungseinrichtungen und Hochschulen, verleiht das Unternehmen alle zwei Jahre den international anerkannten und hoch dotierten Hochschulpreis "Scientific Award". Mit dem Motto "Passion for Innovation" wird die Leidenschaft junger Menschen für Forschung und Wissenschaft in einem interdisziplinären Ansatz gefördert und honoriert. Kompetente Zulieferer und Systementwickler integriert die BMW Group über die „Virtuelle Innovations-Agentur" (VIA) in Forschungsvorhaben. Die VIA bietet jedem Interessenten im Internet eine direkte Plattform zur Kommunikation an.[472] Es werden alle Interessenten aufgerufen, mit der BMW Group an Innovationen zusammenzuarbeiten: „Unser Interesse gilt neben unseren eigenen Forschungs- und Entwicklungsabteilungen auch den kreativen Köpfen außerhalb der BMW Group. Wir suchen den Kontakt zu innovativen kleinen und mittelständischen Unternehmen."[473]

---

[471] www.bmwgroup.com/d/nav/index.html, Forschung&Entwicklung (05.02.08)
[472] www.bmwgroup.com/d/nav/index.html, Innovation und Netzwerke (05.02.08)
[473] Ebd.

4.3.4. Gemeinsamkeiten und Unterschiede der Ideenmanagementmodelle

Bei einer näheren Betrachtung weisen die Ideenmanagementmodelle der deutschen Autokonzerne Audi, Volkswagen und BMW große Gemeinsamkeiten auf, was vor allem auf die Besonderheiten der Automobilbranche zurück zu führen ist. Des Weiteren erfordern die harte Konkurrenzsituation und die hohe Innovationsgeschwindigkeit in der Automobilindustrie eine intelligente Nutzung der Wissens- und Kreativitätsressourcen.

Alle untersuchten Autokonzerne haben die Notwendigkeit klarer Visionen und Unternehmensgrundsätze erkannt, die einen fördernden organisatorischen und kulturellen Rahmen für das Ideenmanagement bilden. In ihrem Internetauftritt legen die Automobilhersteller einen großen Wert auf Innovation, erklären ihre Mitarbeiter zum Erfolgsfaktor des Unternehmens und bekennen sich zum permanenten Lernen und Ideenmanagement.

Alle Unternehmen beschäftigen sich mit der Zukunfts- und Trendforschung, allerdings unterscheiden sie sich in der Frage, inwieweit dieser Prozess systematisch und kontinuierlich betrieben wird. Auch die Innovationskooperationen mit anderen Unternehmen stehen auf der Tagesordnung, jedoch ist der Stellenwert der Open Innovation unterschiedlich hoch. Die gezielte Einbeziehung externer Akteure wie Kunden, Lieferanten oder Wissenschaft in die Ideenarbeit ist unterschiedlich stark ausgeprägt und findet in verschiedenen Formen statt. Sind es bei der Volkswagen AG gemeinsame Workshops, so geht die BMW Group über eine virtuelle Innovationsplattform, Unternehmenskooperationen und globale Netzwerke vor.

Als praktisches Ideenmanagementsystem wird bei allen drei Autoherstellern eine Kombination aus dem Vorgesetztenmodell des Vorschlagswesens mit dem Kontinuierlichen Verbesserungsprozess (KVP) realisiert, was einer modernen Vorstellung vom Ideenmanagement entspricht (vgl. Kapitel 2.5). Die Rolle des direkten Vorgesetzten ist damit bei allen Unternehmen wichtig, da er der erste Ansprechpartner für den Prozess der Ideenarbeit und (meistens) für die Umsetzung der Vorschläge zuständig ist. Die eher unwesentlichen Unterschiede der Ideenmanagementmodelle betreffen die zentrale oder dezentrale Organisation. Auch das Berechnungssystem und die Höhe von Prämien unterscheiden sich von Unternehmen zu Unternehmen.

In Bezug auf die KVP sind eher unterschiedliche Ansätze festzustellen. Eine gezielte und systematische Arbeit in Form von KVP-Workshops zeichnet beide Unternehmen des Volkswagen-Konzerns (Audi AG und Volkswagen AG) aus, die gemeinsam ein effizientes Konzept für die Organisation der KVP-Workshops entwickelt und erfolgreich umgesetzt haben. Dabei geht die Volkswagen AG ein Schritt weiter und bezieht in diese Workshops – neben den eigenen Führungskräften und Mitarbeiter – Kunden und Lieferanten ein.

Tabelle 17: Vergleich der Ideenmanagementmodelle untersuchter Autoproduzenten

Merkmal	Audi AG	Volkswagen AG	BMW Group
Belegschaft, 2006, Tsd.	52	102	106
Umsatz, 2006, Mrd. Euro	31,2	53	49
Einsparung durch Verbesserungsvorschläge, 2006, Mio. Euro	47	168	63
Unternehmensvision (Verbindung zum Ideenmanagement)	Innovationsführerschaft, „Vorsprung durch Technik"	Orientierung auf zukünftige Kundenbedürfnisse	Führerschaft im Premiumsegment, Innovation und Perfektion
Systematische Zukunfts- und Trendforschung	Markt- und Trendforschung	Zukunftsforschung	Markt- und Trendforschung
Ideenmanagementmodell	Ideenprogramm Vorgesetztenmodell + KVP	Ideenmanagement Vorgesetztenmodell + KVP	Ideenmanagement Vorgesetztenmodell + KVP
Organisatorische Eingliederung	Ideen-Agentur, Personal- und Sozialwesen	VW Coaching GmbH (indirekt Personalwesen)	Changemanagement und Personalentwicklung
Zielvereinbarungen zu Ideenarbeit	ja	nein	ja
Rolle des Vorgesetzten	sehr wichtig	wichtig	sehr wichtig
Anreizmodell für Verbesserungsvorschläge	Rechenbare Ideen 15% der Einsparung im 1. Jahr, nicht rechenbare – spez. Prämie	Prämien für rechenbare, Bonuspunkte für nicht rechenbare Ideen	Prämien für rechenbare und nichtrechenbare Vorschläge
KVP-Workshops	ja	sehr wichtig	ja
Computer-Unterstützung des Einreichens	System Audimax	ja	ja
Öffnung der Ideenarbeit	Kooperationen mit Wettbewerbern in F&E (insbesondere innerhalb des VW Konzerns)	KVP-Workshops mit Beteiligung von Kunden und Lieferanten, Kooperationen mit Wettbewerbern in F&E (insbesondere innerhalb des VW Konzerns)	Open Innovation, globale Netzwerke mit Lieferanten, Wettbewerbern und wissenschaftlichen Institutionen; Virtuelle Innovations-Agentur im Internet

4.4. Ideenmanagement bei der Evonik Degussa GmbH

Die Unternehmen der Evonik Degussa GmbH belegen beim Ideenmanagment-Wettbewerb des dib (Deutsches Institut für Betriebswirtschaft) seit Jahren immer wieder vordere Ränge. Besonders stark ist dabei die Evonik Stockhausen GmbH, Marl (vormals Degussa Superabsorber GmbH), die bereits 3 Jahre in Folge ganz vorn dabei ist. In 2006 belegte die Evonik Stockhausen GmbH den 1. Platz unter 38 beteiligten Unternehmen aus der Chemie und den 2. Platz unter 316 Unternehmen aus allen Branchen, die sich am dib-Wettbewerb beteiligt hatten. In diesem Kapitel sollen vor allem die Gründe für die gute Platzierung der Unternehmen der Evonik Degussa GmbH in den Rankings und typische Merkmale ihres erfolgreichen Ideenmanagements beleuchtet werden. Neben einer kurzen Einführung in das Unternehmen im Allgemeinen werden besonders innovative, moderne Aktivitäten und Vorgehensweisen aus der Gegenwart und der jüngeren Vergangenheit im Unternehmen aufgezeigt.

4.4.1. Ein kurzes Unternehmensportrait

Der Ursprung des Unternehmens Evonik Degussa reicht bis in das Jahr 1843, in welchem Friedrich Ernst Roessler, als Leiter einer Münzprägeanstalt, neben einer Edelmetallschneideanstalt ein chemisch-technisches Labor installierte. Später wurden diese Geschäftszweige von seinen ältesten Söhnen weitergeführt. Aufgrund einer notwendigen Sicherheitsleistung gegenüber der damaligen Reichsregierung, erfolgte 1873 die Gründung der Aktiengesellschaft Deutsche Gold- und Silber-Scheideanstalt. Der umständlich lange Firmenname führte dazu, dass das Unternehmen in den 1930er Jahren unter der Kurzbezeichnung Degussa (nach der Telegrafenadresse) Bekanntheit erlangte. Der Firmenname Degussa mit dem Zusatz Aktiengesellschaft wurde erst 1980 in das Handelsregister eingetragen.

Seit dem Jahr 2007 ist die Evonik Degussa ein Tochterunternehmen des RAG-Konzerns, welcher sich im gleichen Jahr in Evonik umbenannte. Unter dem heutigen Namen Evonik Degussa GmbH arbeitet das Unternehmen heute als eine 100-prozentige Tochter der Evonik Industries AG als multinationales Unternehmen mit konsequenter Ausrichtung auf die renditestarke Spezialchemie. Die operativen Aktivitäten gliedern sich dabei in sechs Geschäftsbereiche und stellen weltweit das größte Spezialchemieunternehmen dar.[474]

Die Evonik Degussa GmbH ist heute mit über 150 Produktions- und Vertriebsstandorten weltweit vertreten. Die globale Präsenz ist Ausdruck der Füh-

---

[474] Vgl. www.degussa.de/degussa/de/unternehmen/portrait (18.02.08)

rungsphilosophie der Evonik Degussa: „So dezentral wie möglich, so zentral wie nötig."[475] Mit rund 36000 Mitarbeiter konnte die Evonik Degussa einen Umsatz von 10,9 Mrd. € erzielen, wobei 71 % im Ausland erwirtschaftet wurden.[476]

Stark im Vordergrund stehen Forschungs- und Entwicklungsaktivitäten im Unternehmen Evonik Degussa. Rund 2300 Mitarbeiter an mehr als 35 Forschungsstandorten sind in F&E tätig. Die Evonik Degussa GmbH unterhält über 200 Kooperationen mit Hochschulen, um wissenschaftliche Erkenntnisse schnell ins Unternehmen zu tragen. Rund 20 Prozent des Umsatzes basieren auf Produkten und Technologien, die jünger sind als fünf Jahre.[477]

4.4.2. Unternehmensstrategie

Aus der Vision „Jedem Menschen nützt ein Degussa Produkt – jeden Tag und überall" und dem damit verbundenen unternehmerischen Anspruch leiten sich die strategischen Prioritäten der Evonik Degussa ab: Konzentration auf das Kerngeschäft Spezialchemie, gezieltes Wachstum und energische Restrukturierung.[478]

Ziel der Evonik Degussa ist es, sich in der Spezialchemie als internationaler Maßstab hinsichtlich der Portfolioqualität, des Wachstums und der Rentabilität dauerhaft zu etablieren. Dabei baut der Konzern auf seine Stärken:
- Schnelligkeit,
- Flexibilität,
- Innovationskraft,
- Hoch entwickelte Technologien,
- Weltumspannende Produktions- und Vertriebsnetze,
- Kunden- und Marktnähe sowie
- Flache Hierarchien.

Gleichzeitig verpflichtet die Evonik Degussa-Vision zu sozialer und ethischer Verantwortung. Evonik Degussa bekennt sich zur Rolle eines verantwortungsvollen „Corporate Citizen". Die kontinuierliche Weiterentwicklung und Steigerung des Unternehmenswertes werden vom Verständnis für Umwelt, Sicherheit, Gesundheit und Qualität bestimmt. Evonik Degussa identifiziert sich mit „Responsible Care", der weltweiten Initiative der chemischen Industrie, an den

---

[475] www.degussa-geschichte.de/geschichte/de/standorte (18.02.08)
[476] www.degussa.de/degussa/de/unternehmen/zahlen_fakten (18.02.08)
[477] Vgl. www.degussa.de/degussa/de/unternehmen/portrait (18.02.08)
[478] www.degussa.de/degussa/de/unternehmen/grundsaetze/strategie (18.02.08)

Grundsätzen nachhaltiger Entwicklung und übernimmt Verantwortung für seine Produkte während des gesamten Lebenszyklus'.
Gestützt werden die strategischen Prioritäten durch die Mission[479], welche z.B. vorgibt:
- Wir werden das weltweit führende Unternehmen für Spezialchemie und darüber hinaus.
- Wir werden zum Maßstab für Innovation und profitables Wachstum.
- Wir schaffen Werte für Kunden, Aktionäre und Mitarbeiter.
- Wir werden ein wirklich multinationales Unternehmen.
- Wir handeln sozial und ethisch verantwortlich.
- Wir richten uns nach den Grundsätzen nachhaltiger Entwicklung und den Maßstäben von Responsible Care.

Die Strategie des Unternehmens ist die Zielrichtung in die sich das Unternehmen und somit alle Beteiligten bewegen sollen. Die Mitarbeiter müssen über die Ziele des Unternehmens informiert sein und diese im Optimalfall mit den eigenen Wertevorstellungen in Einklang bringen.[480] Dazu gibt Bullinger an: „Je mehr Möglichkeiten die Mitarbeiter seitens des Unternehmens geboten bekommen, ihre persönlichen Zielsetzungen mit denen des Unternehmens abzustimmen, desto größer ist die Wahrscheinlichkeit, dass die Firma überleben und erfolgreich am Markt bestehen kann."[481]

Dieser Forderung kommt bei der Evonik Degussa im besonderen Maße die Unternehmenskultur nach, die bewusst in eine solche Richtung gestaltet und im Folgenden näher beschrieben wird.

4.4.3. Innovationsfördernde Unternehmenskultur

Eine innovationsfreundliche Kultur ist als Fundament für das Hervorbringen von Innovationen unverzichtbar. Bei der Entwicklung einer solchen Kultur geht die Evonik Degussa einen wichtigen Schritt, indem Sie alle Mitarbeiter in die Definition der Grundlagen und die kontinuierliche Weiterentwicklung dieser Unternehmenskultur mit einbezieht und noch einen Schritt weiter, indem sie dieser angestrebten Unternehmenskultur sogar einen Namen gibt. So wurden die Vision, Mission und Leitlinien in einem konzernweiten Prozess formuliert und festgeschrieben und "Blue Spirit"[482], als Sinnbild einer gemeinschaftlichen Kultur,

---

[479] Vgl. www.degussa.de/degussa/de/unternehmen/grundsaetze/vision_mission_Leitlinien (18.02.08)
[480] Vgl. Thom, N.: Betriebliches Vorschlagswesen, 2003, S. 56.
[481] Bullinger, H.-J.: Erfolgsfaktor Mitarbeiter, 1996, S. 10.
[482] www.degussa.de/degussa/de/unternehmen/mitarbeiter_management (18.02.08)

ins Leben gerufen. Dieser Blue Spirit, der von allen Akteuren getragen wird, spiegelt sich in den Evonik Degussa-Leitlinien wider und beinhaltet wichtige Aspekte, die eine innovative Kultur ermöglichen: [483]

- Der Kunde steht für uns im Mittelpunkt
- Responsible Care bestimmt unser Handeln - zum Schutz von Mitarbeitern, Umwelt und Gesellschaft.
- Wir begegnen allen Menschen mit Respekt, unabhängig von Kultur, Geschlecht, Nationalität und Herkunft.
- Respekt vor unterschiedlichen Meinungen, Fairness und Berechenbarkeit prägen unseren Umgang miteinander.
- Offenheit, Aufrichtigkeit und uneingeschränkter Informationsaustausch bestimmen unser Verhalten.
- Wir verstehen uns als lernende Organisation, fördern persönliche Weiterentwicklung und unterstützen das Arbeiten in Teams.
- Wir setzen klare Ziele, delegieren Entscheidungsbefugnis und Verantwortung und ermutigen zu offenem Feedback.
- Wir übernehmen Verantwortung und führen durch Vorbild.
- Wir fördern Innovation und Initiative, lernen aus Fehlern und streben nach Spitzenleistungen.
- Wir begeistern uns für unser Geschäft.

Aus diesen Leitlinien lassen sich einige Bestimmungsgrößen oder Merkmale einer innovationsfreundlichen Kultur ableiten, die zumindest Widerstände gegen neue Ideen minimieren bzw. eine innovationsfreundliche Kultur ermöglichen.

So strebt die Evonik Degussa eine hohe Systemoffenheit an, in der die Kultur als lernfähiges System betrachtet wird, das es immer wieder zu hinterfragen gilt. Diese Offenheit soll durch einen intensiven Informationsaustausch gestützt werden. Der insgesamt hohe Stellenwert von Information im Wertsystem spiegelt sich auch in anderen Punkten wider und fördert auf diese Weise einen sehr offenen, stark informal geprägten Kommunikationsstil zwischen unterschiedlichen Funktions- bzw. Geschäftsbereichen. Ebenfalls positiv zu Bewerten ist die Einräumung von Handlungsspielräumen für individuelle Lösungsalternativen der Mitarbeiter. Das beinhaltet eine gewisse Risikobereitschaft, die z.B. im Vertrauen auf das Mitarbeiterpotential liegt, indem man ihnen die Zeit gewährt, die in kreativen Prozessen notwendig ist. Die Initiative, also innovative Mitarbeiter, sollen unterstützt werden z.B. indem man ihnen die geeigneten Ressourcen zur Ideenkonkretisierung zur Verfügung stellt oder sie herausfordernden Aufgaben zuordnet. So wie Bemühungen um Innovationen belohnt werden müssen, ist es

---

[483] Vgl. www.degussa.de/degussa/de/unternehmen/grundsaetze/vision_mission_leitlinien (18.02.08)

genauso wichtig, Fehlschläge und Misserfolge zu akzeptieren und daraus zu lernen. Weiterhin findet der Aspekt der Sicherheit für die Mitarbeiter in der Forderung, ethisches und sozial verantwortliches Handeln (Resposible Care) umzusetzen, eine Verankerung.[484]

Besonders hervorzuheben ist das Bemühen der Evonik Degussa, diese angestrebte Kultur nicht nur über Sollvorgaben (Leitlinien, Mission, Vision) einzufordern, sondern sie gemeinsam mit den Mitarbeitern zu entwickeln und ihre Vorschläge einzubeziehen. In den Jahren 2002, 2004, und 2006 wurde bei der Evonik Degussa jeweils eine Mitarbeiterbefragung durchgeführt, die genau mit dieser Zielsetzung begründet wird. Das Marktforschungsunternehmen TNS Infratest sollte in den Befragungen feststellen, wie sich die Stärken und Schwächen des Unternehmens aus Sicht der Mitarbeiter darstellen und vor allen Dingen, wo im Unternehmen Verbesserungspotentiale verborgen liegen.

Aufschluss sollten die Mitarbeiterbefragungen insbesondere darüber geben, wie stark die Mitarbeiterbindung an die jeweiligen Standorte ausgeprägt ist, wie das Arbeitsumfeld eingeschätzt wird und wie zufrieden die Mitarbeiter sind. In einem offenen Teil der Befragung wurde den Mitarbeitern die Möglichkeit gegeben, ihre Anregungen mitzuteilen und auf diesen Weg das Unternehmen mitzugestalten.

4.4.4. Ideenmanagement als Instrument zur Unternehmens-Zielerreichung

Eines der primären Ziele der Evonik Degussa ist profitables Wachstum, wobei gleichzeitig klargestellt wird, dass eine solche Strategie über die wesentlichen Elemente Forschung und Innovation vorangetrieben wird, diesen also eine besondere Bedeutung zukommt. Ein Wettbewerbsvorteil ist nur durch die Entwicklung intelligenter Produkte und Lösungen möglich, die eine Differenzierung im globalen Wettbewerb bedeuten. Die Ernsthaftigkeit bei der Verfolgung dieser Ziele wird zum einen durch die Bereitstellung eines enormen Budgets für Forschung und Entwicklung belegt (im Geschäftsjahr 2005 259 Mio. €)[485] zum anderen auch über die Bereitschaft, auf dem Weg zur Innovation selbst innovative Methoden einzusetzen.

Das sich aus den Instrumenten des BVW und KVP zusammensetzende und durch technologische Methoden gestützte Ideenmanagement der Evonik Degussa wird als ein Führungsinstrument angesehen, welches richtig genutzt nicht nur positive Auswirkungen auf die Unternehmenskultur hat, sondern auch einen wesentlichen Beitrag zur Steigerung des wirtschaftlichen Unternehmenserfolgs

---

[484] Vgl. Corsten; Gössinger; Schneider: Grundlagen des Innovationsmanagements, 2006, S. 80.
[485] Vgl. Degussa: Jahresabschluss-Bericht 2005 S. 9.

leisten kann. Zudem wird im Ideenmanagement ein wichtiges Instrument zur Unterstützung des Innovationsprozesses gesehen. Der wirtschaftliche Nettonutzen, der sich aus dem integrierten Ideenmanagement bei der Evonik Degussa ergibt, wird mit 7–8 Mio. Euro jährlich beziffert. Wobei besonders auf die Nachhaltigkeit von Verbesserungsvorschlägen hingewiesen wird, denn veranschlagt man die Wirksamkeit der Vorschläge auf 4–6 Jahre, so ergibt das einen Gesamtnutzen von ca. 35–40 Mio. Euro auf Basis der Ideen eines Jahres.[486]

Ausdrückliche Erwähnung findet das Ideenmanagement auch im Geschäftsberichtbericht der Evonik Degussa. So heißt es dort: „Mitarbeiterideen helfen sparen. Mit einer in 2005 gestarteten Initiative, der Degussa Ideenbörse, wurden die Mitarbeiter verstärkt angeregt, eigene Verbesserungen vorzuschlagen und an anderen Standorten realisierte Ideen zu nutzen. Allein in Deutschland wurde dabei aus ca. 7.600 Ideen ein zusätzlicher Nutzen von nahezu 10 Mio. € erwirtschaftet."[487]

Als weiters Beispiel dafür, dass das Ideenmanagement bei der Erreichung unternehmerischer Ziele als ein Erfolgsfaktor mit einbezogen wird, kann der Bericht der Personalarbeit herangezogen werden. In dem Bericht ist eine Zielvereinbarung der Personalverantwortlichen zum Thema Ideenmanagement zu finden. So wird die Weiterentwicklung des Ideenmanagements als klare Vorgabe ausgegeben, wobei die Konzernrahmenvereinbarung zur Ideenbörse abgeschlossen und der Umsetzungsprozess gestartet war.[488]

Neben diesen wichtigen Ansätzen bzw. expliziten Erwähnungen in den verschiedenen Geschäftsberichten, die als Signal für die Mitarbeiter von großem Wert sind (Management lebt Wichtigkeit von Mitarbeiterkreativität vor), geht man bei der Evonik Degussa aber auch den operativen Weg und versucht das Ideenmanagement über neue Methoden und Instrumente immer wieder neu zu beleben.

4.4.5. Ideenmanagement als Kombination aus BVW, KVP und Gruppenarbeit am Beispiel eines Pilotbetriebes am Standort Wesseling

Bis Mitte 2003 wurden Verbesserungsvorschläge seitens der Mitarbeiter bei der Evonik Degussa lediglich durch das betriebliche Vorschlagswesen, welches auf eine lange Tradition zurückblickt, bewertet und prämiert. Schon seit den sechziger Jahren können Mitarbeiter ihre Vorschläge über ein schriftliches Formular und seit den neunziger Jahren durch eine Intranet - gestützte Plattform, mit dem Namen „Idee+", einreichen.

---

[486] Vgl. Degussa: Nutzen Sie die Möglichkeiten. IdeenBörse, S. 2 f. von 07/2005.
[487] Degussa: Geschäftsbericht, S. 68 und Jahresabschlussbericht 2005, S. 12.
[488] Vgl. Degussa: Bericht-Personalarbeit 2004, S. 20.

4. Best Practices des Ideenmanagements

Abbildung 36: Degussa Logo: Idee+, wie es am Standort Wesseling verwendet wird

Für den Fall, dass sich Arbeitsplätze in der Produktion befinden und somit nicht allen Mitarbeitern ein Computer zur Verfügung steht, wurden alternative Möglichkeiten geschaffen, um jeden Mitarbeiter die Chance zu gewähren, sich einzubringen. Betroffene Mitarbeiter können öffentlich zugängliche Computer oder diejenigen von Kollegen und Vorgesetzten zur Einreichung der Ideen nutzen. Mit Hilfe von standardisierten Eingabe-Masken (vgl. Abbildung) werden die Ideen als Verbesserungsvorschläge in das System eingestellt, durch den zuständigen Koordinator bzw. Vorgesetzten abgerufen und der jeweiligen Ideenkommission vorgestellt.

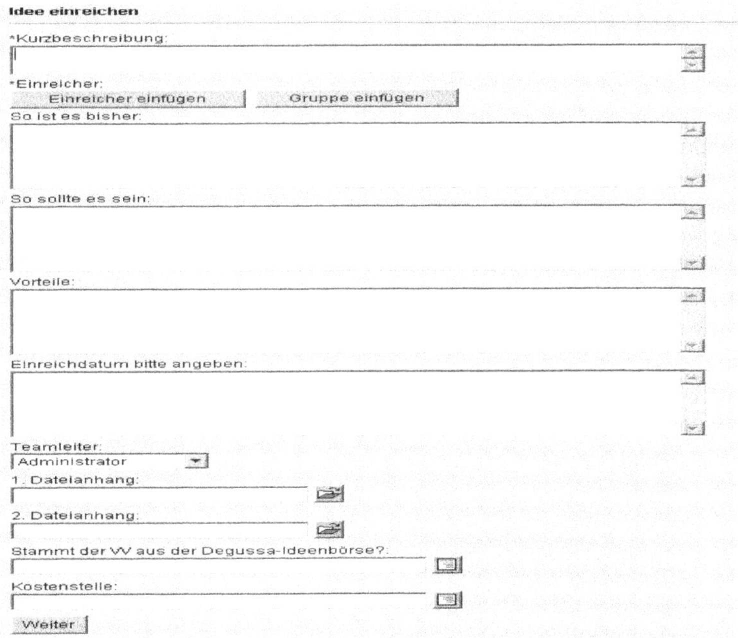

Abbildung 37: Idee+, Einreicher-Maske[489]

---

[489] Unternehmensinterne Materialen

Jede Abteilung in den Betrieben hat eine solche Kommission. Die wichtigste Aufgabe dieser Ideenkommission ist es, zunächst über die Annahme oder Nicht-Annahme eines Verbesserungsvorschlags zu entscheiden und den Einreicher, möglichst zeitnah, über die Entscheidung zu informieren. Im nächsten Schritt obliegt es der Kommission, die zuständigen Mitarbeiter zu benennen (z.B. Meister, Techniker, Betriebsassistent), die mit der Recherche und Betreuung des Vorgangs betraut werden. Welche Person bzw. welche hierarchische Ebene benannt wird, richtet sich dabei nach dem Umfang des Verbesserungsvorschlags und wie groß die Wirkung sein wird. Für die Prämierung erfolgt eine Differenzierung nach Vorschlag mit oder ohne berechenbaren Nutzen (vgl. Kapitel 4.4.6.). Zur Gewährleistung der Transparenz werden alle Ideen und deren Bearbeitungsstatus im Intranet veröffentlicht.

Mit der Einführung der Gruppenarbeit 2003 und des kontinuierlichen Verbesserungsprozesses nahm das Ideenmanagement der Evonik Degussa am Standort Wesseling stark an Bedeutung zu. Dabei ist die Organisationsform der Gruppenarbeit mit dem kontinuierlichen Verbesserungsprozess eng verknüpft. Der KVP und das Konzept der Gruppenarbeit stehen zwangsläufig dem traditionellen Vorschlagswesen entgegen, in dem jeder Vorschlag als prämienberechtigt angesehen wird. In der Gruppenarbeit hingegen wird der KVP als Bestandteil der Arbeitsaufgabe gesehen, der nicht einer extra Honorierung bedarf. Mit individuellen Zielvorgaben für den jeweiligen Bereich kann je nach Erfüllungsgrad der Anteil des kontinuierlichen Verbesserungsprozesses an der Gruppenprämie trotzdem als eine finanzielle Honorierung gesehen werden, auch wenn das Verhältnis nicht der ehemaligen Prämierung des BVW entspricht. Organisatorisch ist der Bereich des BVW am Standort Wesseling der Organisationseinheit Personal zugeordnet, obwohl es als Zentraleinheit ebenso einem anderen Bereich hätte zugeordnet werden können, da der zusätzlich anfallende Stundenaufwand keinen extra Arbeitsplatz rechtfertigt.

Die KVP-Gruppen werden von einem innerhalb der Gruppe gewählten Gruppensprecher oder seinem Stellvertreter gegenüber anderen Gremien vertreten. In der Praxis zeigt sich, dass den Gruppensprechern zusätzlich die Rolle des Moderators während der Gruppensitzungen zukommt. Ausnahmen sind Gruppen im Wechselschichtbetrieb: Hier ist der Schichtmeister auch gleichzeitig der Gruppensprecher. Um die Gruppensprecher speziell auf ihre Aufgaben vorzubereiten, fanden kontinuierlich Workshops vor der Einführung der Gruppenarbeit statt, in denen die Sprecher auf ihre Funktion vorbereitet wurden. Zur weiteren Unterstützung wurden parallel „Coaches" ausgebildet, die die Gruppen und deren Gruppensprecher unterstützen. Um den Informationsfluss zu gewährleisten und verschiedenen Anliegen der Gruppen zu klären, findet jeden Tag ein kurzes gemeinsames Treffen aller Gruppensprecher statt. Sowohl das tägliche Treffen der Gruppensprecher als auch das wöchentliche Treffen der Gruppe von mindestens einer Stunde findet im Rahmen der Arbeitszeit statt. Wie im betrieblichen Vorschlagswesen, wird die Einreichung und die weitere Umsetzung des Vorschlages komplett über eine extra dafür geschaffene Datenbank gesteuert. Die Gruppe ist für die Entwicklung und Ausarbeitung (wie Einreichen von Vorschlägen, Umsetzung, Renditeberechnung) eigenständig verantwortlich. Je nach Umfang und Veränderungswirkung des Vorschlags erfolgt die Umsetzung mit Hilfe von anderen Gruppen, wie z.B. Handwerkern, Laboranten, Disponenten oder Spezialisten. Die Betriebs- oder Segmentleitung, die oberste Ebene des gebildeten Segments (Bereichs), kontrolliert im Netzwerk, ob der Verbesserungsvorschlag plausibel ist und gibt den Auftrag, sollte dieser eine größere Wirkung zur Folge haben, an die entsprechenden Bereiche weiter. Dort wird er weiter bearbeitet und schließlich umgesetzt.

Die Gruppenprämie ist in einer gesonderten Rahmenvereinbarung festgehalten, in der die Kenngrößen und -zahlen mathematisch hergeleitet und das Verhältnis der Einflüsse der einzelnen Kennzahlen geregelt werden. Zu Beginn des neuen Jahres wird die Zielerreichung unter Berücksichtigung der jeweiligen Kennzahlen für das alte Jahr ermittelt. Auf dieser Grundlage errechnet sich das zur Verfügung stehende Budget für die Gruppenprämie, die zur Ausschüttung an jeden einzelnen Mitarbeiter gezahlt wird. Um Transparenz über alle Ideen und deren Nutzen zu erhalten, stehen in der Datenbank sämtliche Informationen zur Verfügung und es ist auch hier möglich, Vorschläge von anderen Gruppen und deren Status einzusehen (vgl. folgende Abbildung).

Für jeden Geschäftsbereich müssen bestimmte Zielvorgaben am Ende eines Jahres erreicht werden, die schwerpunktmäßig durch die Gruppenarbeit realisiert werden. Im Jahr 2006 war vorgesehen, dass jeder Mitarbeiter durch mindestens einen Verbesserungsvorschlag zu unterschiedlichen Themen die Zielvorgaben unterstützen sollte. Die Themen Umweltschutz, Sicherheit und Gesundheit haben bei der Evonik Degussa einen hohen Stellenwert und werden daher in den Gruppen stetig behandelt, wenn nicht sogar explizit angesprochen. Gemäß der KVP - Philosophie sind die Mitarbeiter aufgefordert, die Arbeit, das Arbeitsumfeld und ihren Arbeitsbereich kontinuierlich in kleinen Schritten zu verbessern.

212 4. Best Practices des Ideenmanagements

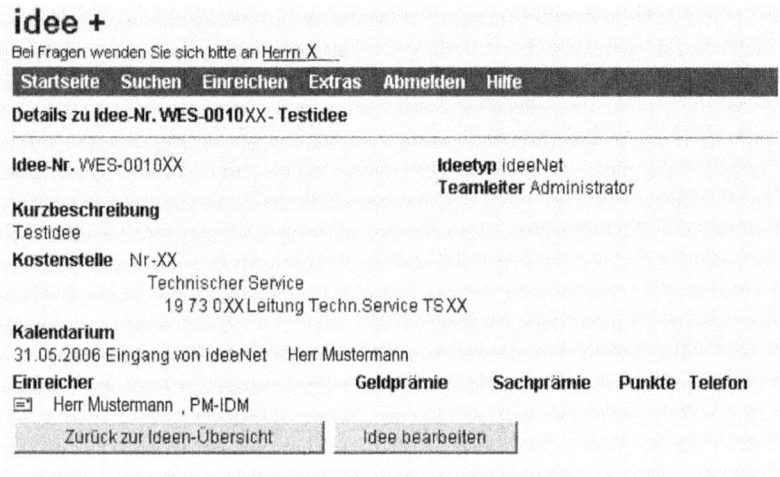

Abbildung 38: Idee+. Die transparente Ideendatenbank der Evonik Degussa am Standort Wesseling[490]

In der stimulierenden Wirkung wechselseitiger Assoziationen und der Möglichkeit, spezielles Fachwissen spontan zu interdisziplinären, komplexen Problemen abrufen zu können,[491] sieht auch die Evonik Degussa einen signifikanten Vorteil. Für die regelmäßig stattfindenden Gruppentreffen werden bei der Evonik Degussa Räume zur Verfügung gestellt. Dort finden sich notwendige Materialien, die kreatives Arbeiten ermöglichen. Neben einem Computer finden sich z.B. Pinnwände, die von den Gruppen als Tafel eingesetzt werden, Moderationsmaterial, sowie ein Beamer. Zu Beginn einer Sitzung wird ein grober Zeitplan ausgegeben und die wichtigsten Themen besprochen. In den Gruppen werden Kreativitäts- und Problemlösungsmethoden eingesetzt und die Ideenfindung durch gemeinsames Reflektieren und individuelles Nachdenken erreicht.

4.4.6. Effektives Anreizsystem

Unter Anreizen kann man die Summe aller bewusst gestalteten Arbeitsbedingungen verstehen, die bestimmte gewollte Verhaltensweisen fördern (durch ma-

---

[490] Unternehmensinterne Materialien
[491] Vgl. Schlicksupp, H.: Innovation, Kreativität und Ideenfindung, 1999, S. 163.

4. Best Practices des Ideenmanagements 213

terielle, immaterielle Anreize) und die Wahrscheinlichkeit des Auftretens ungewollter Verhaltensweisen mindern.[492]

Die Evonik Degussa lobt für eingereichte Verbesserungsvorschläge des betrieblichen Vorschlagswesens gestaffelte Prämien aus. Die Bewertung unterscheidet dabei zwischen Vorschlägen, die einen rechenbaren und einen nicht rechenbaren Nutzen erzielen. Der rechenbare Nutzen stellt eine Jahresersparnis für die Evonik Degussa dar. Dieser Nutzen ist also messbar und lässt sich in Zahlen ausdrücken. Hierzu gehört z.b. eine Steigerung der Produktivität. Der nicht rechenbare Nutzen, der für das Unternehmen dennoch einen wertvollen Aspekt darstellt, da er sich indirekt auf eine positive Geschäftentwicklung auswirken kann, wird durch Vorschläge repräsentiert, die nicht in Geldwerten messbar sind. Gemeint sind Verbesserungen, die z.b. Arbeitssicherheit, Gesundheitsschutz oder eine Verschönerung des Betriebes betreffen. Im unteren Ersparnisbereich angesiedelter Nutzen, der zwar messbar ist, aber als Vorschlag mit kleiner Wirkung bezeichnet werden darf, erfolgt die Prämierung durch eine festgelegte Mindestprämie, die netto ausgezahlt wird; die hierauf zu entrichtenden Steuern und Arbeitnehmeranteile an der Sozialversicherung übernimmt das Unternehmen. Vorschläge, deren Ersparniswirkung größer ist, werden mit einer Bruttozahlung an den Mitarbeiter in Höhe von 20 % der Ersparnissumme prämiert. Die Prämierung für Vorschläge, deren Nutzen sich nicht errechnen lässt, erfolgt innerhalb der festgelegten Grenzen ebenfalls netto.

Generell wird die Verteilung und Höhe der Prämien für den kontinuierlichen Verbesserungsprozess durch eine Rahmenvereinbarung geregelt, die „Prämienregelung" genannt wird. Die Auszahlung der Prämien wird pro Gruppe und Segment zu Beginn des Folgejahres an jeden einzelnen Mitarbeiter ausgeschüttet und hängt von der Zielerreichung ab. Die Höhe der Gruppenprämie errechnet sich aus den entsprechenden Segmentzahlen und Gruppenzahlen, welche nach unten bei 0 und oben bei 1 also 100 % begrenz sind. Je nach Verbesserungsvorschlag und eventueller Angabe der Rendite sind die Kennzahlen unterschiedlich gewichtet. Die Renditerechnung für den KVP wird mit Hilfe einer Eingabemaske, also computergestützt, erstellt. Hierfür muss die Gruppe die jährliche Einsparung und die Kosten für die Umsetzung des Verbesserungsvorschlags in Euro-Beträgen eingeben. Das System errechnet mit hinterlegten Formeln die prozentuale Rendite automatisch. Die Schwierigkeit für die Mitarbeiter innerhalb einer Gruppe liegt darin, die tatsächlich jährliche Einsparung zu erfassen, die durch die Anwendung ihres Vorschlags erzielt wird. Dafür ist es notwendig, dass andere Abteilungen wie z.B. Rohstoffeinkauf die Gruppe mit relevanten Daten versorgen. Bei der Einreichung bzw. der Eingabe des Verbesserungsvor-

---

[492] Vgl. Wuppertaler Kreis e.V: Ideenmanagement, 1997, S. 99.

schlags in die Datenbank ist es der Gruppe freigestellt, ob sie eine Renditeberechnung vornimmt; sollte die Gruppe darauf verzichten, wird ihr VV mit dem Faktor 0,7 also 70 % prämiert.

Transparenz gehört zu den wesentlichen Erfolgsfaktoren eines funktionierenden Ideenmanagementsystems. In diesem Bewusstsein sind die möglichen Prämien des BVW bei der Evonik Degussa am Standort Wesseling auf der Intranetplattform Idee+ hinterlegt und können von allen Akteuren eingesehen werden.

4.4.7. Wirksames Marketing für Ideenarbeit (Degussa Ideenwettbewerb)

Über Werbung lassen sich, neben der Erklärung der Funktionsweise des Vorschlagswesens, auch positive Wirkungen auf die Motivation der Teilnahmeberechtigten erzielen. Aus diesem Grund fordert nicht nur Thom, dass „eine gezielte Werbung für das Vorschlagswesen ein fester Bestandteil der betrieblichen Informationspolitik werden sollte."[493]

Die Evonik Degussa hatte in diesem Sinne als Konzern eine Kampagne gestartet, deren Werbewirkung neben den Mitarbeitern in besonderem Maße auch verschiedene andere Zielgruppen wie z.B. Führungskräfte oder den Betriebsrat berücksichtigt. Die Führungskraft wurde als eine besonders wichtige Zielgruppe für eine Werbestrategie ausgemacht.

Bedingt durch die Tatsache, dass verschiedene Standorte auf eine konsequente Dezentralisierung des Ideenmanagements setzten und somit die Verantwortung für den Erfolg des Ideenmanagements nahezu ausschließlich in den Händen der Führungskräfte liegt, wurde versucht, die Führungskräfte in ihrer Rolle als Multiplikator zu aktivieren bzw. sie überhaupt für das Thema zu gewinnen. Hierzu wurde ein Ideenwettbewerb kreiert, der sich wie eine "sportliche Kampagne" präsentiert. Die Führungskräfte übernahmen im Wettbewerbsverlauf die Rolle des Coaches, welche gleichzeitig mit ihren Mitarbeitern ein gemeinsames Team bildeten. Unter dem Slogan „Wir gehen die Sache sportlich an" wurde der Wettbewerb gestartet, in dem alle Coaches und ihre Teams in einem sportlichen Wettkampf mit anderen Teams standen. Im Rahmen einer Kick-off-Veranstaltung und mittels eines Begleitheftes, wurden die Coaches über die Spielregeln in Kenntnis gesetzt.[494]

Eine solche „Kick-0ff"-Veranstaltung ist ein sinnvolles Mittel, um der Ideen-Offensive die notwendige Aufmerksamkeit, Akzeptanz und vor allem Dingen Glaubwürdigkeit zu verleihen, gerade dann, wenn im Ideenmanagement etwas Grundlegendes geändert werden soll. Die Wirkung ist mit einem symbolischen Startschuss für eine entsprechende Neuausrichtung zu vergleichen. Bei der Evo-

---

[493] Thom, N.: Betriebliches Vorschlagswesen, 2003, S. 57.
[494] Vgl. Zimmermann, V.: Erfolgsfaktor Ideenmanagement, 2003, S. 50.

nik Degussa luden zu diesem Anlass der damalige Vorstand und der Konzernbetriebsrat alle Führungskräfte des Unternehmens ein, um sie über den Stellenwert des Ideenmanagements im Unternehmen und die geplanten Zielvorgaben in einem definierten Zeitraum zu informieren. Dabei machte der Vorstand, unterstützt vom Konzernbetriebsrat, klar, dass das Engagement der Führungskräfte in ihrer Rolle als Multiplikatoren gegenüber den Mitarbeitern von entscheidender Bedeutung ist, um das Ideenmanagement erfolgreich neu zu gestalten. Im nächsten Schritt wurden die Führungskräfte mit den wesentlichen Elementen der neuen Kommunikationsoffensive vertraut gemacht. Ziel war es, sie in ihrer Führungsfunktion zu motivieren und dafür zu gewinnen, den weiteren Prozess aktiv zu begleiten. Am Schluss dieser Veranstaltung stand eine offene Diskussion aller Beteiligten.[495]

Da die Voraussetzungen für die Erbringung von Vorschlägen in den jeweiligen Standorten durchaus unterschiedlich sind, sorgte eine spezielle Gewinnformel für faire Bedingungen. Aus der Formel wurde monatlich eine Quote jedes Teams ermittelt und in ein Gesamtranking gestellt. Die wichtigen Faktoren einer schnellen Bearbeitung von Vorschlägen, gerechte, nicht kleinlich empfundene Prämienregelungen, Aufgeschlossenheit der Vorgesetzten gegenüber dem Vorschlagswesen, wurden von der Evonik Degussa berücksichtigt und führten auf diese Weise zu einem positiven Image.[496]

Die Teams mit den höchsten Quoten übernahmen die Tabellenspitze. Als Prämie gab es für die drei besten Teams im Abstand von drei Monaten eine sportliche Gemeinschaftsaktivität zu gewinnen. Etwas zeitversetzt sind die Spielregeln flächendeckend an die Mitarbeiter kommuniziert worden, um die Initiative im gesamten Unternehmen bekannt zu machen. Der Werbung für das Vorschlagswesen steht hier die gleiche Vielfalt an Werbemitteln offen wie einem „normalen" Produkt.[497] Als Werbeträger dienten im Beispiel z.B. Plakate, die sich in einem identischen visuellen Erscheinungsbild präsentierten. Die Plakate, wurden an stark frequentierten Stellen wie der Kantine, an Eingängen und Pausenräumen positioniert. Darüber hinaus konnten sämtliche Informationen zu der Kampagne über das Intranet abgerufen werden. Das sportliche Erscheinungsbild, in dem sich die Plakate und alle anderen Werbeträger zu der Kampagne zeigten, steigerte den Wiedererkennungswert und förderte auf diese Weise den Bekanntheitsgrad innerhalb des Unternehmens.[498]

---

[495] Vgl. Zimmermann, V.: Erfolgsfaktor Ideenmanagement, 2003, S. 57.
[496] Vgl. Fischer; Frey; Winzer: Mitdenken lohnt sich – für alle!, 1996, S. 77.
[497] Vgl. ebd., S. 79.
[498] Vgl. Zimmermann, V.: Erfolgsfaktor Ideenmanagement, 2003, S. 55.

Der gesamten Kampagne übergeordnet stand die Zielformulierung des Vorstandes, eine Verdoppelung des wirtschaftlichen Nutzens durch das Ideenmanagement innerhalb von zwei Jahren herbeizuführen.

Um vor dem tatsächlichen Start der Initiative einen Spannungsbogen zu entwickeln, wurde allen Mitarbeitern wenige Tage vor dem offiziellen „Anpfiff" personalisiert über die Hauspost eine Broschüre zugesandt. Darin befanden sich neben Informationen über die Spielregeln, eine Erläuterung zu den Gewinnchancen. Zum einen wurde hierdurch der Effekt erzielt, dass jeder im Vorfeld darüber aufgeklärt war, dass sich das Ideenmanagement inhaltlich und äußerlich in einem neuen Erscheinungsbild präsentieren wird und zum anderen konnte man auf diese Weise das Ideenmanagement insgesamt in das Bewusstsein der Mitarbeiter zurückrufen.

Am Tage des Kampagnenstarts wurden die zentralen Kommunikationsorte, wie Kantine oder Eingänge durch kleinere Promotionteams besetzt. Hier verteilten Azubis des Unternehmens, passend zum neuen Idee+-Erscheinungsbild gekleidet, Informationskarten an die Mitarbeiter, die zur aktiven Teilnahme am Ideenwettbewerb aufriefen. Die Wände der Kantine wurden mit den Bildern der neuen Kampagne in Form von Großplakaten ausgestattet. Den Mitarbeitern begegnete auf diese Weise täglich das Thema Idee+, was den Bewusstseinsbildungsprozess maßgeblich unterstützte. Aufgrund des neuen Erscheinungsbildes und der konsequenten Kommunikation war Idee+ schnell Gesprächsthema Nr.1 im Unternehmen. Weiterhin sorgte man mit dem Aufstellen einer aufmerksamkeitsstarken Plexiglassäule (ein Produkt des Tocherunternehmens Evonik Röhm GmbH) dafür, dass der sportliche Ehrgeiz eines jeden Mitarbeiters herausgefordert wurde. Zum einen konnte hier wöchentlich der Stand des wirtschaftlichen Nutzens im Vergleich zur Zielvorgabe abgelesen werden, zum anderen sorgte die sportlich aufbereitete Leistungstabelle für weiteren und kontinuierlichen Gesprächsstoff, da dort abzulesen war, welches Team welchen Tabellenplatz belegte.

Rund 100 Mitarbeiterteams befanden sich in diesem sportlichen Wettbewerb. Mit dieser Kommunikationskampagne ist es der Evonik Degussa gelungen, die Neuausrichtung des Ideenmanagements bei allen Mitarbeitern auf eine interessante Art und Weise schnell bekannt und populär zu machen.[499]

4.4.8. Initiative Linking Knowledge zum Wissensaustausch

Mit der Initiative „Linking Knowledge" versucht Evonik Degussa den Austausch von Wissen über alle Organisationseinheiten hinaus zu unterstützen. Hierdurch soll zum einen der Teamgeist und zum anderen der bereichsübergrei-

---

[499] Vgl. Zimmermann, V.: Erfolgsfaktor Ideenmanagement, 2003, S. 56.

fende Wissenstransfer gefördert werden, indem direktes Verlinken der Mitarbeiter (Linking People) ermöglicht wird. Mit der Initiative wird angestrebt, die Prozesse und Abläufe im gesamten Unternehmen einfacher, schneller und kostengünstiger zu gestalten, sei es in der Logistik, Produktion, bei der Personalarbeit, in der Arbeitssicherheit oder im Umweltschutz.

Das wichtigste Mittel zur Umsetzung des Vorhabens ist eine Intranetplattform, in der z.b. auf Netzwerke zugegriffen werden kann, Veranstaltungen eingesehen und eine Datenbank integriert ist, in der zu Mitarbeitern Fachprofile hinterlegt sind („Who's Who"-Liste). Gerade die Problematik, dass den Mitarbeitern häufig nicht bekannt ist, wo sie sich spezifisches Wissen zur Lösung ihres Tagesproblems holen können, wird auf diese Weise entgegengetreten.[500]

Dass die Degussa mit ihrer Idee, den einen oder anderen im Unternehmen verborgenen Schatz zu heben, indem eine Vernetzung der Akteure ermöglicht wird, Erfolg hat, belegt z.B. die Tatsache, dass sich mehr als 800 Mitarbeiter um den „Not Invented Here Award" beworben hatten. Dieser Preis belohnt herausragende Beispiele für internen Wissenstransfer – und zwar Ideengeber und Ideennehmer gemeinsam.[501]

Der Corporate Citizenship Report 2003 beschreibt die Initiative Linking Knowledge als Möglichkeit, vorhandenes Wissen im Konzern zu nutzen, um Prozesse und Abläufe zu verbessern, indem etwas getan wird, was in der Schule streng verboten war: Abschreiben.

Außerdem wurde ein Projekt zur Neuausrichtung des Ideenmanagements gestartet, das ein weiteres Mal unter Beweis stellt, dass das Unternehmen die Ideen der Mitarbeiter ernst nimmt.[502]

So startete auch im Sinne des Linking Knowledge mit der Evonik Degussa Ideenbörse eine Plattform, die es ermöglichen soll, Ideen konzernweit nutzbar zu machen. Für diesen Austausch und die Recherche in den Vorschlägen wird eine spezielle Software genutzt.[503] Zum einen soll dieser Marktplatz (Ideenbörse) die eingebrachten Ideen für jeden Unternehmensbereich sichtbar machen, damit diese ebenfalls von Ideen anderer Bereiche profitieren können, zum anderen können so auch Anhaltspunkte zur weiteren Inspiration und Fortentwicklung gesetzt werden.

Ein besonderes Interesse liegt in der bereits oben erwähnten Mehrfachnutzung von Vorschlägen. Da man davon ausgeht, dass 5–8 % aller Vorschläge mehrfach genutzt werden können, ergibt sich ein wirtschaftlicher Gesamtnutzen von ca.

---

[500] Vgl. Degussa: Bericht-Personalarbeit 2004, S. 8 f.
[501] Vgl. Degussa: Corporate Citizenship (CC) Report 2003, S. 22
[502] Vgl. Degussa: Corporate Citizenship Report 2003, S. 9 f.
[503] Vgl. Personal-Magazin.de 8/2003.

35–40 Mio. Euro auf Basis der Ideen eines Jahres.[504] Neben der Verbesserung des Unternehmensergebnisses werden aber auch andere Ziele mit der Ideendatenbank verfolgt. So stellt sich die Datenbank gewissermaßen eine Ausgangsbasis zur innerbetrieblichen Kommunikation dar, die die Zusammenarbeit unterschiedlicher Unternehmensbereiche fördert und die Motivation der Mitarbeiter steigern kann. Durch die Ideenbörse ist jedem Mitarbeiter die Möglichkeit gegeben, sich aktiv an Verbesserungen von Arbeitsbedingungen, Gesundheitsschutz und Arbeitssicherheit zu beteiligen und in der Lage, sein Umfeld, auch – oder vor allem – im eigenen Interesse, mitzugestalten.[505]

Die jeweils zuständige Ideenmanagement-Organisation wählt solche Ideen aus, die als geeignet erachtet werden, auch einen konzernweiten Nutzen erzielen zu können. Sodann wird der Konzern-Koordinator mit dem Einstellen der Idee in die Datenbank beauftragt. Bei einer Veröffentlichung einer Idee in der Börse erhält der Ersteinreicher zusätzlich 25 % der ursprünglich festgesetzten örtlichen Prämie. Ab diesen Zeitpunkt bestehen für den Ersteinreicher keine weiteren Ansprüche mehr, unabhängig davon, ob die Idee ein weiters Mal genutzt wird.

Jeder Mitarbeiter ist aufgefordert die Datenbank immer wieder nach weiterverwertbaren Vorschlägen zu durchsuchen oder nach solchen, die für ihn einen Anhaltspunkt darstellen, einen eigenen Vorschlag einzubringen. Bei weiterentwickelten Ideen wird zwischen dem Ersteinreicher und dem Zweiteinreicher unterschieden, um Ungerechtigkeiten im Prämiensystem zu vermeiden. So erhält ein Zweiteinreicher, gewissermaßen für die Entdeckung der Idee, 50 % der Prämie auf Basis der örtlich geltenden Regeln. Ein Prämiennutzen stellt sich für die leitenden Angestellten und Betriebsleiter indirekt ein. Diese sind zwar durch ihre originäre Aufgabenstellung von dem Prämiensystem ausgeschlossen, ziehen jedoch ihren persönlichen Nutzen aus dem wirtschaftlichen Erfolg ihrer jeweiligen Organisationseinheit, der sich über Vorschläge verbessern kann. Somit lohnt sich eine Unterstützung des Ideenmanagements auch aus ihrer Sicht.[506]

---

[504] Vgl. Degussa: Nutzen Sie die Möglichkeiten. IdeenBörse Heft, S. 2 f. von 07/2005.
[505] Vgl. ebd., S. 4.
[506] Vgl. ebd., S. 5 f.

4. Best Practices des Ideenmanagements 219

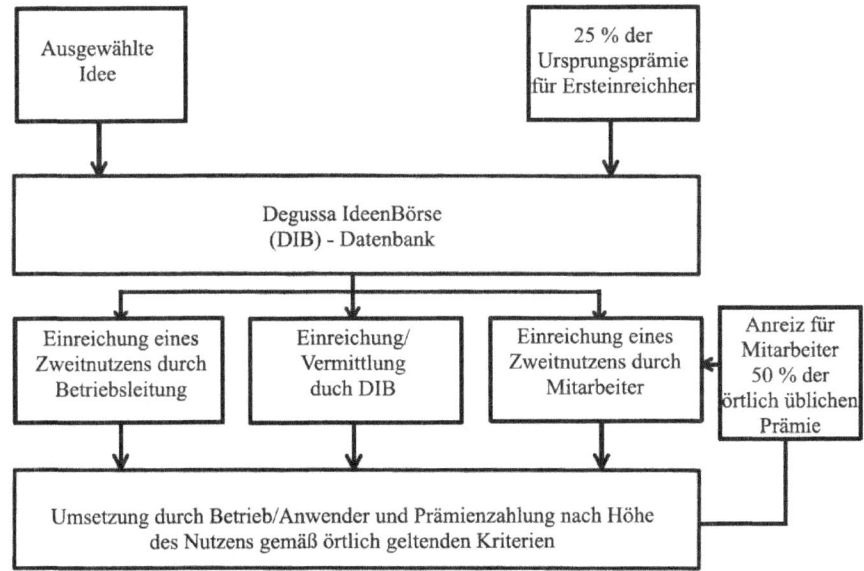

Abbildung 39: Degussa Ideenbörse[507]

4.4.9. Mit Ideen in die Zukunft

Nach den Untersuchungen des deutschen Institutes für Betriebswirtschaft (vgl. 4.1.) zeigt sich, dass die Evonik Degussa mit ihrer Form des Ideenmanagements sehr erfolgreich im Vergleich zu anderen Unternehmen agiert. Nicht nur die Untersuchung aus dem Jahr 2006, in der ein Unternehmen der Evonik Degussa (Evonik Stockhausen GmbH, ehemals Degussa Superabsorber Marl) in der Gesamtvergleichsbetrachtung den zweiten Platz belegte, weist eine starke Performance aus, sondern auch schon Auswertungen aus früheren Jahren. In der Branche Chemie belegt die Evonik Degussa Platz 1.

Schon jetzt ist mit der Ideenbörse und der Initiative Linking Knowledge die Zukunft von Ideenmanagement im Unternehmen Evonik Degussa gesichert. Mit Ideen wird verfahren, wie mit einem handelbaren Gut, welches gewissermaßen an Wert zunimmt, je mehr es genutzt wird. Jeder Beteiligte, von der Betriebsleitung bis hin zum Mitarbeiter, kann wie ein Makler fungieren und mit dem Inhalt der Börse handeln. Die Ideenbörse, als die Datenbank, in der alle Ideen gesam-

---

[507] Degussa: Nutzen Sie die Möglichkeiten. IdeenBörse Heft, S. 7 von 07/2005.

melt werden, sorgt nicht nur für eine Verwaltung von Kreativität, sondern setzt einen neuen Anreiz, das vorhandene Ideenmaterial durch neue Kenntnisse zu erweitern, anders einzusetzen oder anderen Arbeitsplätzen bzw. Bereichen zukommen zu lassen. Eine Vervielfachung des ursprünglichen Wertes einer Idee ist die Folge.

Dadurch, dass die Ideenbörse Wissen bereitstellt und ihr Inhalt weiterentwickelt wird, bietet sie wichtige Elemente auf dem Weg zur lernenden Organisation. Man kann vom organisationalen Lernen sprechen, wenn die Mitglieder einer Organisation einen gemeinsamen Wissensstand haben und ihn weiterentwickeln. Eine neue Idee eines Mitarbeiters, also neues Wissen, kann für eine ganze Organisation zu wertvollem Allgemeinwissen werden. So entsteht eine Umwandlung vom individuellen in organisationales Wissen und damit organisationales Lernen.[508]

Mit der Etablierung des Ideen+-Logos wurde dem Ideenmanagement ein Gesicht verliehen und der Wiedererkennungseffekt gesichert. Ein nicht unwesentlicher Beitrag auf dem Weg, das Ideenmanagement als einen Markenartikel im Unternehmen zu festigen. Zudem zeigen Ansätze wie der sportliche Ideenwettbewerb, dass die Evonik Degussa bereit ist, mutige und ungewöhnliche Wege einzusetzen, um das Kreativitätspotential ihrer Mitarbeiter zu gewinnen.

Gruppenkonzepte, wie sie bei der Evonik Degussa in KVP-Gruppen zum Tragen kommen, stellen zudem einen weiteren Schritt in Richtung lernende Organisation dar. Hier steht im Zentrum der Überlegungen die Idee, den für Individuen reservierten Lernbegriff auf die Organisation zu übertragen.[509] Organisationen lernen durch einzelne Mitarbeiter. Diese qualifizieren sich in Arbeitsgruppen und Teams weiter und erweitern ihr Wissen und ihre Kompetenz. Das prägt die Kultur des Unternehmens und führt zur „Lernenden Organisation".[510]

---

[508] Vgl. Neckel, H.: Modelle des Ideenmanagements, 2004, S. 53.
[509] Vgl. Thobe, W.: Externalisierung impliziten Wissens, 2003, S. 127.
[510] Vgl. Wieselhuber, N.: Handbuch Lernende Organisation, 1997, S.14.

5. Handlungsempfehlungen für Praktiker

Dieses Kapitel richtet sich in erster Linie an den Bedürfnissen der Praktiker des Ideenmanagements in Unternehmen aus und fasst die in den vorangegangenen Abschnitten erläuterten Konzepte und Praxisbeispiele zusammen. Die kurzen Handlungsempfehlungen verfolgen das Ziel, die Entscheidungsträger (speziell Innovations-, Ideen- und Top Manager) bei der Gestaltung eines intelligenten Unternehmens mithilfe des ganzheitlichen Ideenmanagements zu unterstützen. Um die Lesbarkeit und das Erkennen von Zusammenhängen zu verbessern sowie eine Nutzung als Checklisten zu ermöglichen, wurde die Darstellung in Form von Tabellen bevorzugt, die von kurzen Kommentaren und Erläuterungen ergänzt werden.

Die Tabellensammlung beinhaltet allgemeine Aspekte der Unternehmensintelligenz, Komponenten des ganzheitlichen Ideenmanagements in Bezug auf interne und externe Unternehmensakteure sowie, besonders ausführlich, praktische Maßnahmen für die Organisation der Ideenarbeit in Unternehmen. Insofern können diese Handlungsempfehlungen als ein Leitfaden für die praktische Einführung bzw. Umgestaltung des ganzheitlichen Ideenmanagements in einem Unternehmen dienen.

5.1. Wodurch wird die Intelligenz Ihres Unternehmens bestimmt?

Intelligenz eines Unternehmens beschreibt seine komplexe Fähigkeit zum zukunfts- und erfolgsorientierten Handeln in Interaktion mit seiner Umwelt auf der Grundlage vorhandenen Wissens und der Lernprozesse. Als ihre Komponenten wurden kognitive, soziale und technologische Intelligenz definiert. Die kognitive Teilintelligenz beschreibt die Fähigkeiten der effizienten Informationsverarbeitung: effiziente Wahrnehmung von Umwelt, relevanten Akteuren und neuen Entwicklungen, Bewertung und Vergleich von Informationen, ihre systematische Speicherung (Unternehmensgedächtnis), Wissensaustausch, -harmonisierung und -nutzung sowie Innovations- und Lernfähigkeit. Die soziale Teilintelligenz umfasst die Fähigkeiten des Unternehmens, intern (zur eigenen Belegschaft) und extern (zu externen Stakeholdern) soziale Beziehungen zu gestalten und zu pflegen. Technologische Teilintelligenz beschreibt die Nutzung des Raums, technischer und finanzieller Mittel und die Kommunikationsstruktur. Ein Unternehmen hat verschiedene Möglichkeiten, seine Intelligenz zu gestalten.

Tabelle 18: Unternehmensintelligenz und ihre praktische Gestaltung

Teil-intelligenz	Gestaltungsparameter in Unternehmen
kognitive Intelligenz	– offene Netzwerke, Kundenintegration, Beschwerdenmanagement, Markt-, Trend- und Zukunftsforschung; – Methoden der strategischen Analyse, effizientes Wissensmanagement; – interne Datenbanken und Wissensnetzwerke, breiter Wissensaustausch durch Weblogs, Communities, Workshops u.a. – Wissensnetzwerke, Communities, Workshops, Ideenwerkstätte, Weblogs u.a. – permanente Weiterbildung und Entwicklung, systematisches Ideen- und Innovationsmanagement; Innovationsfördernde Kultur; Motivation zur Ideenfindung und zum Lernen
soziale Intelligenz	– Visionen, Leitlinien, strategische Ziele und derer breite Kommunikation; Unternehmenskultur; – gesellschaftliche Verantwortung, Beziehungen zu einzelnen Stakeholdern und der Öffentlichkeit, Umweltleitlinien und -standards
technologische Intelligenz	– Prozessmanagement, – Prozessinnovationen, – BVW, KVP, – interne Vernetzung, – verfügbare DV-Programme, – offene, bereichübergreifende Kommunikation.

Für die systematische Gestaltung eines intelligenten Unternehmens sind vier Prozesse entscheidend:
1. Identifikation, Nutzung und Förderung von individuellen Intelligenzen der internen und externen Unternehmensakteure;
2. Systematische Arbeit an der Ideengenerierung und -beschaffung sowie Ideenverdichtung, -bewertung und -umsetzung;
3. unternehmensinterne Wissensarbeit: Wissensaustausch, -harmonisierung, -generierung, -bewahrung und -nutzung;
4. Schaffung günstiger Rahmenbedingungen für die genannten Prozesse (offene Kommunikation, partizipative Führung, fördernde Unternehmenskultur).

Als praktisches Instrument der Intelligenzgestaltung eignet sich das ganzheitliche Ideenmanagement, das auf eine optimale Erschließung und Förderung von

Ideenpotenzialen eigener Belegschaft und externer Ideenträger sowie eine systematische Ideenarbeit im Unternehmen abzielt.

5.2. Komponenten des ganzheitlichen Ideenmanagements

Das ganzheitliche Ideenmanagement ist eine systematische, koordinierte Arbeit an und mit Ideen für neue technische, wirtschaftliche, organisatorische oder soziale Problemlösungen in Unternehmen. Es beinhaltet die ersten Phasen des Innovationsmanagements (Gewinnung, Verdichtung und Auswahl von Ideen für neue Produkte und Verfahren) sowie das Betriebliche Vorschlagswesen und die Kontinuierlichen Verbesserungsprozesse in ihrem traditionellen Verständnis.

Die Basis des Ideenmanagements bilden die individuellen Potenziale interner und externer Ideenträger – Wissen und Kreativität eigener Belegschaft und relevanter Stakeholder des Unternehmens. Weder Kapital, noch Technik bringt neue Ideen hervor. Nur der Mensch ist ideenfähig. Allerdings sind Unternehmen, in denen intelligente Menschen arbeiten, nicht automatisch intelligente Unternehmen. Nur ein systematisches Management kann Wissen und Ideen in kollektive Fähigkeiten und schließlich in die wirtschaftlichen Ergebnisse verwandeln.

5.2.1. Ideenpotenzial der Belegschaft nutzen

Die Belegschaft des Unternehmens ist die wichtigste Ideenquelle, die Wissens- und Kreativitätspotenziale der eigenen Mitarbeiter sollten erkannt, genutzt und gefördert werden. Dafür müssen Sie die Faktoren des menschlichen Handelns Sollen, Dürfen, Können und Wollen in Bezug auf die Ideenarbeit aktivieren, die Mitarbeiter zur Ideenarbeit zu beauftragen, zu ermächtigen, zu befähigen und zu motivieren.

Tabelle 19: Ideenpotenzial der Belegschaft optimal nutzen

Beauftragung der Mitarbeiter zur Ideenarbeit	– Eine klare, ansprechende Unternehmensvision formulieren, – Ideenmanagement in die Unternehmensgrundsätze und Führungsleitlinien einbinden, – Richtungweisende Ziele und Strategien des Ideenmanagements entwickeln und breit kommunizieren, – Einbindung von Ideenarbeitskennzahlen in die Zielvereinbarungen (durch MbO oder Balanced Scorecard), – Breite Kommunikation der Ideenarbeit und des Lernens im Unternehmen im Intranet, Unternehmenszeitschrift, am Schwarzen Brett, auf den Unternehmensfeiern und –treffen.

Ermächtigung der Mitarbeiter zur Ideenarbeit	– Übertragung von Verantwortung und Macht – kooperativen, delegativen oder teilautonomenr Führungsstil praktizieren, – Wertschätzung jedes Einzelnen und seiner Ideen als Unternehmensnorm, – Partizipation der Mitarbeiter an Entscheidungen und Ergebnissen, – Erschaffen von Freiräumen für Ideenarbeit (z.B. 20% der Arbeitszeit für Ideenarbeit, Ideenworkshops und -wettbewerbe, InnoChampions-Initiativen, Think-Tank-Konferenzen)
Befähigung der Mitarbeiter zur Ideenarbeit	– Ausbildung der Kreativitätskompetenz und Sensibilisierung mithilfe von Kreativitätstechniken, – Förderung der Kommunikation und sozialer Kompetenz (Schulungen, Workshops für Teamarbeit, Kooperation und Kommunikation), – kreativitätsfördernde Arbeitsbedingungen – permanente Qualifizierung, geringer Formalisierungs- und Standardisierungsgrad, abwechselungsreiche Aufgaben (job rotation, job enlargement, job enrichment, Gruppenarbeit), – Informationsaustausch zwischen Bereichen, Abteilungen und Arbeitsteams, – interdisziplinäre und allgemein gemischte Teams für mehr Kreativität, – Ermöglichung der praktischen Einreichung von Ideen – einfache und unbürokratische Verfahren des Einreichens (einfache Formulare, Eingabemaske im Intranet), tatkräftige Unterstützung durch den direkten Vorgesetzten.
Motivation der Mitarbeiter zur Ideenarbeit	– Stärkung intrinsischer Motivation mithilfe interessanter, ansprechender Aufgabenstellungen, – Spielräume für Eigenverantwortung und Initiative, – Ermöglichung der Teilnehme an der Umsetzung eigener Ideen, – direkte Anreize wie attraktive Prämien, Ideenwettbewerbe, Auszeichnungen, „Club der Denker", – Berücksichtigung der Ideenarbeit bei Beförderungen und Karriereentscheidungen, – Stärkung der Identifikation und Zugehörigkeit, – Anerkennung der Champions der Ideenarbeit (Kommunikation von Ergebnissen in der Unternehmenszeitung, im Intranet, auf dem schwarzen Brett), – Einbindung der Ideenarbeit in das Zielsystem des Unternehmens.

Diese direkten Aktivierungsmaßnahmen sollten durch eine kontinuierliche Arbeit an der Unternehmenskultur unterstützt werden.

Tabelle 20: Folgende Elemente sollten in der Unternehmenskultur gelebt werden:

– Lernbereitschaft, ständige Verbesserungen und Offenheit in den Leitlinien verankern, anstreben und kommunizieren;
– möglichst geringe Hierarchien und Statusunterschiede praktizieren;
– offene Kommunikation pflegen, einen freien Zugang zu Informationen für jeden Mitarbeiter des Unternehmens gewährleisten;
– einen kooperativen, delegativen oder teilautonomen Führungsstil deklarieren und praktizieren;
– jeden einzelnen Mitarbeiter mit seinen besonderen Eigenschaften und Talenten wertschätzen;
– Vertrauen zwischen allen Unternehmensakteuren fördern;
– Kooperationsbereitschaft, Gruppenarbeit und Teamgeist stärken;
– offene Kommunikation und Transparenz pflegen;
– mit Fehlern und Konflikten konstruktiv umgehen, Fehlschläge und Misserfolge akzeptieren;
– Angstfreiheit gewähren: Angst der Mitarbeiter vor dem Einkommensverlust, vor Kurzarbeit bis hin zum Arbeitsplatzverlust muss durch offene Kommunikation und Überzeugung reduziert werden.

5.2.2. Externe Intelligenz erschließen

Ein intelligentes Unternehmen nutzt alle vorhandenen Ideenquellen in seiner Umwelt, erschließt Wissens- und Kreativitätspotenziale und profitiert von verschiedenen Meinungen und neuen Entwicklungen. Es ist wichtig, zunächst die relevanten externen Ideenträger zu identifizieren. Dabei ist das gängige Stakeholder-Modell behilflich.

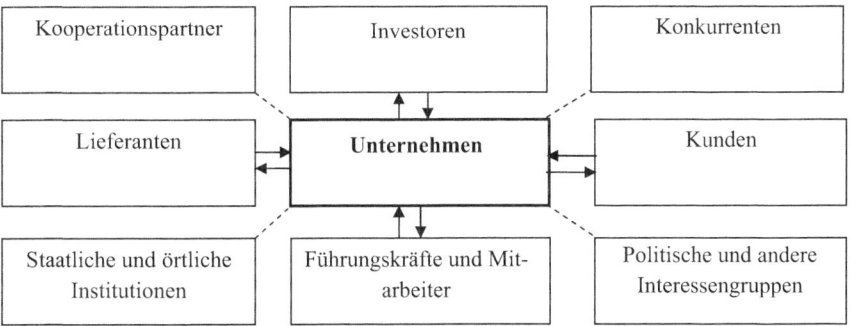

Je nach Branchenzugehörigkeit und Marktsituation sollten die Prioritäten für die Einbeziehung externer Akteure in die Ideenarbeit festgelegt werden, jedoch sind die Kunden für jedes Unternehmen die wichtigste Zielgruppe. Ihre Bedürfnisse, Meinungen, Beschwerden, Vorbehalte und Wünsche sollten in erster Linie erfasst und berücksichtigt werden. Intelligente Unternehmen machen Kunden zu Mitentwicklern von Produkten und Dienstleistungen und profitieren doppelt: von den neuen Ideen und Lösungen sowie von der Treue und Loyalität der Mitstreiter.

Tabelle 21: Möglichkeiten für die Einbeziehung der Kunden in die Ideenarbeit

- Befragungen von Kunden und intensive Marktforschung,
- Beobachten von Kunden bei Einkauf und Nutzung von Produkten,
- gezielte Arbeit mit Nicht-Kunden,
- Beschwerdemanagement,
- Konsequentes CRM (Kundenpflege, Treuepunkte, Newsletter)
- Spezielle „Customer Day" und Kundenworkshops,
- Mass-Customization,
- Beteiligung der Kunden an Ideenworkshops für neue Produkte und Dienstleistungen,
- Praktika bei Kunden, Versetzung der Mitarbeiter in die Rolle der Kunden,
- gezielte Analyse von Kundenanwendungsprozessen,
- Zusammenarbeit mit Kunden an neuen Produkten und Dienstleistungen,
- Lead User Konzept,
- Öffnung von Unternehmensportalen, Foren und Weblogs für Kunden.

Die Zusammenarbeit mit Wettbewerbern verspricht ebenfalls positive Effekte: Qualitätssteigerung, Risikoteilung, Verkürzung der Innovationszeit sowie bessere Chancen für die Verbreitung von Standards und das Multiplizieren von Technologien. Darüber hinaus können die Lieferanten in die Ideenarbeit eingebunden werden, da sie durch Materialien und Komponenten einen wesentlichen Teil des Produktes beeinflussen. Eine weitere wichtige Quelle für neue Idee bilden wissenschaftliche Institutionen (Hochschulen) und Forschungsinstitute, die fundierte theoretische Ansätze und Know how mitbringen. Auch eine radikale Öffnung der Ideenarbeit für alle Interessenten auf der Basis moderner IuK-Mittel (Internetportale, Netzwerke, Blogs) wird von vielen Unternehmen erfolgreich praktiziert.

Tabelle 22: Möglichkeiten für die Erschließung von Wissen und Kreativität anderer externer Akteure

Zusammenarbeit mit Wettbewerbern und Lieferanten	– Durchführung von gemeinsamen Studien, – gezielte Problemidentifikation durch Zusammenarbeit mit der Zielgruppe, – Arbeitskreise und Projektgruppen zur gezielten Problemlösung, – gemeinsame Brainstorming-Sessions, – Einrichtung gemeinsamer Ideenpools, – gemeinsame Machbarkeitsstudien, Risiko- und Attraktivitätsbewertung, – Beteiligung an Innovations-Clustern, – Einbeziehung von Lieferanten in die Produktentwicklung.
Ideen aus der Forschung und Wissenschaft	– gemeinsame Projekte mit Hochschulen und Forschungsinstituten, – Vergabe von Praktikanten- und Diplomandenstellen, – Teilnahme an Kongressen und Konferenzen, – Einsatz von Wissenschaftler und Studenten im Rahmen von Ideenworkshops und Produktentwicklung.
Ideen aus dem Internet	– eigene (oder in Zusammenarbeit mit anderen Unternehmen) Ideenplattformen oder Blogs im Internet (Bsp. webbasiertes Forum „InnoCentive"), – Etablierung von offenen Expertennetzwerken.

5.3. Praktische Maßnahmen für die Einführung bzw. Umgestaltung des Ideenmanagements

Um die individuellen Intelligenzen interner und externer Akteure im Interesse des gesamten Unternehmens optimal zu nutzen, sollte die praktische Organisation des ganzheitlichen Ideenmanagements Zukunfts- und Unternehmensstrategie, Innovationsarbeit und kontinuierliche Verbesserungen von Produkten und Prozessen zu einem dynamischen Netzwerk, zu einer kollektiven Intelligenz verbinden. Zu diesem Zweck sind folgende einzelne Maßnahmen durchzuführen.

5.3.1. Richtungweisende Rolle des Top Managements

Eine tatkräftige Unterstützung des Managements ist für das Ideenmanagement absolut notwendig. Nur wenn die Führungskräfte zur Ideenarbeit stehen und diese Vorleben, kann sie im Unternehmen gedeihen.

Tabelle 23: Aufgaben des Top Managements als Promotor der Ideenarbeit

– Visionen und Gesamtstrategie für das Unternehmen in Verbindung mit Ideenmanagement aufgrund einer systematischen Zukunftsforschung entwickeln,
– Gemeinsam mit den Verantwortlichen für Ideenmanagement Ziele und Prioritäten für das Ideenmanagement setzen,
– Notwendige Ressourcen jeder Art zur Verfügung stellen,
– Personalentscheidungen in Verbindung mit Ideenmanagement und seinen Ergebnissen treffen,
– eine aktive Kommunikationspolitik für Ideenarbeit gewährleisten: reden, reden, reden,
– für ideenfördernde, vertrauensvolle Bedingungen und Unternehmenskultur sorgen,
– Ideenarbeit vorleben – selbst lernfähig bleiben, Vorbild für Erneuerung sein.

5.3.2. Optimale organisatorische Eingliederung des Ideenmanagements

Für die Einführung eines Ideenmanagements braucht man ein Pilotprojekt oder eine andere organisatorische Einheit. Gleichzeitig ist es wichtig, das ganzheitliche Ideenmanagement als eine Querfunktion zu verstehen und alle Mitarbeiter zur aktiven Teilnahme zu beauftragen sowie Schnittstellen zu schaffen. Zum Zweck der Koordination ist die Position eines Ideenmanagers einzuführen. Empfehlenswert ist die Einbindung von Zielen der Ideenarbeit in die Gesamtstrategie und die Berücksichtigung von Ergebnissen bei Personalentscheidungen.

Tabelle 24: Empfehlungen für die organisatorische Gestaltung des Ideenmanagements

– ein Ideenmanager (zentral),
– Nähe zur Unternehmensleitung,
– Abstimmung mit strategischen Zielen,
– dezentrale Ideenarbeit in einzelnen Bereichen,
– Verbindung mit Personalabteilung, Teilnahme bei Personalentscheidungen (Einstellung, Beförderung, Beurteilung),
– Verknüpfung von Ideenmanagement mit BVW, KVP, Gruppenkonzepten.

5.3.3. Systematische Zukunftsforschung

Zur Einschätzung der künftigen Nachfrage und des künftigen Zusammenspiels der Marktteilnehmer sollte ein intelligentes Unternehmen Faktoren wie Gesellschaft, Demographie, Recht, Politik und Umwelt sowie Veränderungen von Wettbewerbern, Zulieferern, Partnern, Kunden und Technologien in ihrer langfristigen Entwicklung berücksichtigen. Dafür bedarf es einer systematischen Trend- und Zukunftsforschung.

Tabelle 25: Praktische Empfehlungen für die Trend- und Zukunftsforschung

vorausgehende Fragestellung	– Welche Veränderungen des wirtschaftlichen, technologischen, politischen und soziokulturellen Umfelds kommen in den nächsten Jahren auf unser Unternehmen zu? – Welche Chancen stecken für uns in diesen Veränderungen? – Welche Bedrohungen bringen diese Veränderungen? – Wie kann und soll unser Unternehmen in fünf oder zehn Jahren aussehen? – Was müssen wir konkret dafür tun?
Megatrends festlegen	Identifikation und systematische Verfolgung von relevanten Megatrends aus der Liste: Alterung, Gesundheit, Neue Frauen, New Work, Individualisierung, Neo-Ökologie, Globalisierung, Mobilität, Digitalisierung, Bildung
Trenderkennung	– Analysieren (Scanning) – Gesellschaft und Kultur nach schwachen Signalen abzutasten (Analyse von Zeitungen, Magazinen, Fernsehen und Internet sowie das Auswerten von Studien oder Expertenberichten), – Beobachten (Trendscouting) – professionelle Trendscouts übernehmen die Beobachtung von neuen Trends, z.B. in der Mode, – Befragen (Delphi-Methode) – eine bestimmte Frage an ein größere Menge von Experten stellen.
Trendfilterung	– Megatrends in Bezug zum Unternehmen setzen – Megatrends begutachtet und ihren Einfluss auf den spezifischen Markt und die Branchenbedingungen untersuchen (Auswirkungen auf verschiedene Bereiche im Marktumfeld des Unternehmens: Kunden, Wettbewerb, Technologie und Recht), – Chancen und Risiken ableiten – Key Facts, Chancen und Risiken definieren mit dem Ziel, ihre Relevanz, Zeitraum und Priorität zu bestimmen.

Bewertung und Umsetzung von Trends	– Reduzierung der Megatrends auf die wichtigsten Fünf (Top Five) Trends, – Definition von Suchfeldern für Unternehmensstrategie und Innovationen; – Entwicklung eines Trendportfolios mit Prioritäten und Zeithorizonten, – Generierung neuer Ideen für die wichtigsten und dringlichsten Prioritäten.

Es ist empfehlenswert, Newsletter der Trendanalysten zu abonnieren (kostenfrei): www.zukunftsinstitut.de, www.trendwatching.com.

5.3.3. Integration von Ideenmanagement in das Zielsystem des Unternehmens

Eine Quantifizierung von Zielen des Ideenmanagements und ihre Einbindung in das Zielsystem des Unternehmens in Form von Zielvereinbarungen im Rahmen des Managements by Objectivs oder der Balanced Scorecard werden von vielen Unternehmen erfolgreich praktiziert. Dadurch werden die Ergebnisorientierung der Ideenarbeit hervorgehoben sowie Motivation und Transparenz der Entlohnung gestärkt. Zugleich besteht die Gefahr, dass sich die Mitarbeiter bei der Vorgabe bestimmter Ideenkennzahlen überfordert fühlen werden, insbesondere wenn die Unternehmenskultur weniger fördernd ist. Deswegen sollte jedes Unternehmen individuell entscheiden, ob eine quantitative Ideenzielsetzung sinnvoll wäre.

Tabelle 26: Integration von Ideenmanagement in das Zielsystem des Unternehmens

– Individuelle Formulierung konkreter Ziele und Kennzahlen des Ideenmanagements in Einklang mit der Unternehmensstrategie, wobei neben quantifizierbaren Zahlen auch die qualitativen Ziele berücksichtigt werden sollten, – die Zerlegung der Ziele in Unterziele und das Herunterbrechen auf die Ebenen der Abteilungs-, Gruppen- und Individualziele, – Übernahme der Ideenmanagementziele in die Zielvereinbarungen im Rahmen des MbO oder in die Balanced Scorecard (BSC), – Berücksichtigung der Zielerreichung in Bezug auf die Ideenarbeit bei der Entlohnung und Prämierung der Mitarbeiter, – spezielle Anreizsysteme für Vorgesetzte als Ansprechpartner in Ideenarbeit, – die Gestaltung ideenfördernder Bedingungen und Kultur.

5.3.4. Kommunikation von Ideenmanagement

Um eine systematische, effiziente Ideenarbeit im Unternehmen zu organisieren, sollte für Information aller Unternehmensakteure über das Ideenmanagement und seine Maßnahmen gesorgt werden. Eine hohe Bekanntschaft der Ideenarbeit ist eine erste Voraussetzung für Erfolg. Die Erhöhung des Bekanntschaftsgrades kann zur Reaktivierung des bisherigen oder zur Einführung eines neuen Ideenmanagements benutzt werden. Eine Informationskampagne über das Ideenmanagement sollte: zur Ideenarbeit auffordern, über Ziele und Einreichensverfahren informieren sowie Vorteile für den Mitarbeiter aufzeigen.

Man sollte eine aktivierende Informationskampagne zwei-drei Mal jährlich durchführen. Bei der Auswahl praktischer Mittel gilt: je kreativer und bunter, desto besser.

Tabelle 27: Mögliche Kommunikationsmedien für Ideenmanagement

– Hinweise in der Betriebszeitung,
– Anschläge am schwarzen Brett,
– Infoterminals,
– Visualisierung der Erfolgsmeldungen und Plakate (im Eingangsbereich des Betriebsgeländes, in der Kantine, in Pausenräumen),
– Faltblätter,
– persönliche Briefe,
– Ideenwettbewerbe,
– Werbegeschenke,
– Newsletter, e-Mail-Verteiler,
– eigene Seite im Intranet,
– Business TV,
– selbst gedrehte Videos über Champions und hervorragende Ideen.

5.3.5. Praktische Organisation der Einreichung, Verdichtung, Umsetzung und Bewahrung von Ideen

Der Erfolg der Ideenarbeit ist maßgeblich von der Qualität ihrer praktischen Abwicklung abhängig. Eine möglichst unbürokratische Einreichung von Ideen, ihre transparente Bearbeitung und Bewertung, schnelles Feedback, attraktive Prämien und die Möglichkeit der Teilnahme an der Umsetzung eigener Vorschläge – das sind die Erfolgskriterien der alltäglichen Ideenarbeit.

Tabelle 28: Einreichung, Verdichtung, Umsetzung und Bewahrung von Ideen

Einreichung von Ideen	– Möglichst einfache und unbürokratische Einreichung von Ideen – Formular im Intranet, Papierformular, – Unterstützung durch Vorgesetze als erste Ansprechpartner, – Schnelles konstruktives Feedback, – Transparenz der Ideenbearbeitung (Möglichkeit, den Stand im Internet anzusehen), – Ein klares und attraktives Prämiensystem.
Verdichtung von Ideen	– Transparenz bei der Auswahl und Bewertung von Ideen, – Bewertung von Ideen in interdisziplinären Teams, um Perspektivenvielfalt zu gewährleisten, – Bewertungskriterien: Machbarkeit, Effizienz, Übereinstimmung mit Kundenbedürfnissen, Wirtschaftlichkeit, – Methoden der Ideenbewertung: Rosinenpicken, Punktekleben, Pro-Contra-Katalog, Muss-Auswahl (K.O.-Kriterium) oder Soll-Auswahl (Ja-Nein-Abfrage).
Umsetzung von Ideen	– je nach Größe des Unternehmens und Wichtigkeit der Idee ist für die Umsetzung der Problemsteller, ein höheres Management-Gremium, ein einzelner Vorgesetzter oder der Ideenmanager verantwortlich.
Bewahrung von Ideen	– alle Ideen erfassen, – Ideendatenbank pflegen – für alle zugänglich, mit einer Suchmaschinefunktion.

5.3.6. Gruppenkonzepte und Wissensaustausch fördern

Kollektives Wissen entsteht überwiegend in Interaktionen, deswegen hat Gruppenarbeit eine enorme Bedeutung sowohl für die Generierung, als auch für die Teilung und Nutzung des Wissens in Unternehmen. Insofern sind Gruppenkonzepte für eine erfolgreiche Ideenarbeit unentbehrlich. Optimal ist eine Mischung aus den traditionellen (Qualitätszirkel, teilautonome Gruppen) und neuen Gruppenkonzepten (Ideenworkshop, Community). Darüber hinaus kann ein intelligentes Unternehmen digitale Informations- Kommunikationsmedien nutzen, um sein Wissen und seine Kreativität zu vernetzen und auszutauschen.

5. Handlungsempfehlungen für Praktiker

Tabelle 29: Förderung von Gruppenarbeit und Wissensaustausch

- Zirkelarbeit – Qualitätszirkel, Projekt- und Ideengruppen fördern,
- Teilautonome Arbeitsteams beauftragen, an Verbesserungen und Ideen zu arbeiten,
- Spezielle Ideenworkshops (mit den Teilnehmern aus verschiedenen Bereichen und Ebenen des Unternehmens, Kunden, Lieferanten, Studenten usw.),
- Communities of Practice fördern (persönliche Communities, virtuelle Communities mit regelmäßigen Treffen),
- Diskussionsforen, Internetportale und Blogs (innerbetrieblich und offen – für Kunden, Lieferanten, Öffentlichkeit, Knowledge-Blogs und Projekt-Blogs),
- Bereichübergreifenden, auch informellen Wissensaustausch verstärken – Gelbe Seiten im Intranet, regelmäßige Meetings, persönliche Treffen,
- übergreifende Vernetzung durch digitale Technik und persönliche Kontakte gewährleisten,
- Rotation, Beauftragte und Wanderer zwischen Bereichen und Teams einsetzen.

Aus der Praxis erfolgreicher Unternehmen ist bekannt, dass die gemischten, nach verschiedenen Merkmalen diversen Arbeitsteams eine besondere Kreativität bei der Problemlösung entfalten können. Es ist dafür zu sorgen, dass die Ideenfindungsteams optimal zusammen gesetzt werden.

Tabelle 30: Beispiel eines ausgewogenen Teams für Ideenfindung

Innensicht	Ein Ingenieur aus der Entwicklungsabteilung (Fachwissen)
	Der Geschäftsleiter (Autorität)
	Der Werkhallenmeister, der die Maschinen perfekt kennt
	Die Marketingleiterin, die für die Ideen verantwortlich ist
	Die neugierige Auszubildende im Marketing
	Vertreter von Verkauf und Finanzen
Außensicht	Studentinnen und Studenten
	Ein Russland-Experte (da es im Projekt um den russischen Markt geht)
	Die drei besten Kunden
Leitung	Ein erfahrener Moderator, der selbst dem nein sagenden Ingenieur gewachsen ist

Besonders erfolgversprechend für die praktische Ideenfindung ist ein Ideenworkshop, der nach bestimmten Regeln organisiert werden sollte.

Tabelle 31: Empfehlungen für die Organisation eines Ideenworkshops

– Die Teilnehmerzahl darf 15 Personen nicht überschreiten, wobei die Besetzung gemischt sein soll (interne und externe Akteure, mindestens ein Moderator und ein Protokollführer);
– Die Dauer variiert je nach Fragestellung: 30 Minuten bis 2 Stunden für einfache Fragen, 2 bis 4 für mittelkomplexe, 6 bis 8 Stunden für hoch komplexe Fragestellungen;
– Der Raum für den Workshop sollte viermal so viele Teilnehmer fassen, wie die geplante Teilnehmerzahl, um eine kreativitätsfördernde Bewegungsfreiheit zu ermöglichen;
– Ein absolutes Laptop- und Handyverbot, allerdings werden für die Erledigung der Kommunikation und dringliche Aktivitäten kurze Pausen ein-geplant;
– Die Fragestellungen müssen einfach und an die Workshoptechniken gekoppelt sein;
– Regelmäßige Pausen (jede Stunde), die richtigen, gesunden Snacks, ausreichend Bewegung und Sauerstoff;
– Kein Material wegwerfen, alles protokollieren und archivieren.

Bei allen beschriebenen Empfehlungen sollte jedes Unternehmen individuell vorgehen und seine Besonderheiten, Traditionen und situativen Bedingungen berücksichtigen. Unternehmensintelligenz kann nicht standardisiert oder nach fertigen Rezepten gestaltet werden, sie ist exemplarisch und kann nur durch gemeinsame systematische Arbeit der ganzen Belegschaft entwickelt werden. Dabei sind alle Komponenten interdependent und beeinflussen sich gegenseitig. Als abschließende allgemeine Empfehlung gilt: es ist absolut notwendig alle Akteure des Unternehmens durch ansprechende Visionen und breite Beteiligung mitzunehmen, damit der Weg zu einem intelligenten Unternehmen führt.

6. Fazit und Ausblick: mit Ideenmanagement in die Zukunft

Das in diesem Buch dargestellte Konzept eines ganzheitlichen Ideenmanagements für intelligente Unternehmen ist als eine Antwort auf die praktischen Anforderungen moderner Wirtschaftswelt an ein erfolgreiches Unternehmen entstanden. Demnach sollte ein Unternehmen in der komplexen, von zunehmender Konkurrenz und Globalisierung geprägten Umwelt seine internen und externen Wissen- und Kreativitätspotenziale identifizieren, erschließen und optimal nutzen. Die detaillierten Ausführungen zur praktischen Umsetzung des Konzeptes und die Best Practice Beispiele von Ideenmanagement-Modellen erfolgreicher Unternehmen haben gezeigt, wie Lösungen realisiert werden können.

Das Konzept des ganzheitlichen Ideenmanagements zielt auf mehr ab, als die Bestätigung der besten Modelle der Ideenarbeit in der Unternehmenspraxis. Bei seiner systemischen Anwendung trägt es zur Gestaltung eines intelligenten Unternehmens bei und sichert eine langfristige Zukunfts- und Erfolgsorientierung.

In was für einer Gesellschaft werden wir in 10-20 Jahren leben? Neben den seit langem bekannten Begriffen der Dienstleistungs- und Informationsgesellschaft, wird immer häufiger der Begriff „Wissensgesellschaft" verwendet, der die nähere Zukunft am treffendsten beschreibt. Dass der tertiäre Sektor weiter an Bedeutung gewinnt und sich Informationen und Wissen zum vierten und entscheidenden Produktionsfaktor entwickelt haben, ist bereits eine Selbstverständlichkeit. Wichtig ist jedoch, die Gebundenheit des Wissens, seiner Generierung und Nutzung, an Menschen zu verstehen und in praktische Maßnahmen umzusetzen. Digitalisierung, Erfassung und Vernetzung von Wissensbeständen, die oft als primäre oder sogar ausreichende Aufgabe der Wissensarbeit angesehen werden, garantieren weder intelligentes Unternehmensverhalten noch Lernprozesse und Innovationen. Nur ein Verständnis der Menschen als Wissensträger und Wissensarbeiter sowie eine kontinuierliche Arbeit an der kollektiven Intelligenz (inklusive interner und externer Akteure) kann in der Kombination mit der Digitalisierung und Vernetzung des Wissens zu einem intelligenten Unternehmen führen.

In diesem Sinn hat das aktuell praktizierte Ideenmanagement einen großen Veränderungsbedarf, auch wenn die heutigen Best Practice Modelle dem traditionellen, zentralisierten, regelgesteuerten und eng verstandenen Vorschlagswesen weit überlegen sind und als dezentrale, unbürokratische und flexible und leistungsorientierte Systeme mit einer starken Teamorientierung beschrieben werden können.

Um den Anforderungen der Zukunft gerecht zu werden und ein intelligentes Unternehmensverhalten zu ermöglichen, sollte Ideenmanagement als ein ganzheitliches Konzept und umfassender Prozess verstanden werden, in dem
- die Wissens- und Kreativitätspotenziale (der eigenen Belegschaft und relevanter Stakeholder im Sinne einer Open Innovation) optimal ausgeschöpft,
- die Ideenentwicklung für neue und bereits bestehende Produkte und Prozesse miteinander verknüpft,
- die alltäglichen Vorgänge unbürokratisch und transparent abgewickelt sowie
- die Zukunftsforschung, Visionsformulierung und Zielsetzung auf die kontinuierliche Ideenarbeit ausgerichtet werden.

Ein solches Ideenmanagement fördert die Ideen der Mitarbeiter, anstatt sie zu verwalten, profitiert von dem Wissen und der Kreativität externer Partner, setzt die Ideen schnell und sicher in neue marktreife Produkte um und unterstützt das lebenslange Lernen.

So wie Innovationen in einem kollektiven Prozess der Verknüpfung des vorhandenen Wissens, Ideengenerierung, -verdichtung und -umsetzung entstehen, wird auch die Zukunft eines Unternehmens von seiner ganzen Belegschaft, auf der Basis wissenschaftlicher und gesellschaftlicher Entwicklungen und unter Teilnahme aller interessierten Akteure gemeinsam geformt. Ein intelligentes Unternehmen ist machbar, und wir alle sind seine Gestalter. Die Zauberformel für die Praktiker lautet: auf der Grundlage der Zukunftstendenzen richtungsweisende Visionen formulieren und der Initiative von unten freien Lauf lassen. Schafft es ein Unternehmen, seine internen und externen Wissens- und Kreativitätspotenziale zu erschließen und eine systematische Ideenarbeit zu organisieren, dann kann es als intelligentes Unternehmen bezeichnet werden.

Literaturverzeichnis

Anic, D.: Ideenmanagement. Erfolgskriterien des Betrieblichen Vorschlagswesens aus wirtschafts- und rechtswissenschaftlicher Sicht, Nomos Verlagsgesellschaft, Baden-Baden, 2001

Anis, D.; Boerner, R.: Das Ideen-Programm bei AUDI AG, auf www.flexibleunternehmen.de

Barnard, Ch. I.: The functions of the executive, Cambridge/Mass. 1938

Becker, S.; Reinhardt, I.: Best Practices im Innovationsmanagement, in: zfo5/2006, S. 256–262.

Beratergruppe Neuwaldegg (Hrsg.): Intelligente Unternehmen – Herausforderung Wissensmanagement, Service Fachverlag, Wien, 1997

Beyer, G.; Beyer, M.: Innovations- und Ideenmanagement, Econ Verlag, Düsseldorf, Wien, New York, Moskau, 1994

Billen, R.: Wissensaustausch und Wissensprozesse in Communities, in: Lembke, G.; Müller, M.; Schneidewind, U.: Wissensnetzwerke. Grundlagen – Anwendungsfelder – Praxisberichte, LernAct! Unternehmensentwicklung und Verlagsgesellschaft, Wiesbaden, 2006, S. 13–54.

Bingel, M.: Kontinuierlicher Verbesserungsprozess bei Volkswagen, Präsentation der VW Coaching GmbH, 1997

Birker, K.: Führungsstile und Entscheidungsmethoden, Cornelsen Lehrbuch Verlag, 1997

Blumenschein, A; Ehlers, I. U.: Ideen managen. Eine verlässliche Navigation im Kreativprozess, Rosenberger Fachverlag, Leonberg, 2007

Bontrup, H.-J.; Wischerhoff, P.; Springob, K.: Mit dem betrieblichen Vorschlagswesen zum Ideen- und Innovationsmanagement, Institut für mittelstandsorientierte Betriebswirtschaft, Münster, Gelsenkirchen, 2000

Bullinger, H. J.: Erfolgsfaktor Mitarbeiter: Motivation – Kreativität – Innovation, Stuttgart, B. G. Teubner, 1996

Bullinger, H.-J.; Engel, K.: Best Innovator – Erfolgsstrategien von Innovationsführern, 2. Aufl., FinanzBuch Verlag, München, 2006

Bumann, A.: Das Vorschlagswesen als Instrument innovationsorientierter Unternehmensführung, Diss., Universitätsverlag, Freiburg, Schweiz, 1991

Corsten, H.; Gössinger, R.; Schneider, H.: Grundlagen des Innovationsmanagements, Verlag Franz Vahlen, München, 2006

Davenport, T. H.; Prusak, L.: Working Knowledge. How Organizations Manage What They Know, Harvard Business School Press, Boston, 1998

Degussa AG (Hrsg.): Corporate Citizenship Report 2003, Degussa AG Düsseldorf (Hrsg.), München, 2004

Degussa AG (Hrsg.): Jahresabschluss der Degussa AG 2005, Degussa AG Düsseldorf (Hrsg.), München, 2005

Degussa AG (Hrsg.): Nutzen Sie die Möglichkeiten. IdeenBörse, Degussa AG Corporate Human Ressources & Social Policies (Hrsg.), Düsseldorf, 2005

Degussa AG (Hrsg.): Degussa Personalarbeit 2004, Degussa AG Düsseldorf (Hrsg.), München, 2005

Deutsches Institut für Betriebswirtschaft GmbH (Hrsg.): Erfolgsfaktor Ideenmanagement. Kreativität im Vorschlagswesen, 4. Aufl., Erich Schmidt Verlag, Berlin, 2003

Deutsches Institut für Betriebswirtschaft GmbH (Hrsg.): dib-Report 2006 Ideenmanagement in Deutschland, 2007

Dipping, W.: CreAction. Modernes Ideenmanagement als Profitcenter führen, Pro Business Berlin, 2003

Ernst, H.: Unternehmenskultur und Innovationserfolg – Eine empirische Analyse, zfbf, 2003, S. 23–45.

Fiedler-Winter, R.: Ideenmanagement – Mitarbeitervorschläge als Schlüssel zum Erfolg, Verlag moderne industrie, Landsberg/Lech, 2001

Fischer, U.; Breisig, T.: Ideenmanagement. Förderung der Mitarbeiterkreativität als Erfolgsfaktor im Unternehmen, Bund Verlag, Frankfurt am Main, 2000

Fischer, R.; Frey D.; Winzer, O.: Mitdenken lohnt sich - für alle! – Ideenmanagement durch Vorschlagswesen in Wirtschaft und Verwaltung, hrsg. vom Bayerisches Staatsministerium für Arbeit und Sozialordnung, Familie und Frauen, München, 1996

Franken, S.: Verhaltensorientierte Führung. Handeln, Lernen und Ethik in Unternehmen, 2. Aufl.; Gabler Verlag, Wiesbaden, 2007

Fuchs, J.; Stolorz, C.: Produktionsfaktor Intelligenz: Warum intelligente Unternehmen so erfolgreich sind, Gabler Verlag, Wiesbaden, 2001

Gardner, H.: Abschied von IQ: Die Rahmentheorie der vielfachen Intelligenzen, Stuttgart, Klett-Cotta Verlag, 1998

Gassmann, O.; Enkel, E.: Open Innovation, in: zfo 3/2006, S. 132–138.

Gerybadze, A.: Kreativität und Ideenfindung auf Auslandsmärkten, In: Sommerlatte, T.; Beyer, G.; Seidel, G. (Hrsg.): Innovationskultur und Ideenmanagement, Symposion Publishing, Düsseldorf, 2006, S. 99–126.

Geschka, H.: Ideenmanagement – Grundlage für einen dauerhaften erfolgreichen Innovationsfluss, In: Industriemanagement 21(3), 2005, S. 29–32.

Geschka, H.: Kreativitätstechniken und Methoden der Ideenbewertung, In: Sommerlatte, T.; Beyer, G.; Seidel, G. (Hrsg.): Innovationskultur und Ideenmanagement, Symposion Publishing, Düsseldorf, 2006, S. 217–249.

Goleman, D.: Emotionale Führung, Econ Ullstein List Verlag, 2002

Gottfredson, L.S.: Mainstream science in intelligence: An editorial with 52 signatories, history, and bibliography. Intelligence, P. 13.

Grochla, E.; Brinkmann, E.; Thom, N.: Stand und Entwicklung des Vorschlagswesens in Wirtschaft und Verwaltung, Dortmund, 1978

Habegger. A; Thom, N.: Entwicklungstendenzen im Betrieblichen Vorschlagswesen/Ideenmanagement, in: BVW – Ideenmanagement – Vorschlagswesen in

Wirtschaft und Verwaltung, hrsg. von Deutsches Institut für Betriebswirtschaft, 29 (2003), 1, S.6 – 13.

Haun, M.: Handbuch Wissensmanagement. Grundlagen und Umsetzung, Systeme und Praxisbeispiele, Springer Verlag, Berlin Heidelberg, 2002

Hauschild, J.: Innovationsmanagement, 3. Auflage, Vahlen Verlag, München, 2004

Heidack, C.; Brinkmann, E.O.: Unternehmenssicherung durch Ideenmanagement, 2. Aufl., Rudolf Haufe Verlag, Freiburg im Breisgau, 1987

Heß, M.: TQM/Kaizen-Praxisbuch – Qualitätszirkel und verwandte Gruppen im Total Quality Management, Verlag TÜV Rheinland, Köln, 1995

Heuser, L.: Ideenmanagement und Corporate Venturing – Fallbeispiel SAP, In: Sommerlatte, T.; Beyer, G.; Seidel, G. (Hrsg.): Innovationskultur und Ideenmanagement, Symposion Publishing, Düsseldorf, 2006, S. 271–289.

Hinterhuber, H.; Stadler, Ch.: Innovationsfördernde Rahmenbedingungen schaffen, In: Sommerlatte, T.; Beyer, G.; Seidel, G. (Hrsg.): Innovationskultur und Ideenmanagement, Symposion Publishing, Düsseldorf, 2006, S. 85–97.

Holm-Hadulla, R. M.: Kreativität – Konzept und Lebensstil, Vandenhoeck & Ruprecht Verlag, Göttingen, 2005.

Horx, M.; Huber, J.; Steinle, A.; Wenzel, E.: Zukunft machen. Wie Sie von Trends zu Business-Innovationen kommen. Ein Praxis-Guide, Campus Verlag, Frankfurt/New York, 2007

Imai, M.: Kaizen. Der Schlüssel zum Erfolg der Japaner im Wettbewerb, 11. Aufl., Wirtschaftsverlag Langen Müller/Herbig, München, 1993

Imai, M.: Gemba Kaizen, Wirtschaftsverlag Langen Müller/Herbig, München, 1997

Institut für angewandte Arbeitswissenschaft e.V. (Hrsg.): Ideen für Ideenmanagement: Betriebliches Vorschlagswesen (BVW) und Kontinuierlichen Verbesserungsprozess (KVP) gemeinsam realisieren, Wirtschaftsverlag Bachem, Köln, 2005

Jacobson, A.: Intelligenz von Unternehmen, Deutscher Universitätsverlag, Wiesbaden, 2000

Japan Human Relations Association (Hrsg.): CIP-Kaizen-KVP – Die kontinuierliche Verbesserung von Produkt und Prozeß, hrsg. von Steinbeck, H., Verlag moderne Industrie, Landsberg/Lech, 1994

Kamiske, G. F.; Umbreit, G. (Hrsg.): Qualitätsmanagement, 3. Aufl., Fachbuchverlag Leipzig im Carl Hanser Verlag, München Wien, 2006

Kaplan, R. S.; Norton, D. P.: Balanced Scorecard: Strategien efolgreich umsetzen, Schäffer-Poeschel Verlag, Stuttgart, 1997.

König, M.; Völker, R.: Innovationsmanagement in der Industrie, Carl Hanser Verlag, München Wien, 2002

Krause, R.: Unternehmensressource Kreativität – Trends im Vorschlagswesen – erfolgreiche Modelle – Kreativitätstechniken und Kreativitäts-Software, Wirtschaftsverlag Bachem, Köln, 1996

Krug, R.: Aufbau eines Ideenmanagements. Mitarbeiterbeteiligung am Veränderungsprozess, Ande-Verlag, Kassel, 2002

Kurtzke, C.; Popp, P.: Das wissensbasierte Unternehmen, Hanser Verlag, München, Wien, 1999

Läge, K.: Ideenmanagement. Grundlagen, optimale Steuerung und Controlling, Nachdruck 2005, Deutscher Universitäts-Verlag/GWV Fachverlage GmbH, Wiesbaden, 2002

Lehner, F.: Wissensmanagement, Hanser Verlag, München, Wien, 2006

Lembke, G.; Müller, M.; Schneidewind, U.: Wissensnetzwerke. Grundlagen – Anwendungsfelder – Praxisberichte, LernAct! Unternehmensentwicklung und Verlagsgesellschaft, Wiesbaden, 2006

McGill, M.; Slocum, J. W.: Das intelligente Unternehmen, Schäffer-Poeschel Verlag, Stuttgart, 1996

Merz, E.; Biehler, B.: Betriebliches Vorschlagswesen, professionell und wirksam, 2. Aufl., Verlag Moderne Industrie, Landsberg am Lech, 1994

Micic, P.: Der ZukunftsManager. Wie Sie MarktChancen vor Ihren Mitbewerbern erkennen, Haufe Verlagsgruppe, Freiburg, Berlin, München, 2000

Neckel, H.: Modelle des Ideenmanagements – Intuition und Kreativität unternehmerisch nutzen, Klett-Cotta Verlag, Stuttgart, 2004

Niemeyer, M.: Entwicklung und Implementierung innovativer Qualitätstechniken zur Effektivierung von Managementsystemen, (Diss.), 2004

Nonaka, I.; Takeuchi, H.: Die Organisation des Wissens, Campus Verlag, Frankfurt, New York, 1997

Oberschulte, H.: Organisatorische Intelligenz – Ein Vorschlag zur Konzeptdifferenzierung. In: Schreyögg, G,; Conrad, P.: Managementforschung, de Gruyter, Berlin, New York, 1996

Peritsch, M: Wissensbasiertes Innovationsmanagement: Analyse – Gestaltung – Implementierung, Deutscher Universitätsverlag, Wiesbaden, 2000

Raffel, G.; Lehr, U.: Vorschlagswesen im Wandel – Ideenmanagement der Deutschen Post auf neuem Kurs. In: Deutsches Institut für Betriebswirtschaftslehre (Hrsg.), Erfolgsfaktor Ideenmanagement - Kreativität im Vorschlagswesen, Erich Schmidt Verlag, Berlin, 2003, S. 107–116.

Rahn, H.-J.: Unternehmensführung, 5. Aufl., Kiehl Verlag, 2002

Reichwald, R.; Piller, F.: Interaktive Wertschöpfung, Gabler Verlag, Wiesbaden, 2006

Roth, G.: Fühlen, Denken, Handeln. Wie das Gehirn unser Verhalten steuert. Suhrkamp Verlag, Frankfurt am Main, 2001

Sander, B.: Ein Wake-up Call für Ideenmanager – Die Wandlung einer erprobten Geschäftsstrategie: Denkmusterwechsel im Vorschlagswesen, Deutsches Institut für Betriebswirtschaft (Hrsg.), Frankfurt am Main, 1997

Sander, B.: Praktische Tipps zur Verbesserung des Ideenmanagements, internationale Trends und Ausblick auf zukünftige Entwicklungen. In: Deutsches Institut für Betriebswirtschaftslehre (Hrsg.), Erfolgsfaktor Ideenmanagement – Kreativität im Vorschlagswesen, Erich Schmidt Verlag, Berlin, 2003, S. 185–206.

Schachtner, K.: Ideenmanagement im Innovationsprozess (Diss.), Deutscher Universitätsverlag, Gabler, Wiesbaden, 2000

Schick, S.: Interne Unternehmenskommunikation. Strategie entwickeln, Strukturen schaffen, Prozesse steuern, 3. Aufl., Schäffer-Poeschel Verlag, Stuttgart, 2007

Schlesiger, Ch.: Ich sehe was, was du nicht siehst. Wirtschaftswoche 48/2007

Schlicksupp, H.: Innovation, Kreativität und Ideenfindung, 5. Aufl., Vogel Verlag, Würzburg, 1999

Schmidt, Y.: Verbesserungsprozessmanagement (Diss.), Reihe: Planung, Organisation und Unternehmensführung; Band 83, Josef Eul Verlag GmbH, Lohmar, 2001

Schneck, O.: Lexikon der Betriebswirtschaftslehre, 5. Aufl., Deutscher Taschenbuch Verlag, München, 2003

Schnetzler, N.: Die Ideenmaschine, 5. Aufl., Wiley-VCH Verlag, Weinheim, 2006

Schreyögg, G.; Conrad, P.: Managementforschung, de Gruyter, Berlin, New York, 1996

Schwarz, E. J.; Harms, R. (Hrsg.): Integriertes Ideenmanagement, Deutscher Universitäts-Verlag, Wiesbaden, 2005

Schwarz, H.: Firmen vergeuden Milliarden, Süddeutsche Zeitung vom 03.09.07

Sebestyen, O.: Management-„Geheimnis" Kaizen, Eschenbach, R. (Hrsg.), Wirtschaftsverlag Carl Ueberreuter, Wien, 1994

Sommerlatte, T.; Beyer, G.; Seidel, G. (Hrsg.): Innovationskultur und Ideenmanagement, Symposion Publishing, Düsseldorf, 2006

Spahl, S.: Handbuch Vorschlagswesen – Praxis des Ideenmanagements, Verlag Moderne Industrie, München, 1975 mit 1. Nachlieferung 1978

Statistisches Bundesamt: Statistisches Jahrbuch 2007

Steinacker, C.; Westfal, U.; Zwenger, G.: Leitfaden zur Einführung von kontinuierlichen Verbesserungsprozessen (KVP) in mittelständischen Unternehmen, hrsg. vom Ministerium für Wirtschaft und Mittelstand, Technologie und Verkehr des Landes Nordrhein-Westfalen, Düsseldorf, 1997

Stern, T.; Jaberg, H.: Erfolgreiches Innovationsmanagement, 2. Aufl.; Gabler Verlag, Wiesbaden, 2005

Stern, W.: Psychologische Begabung und Begabungsdiagnose. In: P. Petersen (Hrsg.): Der Aufstieg der Begabten, Leipzig, Berlin: G. Teubner, 1916

Sternberg, R. J.: Successful intelligence: finding a balance. Trends in Cognitive Sciences 3/1999

Stewart, T. A.: Der vierte Produktionsfaktor, Hanser Verlag, München Wien, 1998

Thobe, W.: Externalisierung impliziten Wissens – Ein verhaltenstheoretischer fundierter Beitrag zum organisationalen Lernen (Diss.), hrsg. von Schanz, Günther, Band 7, Peter Lang Verlag, Frankfurt a. M., 2003

Thom, N.: Betriebliches Vorschlagswesen: Ein Instrument der Betriebsführung und des Verbesserungsmanagements, 5. Aufl.; Peter Lang Verlag, Bern, 1996

Thom, N.: Effizientes Innovationsmanagement in kleinen und mittleren Unternehmen, hrsg. von Berner Kantonal Bank (BEKB), Bern, 1997

Thom, N.: Betriebliches Vorschlagswesen: ein Instrument der Betriebsführung und des Verbesserungsmanagements, 6. Aufl.; Peter Lang Verlag, Bern, 2003

Thom, N.; Etienne, M.: Das betriebliche Vorschlagswesen in: Personal- und Sozialpolitik, hrsg. v. Alois Clermont und Wilhelm Schmeisser, Verlag Franz Vahlen, München, 1999

Toffler, A.: Das Ende der Romantik. Zukunftsforscher Alvin Toffler über das Überleben in der Informationsgesellschaft. Interview. Spiegel special 3/1995

Urban, C.: Das Vorschlagswesen und seine Weiterentwicklung zum europäischen Kaizen – Das Vorgesetztenmodell, Hartung-Gorre Verlag, Konstanz, 1993

Vahs, D.; Burmester, R.: Innovationsmanagement, Schäffer-Poeschel Verlag, Stuttgart, 1999

Voigt, K.-I.; Brem, A.: Integriertes Ideenmanagement als strategischer Erfolgsfaktor junger Technologieunternehmen, In: Schwarz, E. J.; Harms, R. (Hrsg.): Integriertes Ideenmanagement, Deutscher Universitäts-Verlag, Wiesbaden, 2005, S. 175–200.

Von Bismarck, W.-B.: Die Rolle der Führungskräfte im Vorschlagswesen: in Mannheimer Beiträge zur Wirtschafts- und Organisationspsychologie, Heft 2, 1999

Wahren, H.-K.: Erfolgsfaktor KVP – Mitarbeiter in die Prozesse der kontinuierlichen Verbesserung integrieren, 5.Aufl., C.H. Beck'sche Verlagsbuchhandlung, München, 1998

Wargitsch, Ch.: Ein Beitrag zur Integration von Workflow- und Wissensmanagement unter besonderer Berücksichtigung komplexer Geschäftsprozesse, Dissertation, Uni Erlangen-Nürnberg, 1998

Wechsler, D.: Die Messung der Intelligenz Erwachsener. Bern, 1964

Wenzl, A.: Theorie der Begabung. Entwurf einer Intelligenzkunde. Heidelberg, 1957

Willke, H.: Organisierte Wissensarbeit, in: Zeitschrift für Soziologie, Nr. 3/1998

Winzer, O.: Ideenmanagement und andere Unternehmensstrategien, in: Erfolgsfaktor Ideenmanagement – Kreativität im Vorschlagswesen, hrsg. von Deutsches Institut für Betriebswirtschaft, Erich Schmidt Verlag, Berlin, 2003, S.21–39.

Witt, J.; Witt, T.: Der Kontinuierliche Verbesserungsprozess (KVP), 2. Aufl., Hrsg. Prof. Dr. Ekkehard, C., Raab, G., Verlag Recht und Wirtschaft GmbH, Frankfurt am Main, 2006

Wittmann, R.G.; Leimbeck, A.; Tomp, E.: Innovation erfolgreich steuern, Redline Wirtschaft Verlag, Heidelberg, 2006

Wunderer, R.: Führung und Zusammenarbeit. Eine unternehmerische Führungslehre, 6. Aufl., Luchterhand Verlag, 2006

Wuppertaler Kreis e.V. (Hrsg.): Ideenmanagement. Ein Leitfaden für mittelständische Unternehmen, Deutscher Wirtschaftsdienst, Köln, 1997

Yasuda, Y.: Mitarbeiterkreativität in Japan, hrsg. von Dr. Uwe Loos, Verlag moderne Industrie, Landsberg/Lech, 1994

Zerfaß, A.; Boelter, D.: Die neuen Meinungsmacher. Weblogs als Herausforderung für Kampagnen, Marketing, PR und Medien Verlag, Graz, 2005

Zimbardo, P.; Gerrig, R.: Psychologie, 16. Aufl., Pearson Studium, München, 2004

Stichwortverzeichnis

ABB 176
Ablauforganisation 51
Analogien 34
Anreize 112
application fields 149
Asynchrone Foren 169
Attribute Listing 104
Audi 187
Aufbauorganisation (BVW) 49
Autonomie 38

Balanced Scorecard 151
Befähigung 102
Benchmarking 130
Beobachtungsfelder 140
beschreibendes Wissen 18
Best Innovator 115
Betriebliches Vorschlagswesen .. 42
Betriebsklima 39
Bewertungsformular 156
Beziehungsmanagement 13
BMW-Group 196
Brainstorming 103
Brainwriting 105
BVW-Beauftragter 51

Club der Denker 182
Communities 167
Communities of Practice 81
Controllinginstrument 150
Corporate Blogs 168
Corporate Social
Responsibility (CSR) 13
CreativeTeam 164
Customer Relationship
Management (CRM) 13

data mining 30

Datenbank 31
Degussa 203
Detecon 147
Deutsche Post Word Net 177
divergentes Denken 21
Dürfen in der Ideenarbeit 97

Einreicherperspektive (BSC) 152
Einreicherquote 153
emotionale Intelligenz 8
emotionales Wissen 18
Entwicklungsperspektive 153
Ermächtigung 37
Evonik Degussa GmbH 203
explizites Wissen 19
Externalisierung 34
Externe Ideenquellen 23
Externes Ideenmanagement 14
extrinsische Motivation
zur Ideenarbeit 113

Fachkompetenz 62
flexibilitätsorientierte
Dimension 48
Fluktuation 38
Free revealing Effekt 124
Früherkennung 74
Führungskräfte im Ideenmanagement 133
Führungsstil 98
Führungsstilkontinuum 99

Geldprämie 113
Gruppenkonzepte 161
Gruppenorientierter Ansatz 62
Gutachter 49

Hitachi 137

Human Relation 44
hunting fields 149

Idee 42
Ideenakzeptierung 74
Ideenbewertung 159
Ideenfördernde Kultur 108
Ideengenerierung 75
Ideengewinnung 79
Ideen-Oskar 176
Ideenpromotor 53
Ideenrealisierung 76
Ideenumsetzung 156
Ideenverdichtung 156
Ideenwerkstatt 163
Ideenwettbewerb 80
Ideenworkshop 163
implizites Wissen 19
Incentive-System 114
Informationsmittel 154
InnoCentive 132
Innovationsbedarf 76
Innovations-Cluster 127
Innovationsgehalt 71
Innovationsmanagement 73
Innovationsnetzwerke 126
Innovationsprozess 74
Innovationszirkel 72
Intelligenz 6
Intelligenztheorien 10
Intention 38
Internalisierung 34
interne Lernperspektive 151
Interne Prozess-Perspektive 151
Internes Ideenmanagement 35
Interpersonale- und
intrapersonelle Intelligenz 8
intrinsische Motivation in der
Ideenarbeit 113
Ishikawa Diagramm 105

Just in time 56
Kaizen 55
Kanban 56
Kartenumlauftechnik 104
Kennzahlen 151
klassische Intelligenz 6
Kognitariat 16
kognitive Intelligenz 7
kollektives Wissen 27
Kombination 34
Kommunikationspolitik 154
Kommunikations-
Schwierigkeiten 103
Konkurrenzmonitoring 148
Können in der Ideenarbeit 102
Kontinuierlicher
Verbesserungsprozess (KVP) 55
konvergentes Denken 21
kooperative Führung 98
kreativer Mensch 22
kreatives Chaos 38
Kreativität 21
Kreativitätstechniken 102
Kundenbedürfnisse 117
Kundenorientierung 60
Kundenperspektive 118
Kwowledgeblogs 170

Lead User 122
Lean Production 59
learning by doing 34
Leitlinien 13
Lernen 6
Lieferanten 25
living spaces 149

Management 42
Management by Objectives 115
Managementmethoden 55
Managementorientierter Ansatz . 61
Mass Customization 121

mentale Modelle 17
Metaphern 33
Methodenkompetenz 63
Mindmapping 104
Mitarbeiterorientierung 60
Mittlere Ebene 86
Monetäre Anreizsysteme 113
Morphologische Matrix 106
Motivation 111
multiple Intelligenz 8

Notwendige Vielfalt 39

Open Innovation 122
operative Geschlossenheit 28
Organe des Vorschlagswesens ... 49
Organisationsentwicklung 94
Organisatorisches Wissen 7

Patenmodell 54
Personenorientierter Ansatz 62
Persönlichkeitskompetenz 63
Problemanalyse 66
Problemorientierung 59
Produktinnovation 71
Projektblogs 170
Projektteams 163
Prozessorientierung 60
prozessuales Wissen 18
Prüfungsausschuss 50
PTCA-Zyklus 64

Qualität 57
Qualitätszirkel 65

Rahmenbedingungen für
Ideenarbeit 36
Rationalisierung 44
Reizwortanalyse 104
Ressentiments 114
Return on Investment (ROI) 87

Reverse Engineering 129
Ringtauschtechnik 104
Roadmaps 140

Sachprämie 113
schwache Signale 140
Screening 77
Selbstreferenz 28
Siemens 93
Situationsanalyse 76
Sollen in der Ideenarbeit 91
Sonderleistung 47
Sonderprämie 113
soziale Dimension 47
soziale Kompetenz 62
soziale Intelligenz 8
Sozialinnovation 72
Sozialisation 34
sozio-technisches System 3
Stakeholder 23
Synchrone Foren 169
Szenariomethode 149

technologische Intelligenz 10
teilautonome Arbeitsgruppen 67
teilautonome Führung 99
Teilintelligenzen 10
Top Management 133
Total Quality Management
(TQM) 57
Trend-Scouting 140

Umwelt 5
Unternehmen 4
Unternehmenskooperation 126
Unternehmenskultur 109

Verbesserungsvorschlag 45
Verfahrensinnovation 72
Visionen 38
Vodafone 170

Volkswagen AG 192
Vorgesetztenmodell 53

Weblogs 168
Willensbarrieren 42
wirtschaftliche Dimension 48
Wirtschaftlichkeitsperspektive ... 152
Wissensarbeit 15
Wissensaustausch 20
Wissensbewertung 27
Wissensformalisierung 31

Wissensidentifikation 31
Wissensspirale 34
Wissensträger 8
Wissensverteilung 9
Wollen in der Ideenarbeit 111
Workshops 25

Zielsetzung im Ideenmanagement 91
Zukunftsforschung 140
Zukunftsradar 147